Gesundheitsdienstleistungen im europäischen Binnenmarkt

Frankfurter Schriften zur Gesundheitspolitik und zum Gesundheitsrecht

Schriftenreihe des Instituts
für Europäische Gesundheitspolitik und Sozialrecht
an der Johann Wolfgang Goethe-Universität Frankfurt

Herausgegeben von Ingwer Ebsen
und Thomas Gerlinger

Band 11

PETER LANG

Frankfurt am Main · Berlin · Bern · Bruxelles · New York · Oxford · Wien

Thomas Gerlinger
Kai Mosebach
Rolf Schmucker
(Hrsg.)

Gesundheitsdienstleistungen
im europäischen Binnenmarkt

PETER LANG
Internationaler Verlag der Wissenschaften

Bibliografische Information der Deutschen Nationalbibliothek
Die Deutsche Nationalbibliothek verzeichnet diese Publikation
in der Deutschen Nationalbibliografie; detaillierte bibliografische
Daten sind im Internet über http://dnb.d-nb.de abrufbar.

Gedruckt auf alterungsbeständigem,
säurefreiem Papier.

ISSN 1610-899X
ISBN 978-3-631-59524-4
© Peter Lang GmbH
Internationaler Verlag der Wissenschaften
Frankfurt am Main 2010
Alle Rechte vorbehalten.

Das Werk einschließlich aller seiner Teile ist urheberrechtlich geschützt. Jede Verwertung außerhalb der engen Grenzen des Urheberrechtsgesetzes ist ohne Zustimmung des Verlages unzulässig und strafbar. Das gilt insbesondere für Vervielfältigungen, Übersetzungen, Mikroverfilmungen und die Einspeicherung und Verarbeitung in elektronischen Systemen.

www.peterlang.de

Inhalt

Thomas Gerlinger, Kai Mosebach, Rolf Schmucker
Einleitung   7

Rolf Schmucker
Perspektiven einer europäisierten Gesundheitspolitik   13

Leonhard Hajen
Europäischer Wachstumsmarkt Gesundheitsdienstleistungen
zwischen Vision und Realität   39

Robert Paquet
Die Besonderheit von Gesundheitsdienstleistungen und
ihre Bedeutung für einen integrierten europäischen Binnenmarkt   65

Felix Welti
Rechtliche Aspekte der Gesundheitsdienstleistungen im
europäischen Binnenmarkt   85

Markus Krajewski
Der Entwurf einer Richtlinie zur grenzüberschreitenden
Gesundheitsversorgung: Schlussstrich unter die Rechtsprechung zur
Patientenmobilität oder Auftakt einer Binnenmarktharmonisierung
im Gesundheitswesen?   101

Matthias Wismar
Möglichkeiten und Grenzen europäischer Qualitätsverbesserung
in der Gesundheitsversorgung   119

Thomas Gerlinger
Die Offene Methode der Koordinierung in der Gesundheitspolitik.
Implementationsprobleme und Entwicklungsperspektiven eines
neuen Regulationsmodus   143

Autoren   175

Einleitung

Im Juli 2008 legte die Europäische Kommission einen Vorschlag für eine Richtlinie über „die Ausübung der Patientenrechte in der grenzüberschreitenden Gesundheitsversorgung" vor. Der Richtlinienvorschlag markiert den vorläufigen Höhepunkt eines inkrementellen Prozesses, in dem die Europäische Union in wachsendem Maße Kompetenzen im Feld gesundheitspolitischer Regulierung erlangt. Die Relevanz der europäischen Integration für die Gesundheitssysteme der Mitgliedsländer hat insbesondere in den vergangenen zwei Jahrzehnten deutlich zugenommen. Von besonderer Bedeutung für diese schleichende gesundheitspolitische Europäisierung ist die spezifische vertragliche Konstruktion, die dem Integrationsprozess zugrunde liegt. Die Errichtung eines Gemeinsamen Marktes ist seit Gründung der Europäischen Gemeinschaften im Jahr 1957 das Kernziel des Integrationsprozesses. Um dieses Ziel zu erreichen, wurde in den europäischen Verträgen eine Markt- und Wettbewerbsordnung entwickelt, in der die Gewährleistung der „vier Grundfreiheiten" – der freie Verkehr von Waren, Dienstleistungen, Personen und Kapital – eine zentrale Stellung einnimmt. Während sich die Mitgliedstaaten dazu verpflichteten, die wirtschaftliche Integration auf der europäischen Ebene gemeinsam voranzutreiben, wurde die sozialpolitische Regulierung den nationalstaatlichen Binnenpolitiken überlassen. Diese Asymmetrie zwischen Wirtschafts- und Sozialintegration, die seitdem für das Integrationsprojekt prägend ist, betrifft auch die Gesundheitspolitik. Gemäß der subsidiären Logik sind die Mitgliedstaaten für die Gestaltung ihrer Gesundheitssysteme allein verantwortlich. Mögliche Konflikte zwischen den Grundfreiheiten und den Systemen der sozialen Sicherheit sollten auf dem Wege des koordinierenden Sozialrechts gelöst werden. Eine Harmonisierung der Sozial- und Gesundheitssysteme innerhalb der EG wurde nicht angestrebt und ist aufgrund der Erweiterung der Gemeinschaft auf mittlerweile 27 Mitglieder mit sehr unterschiedlichen sozioökonomischen Ausgangsbedingungen politisch schwerlich durchsetzbar.

Dass es dennoch zu einer wachsenden Bedeutung der EU in der Gesundheitspolitik gekommen ist, hängt eng mit der Rechtsprechung des Europäischen Gerichtshofs (EuGH) zur Dienstleistungsfreiheit in den Systemen der Krankenversorgung zusammen. Seit 1998 hat der EuGH in einer Reihe von Entscheidungen festgestellt, dass es sich bei Leistungen der medizinischen Versorgungssysteme um Dienstleistungen handelt, deren Erbringung durch die nationalen Gesundheitssysteme den Vorgaben der Dienstleistungsfreiheit aus Art. 49 ff. EG-Vertrag genügen muss. Die Konstruktion eines europäischen Marktes für Gesundheitsdienstleistungen durch den Gerichtshof stärkt einerseits die Rechte der Patienten bei der Inanspruchnahme von Krankenbehandlungen im EU-Ausland.

Andererseits zwingt sie die Mitgliedstaaten dazu, ihre gesundheitspolitischen Regulierungssysteme an die Vorgaben des europäischen Binnenmarktrechts anzupassen. Auch wenn diese Form der negativen Integration noch nicht zu grundlegenden Änderungen in den nationalen Gesundheitssystemen geführt hat, wirft die Entwicklung eine Reihe von Fragen auf: Wie entwickelt sich die Kompetenzverteilung zwischen europäischer Ebene und den Mitgliedstaaten im Spannungsverhältnis von Binnenmarkt und nationalen gesundheitspolitischen Regulierungssystemen? Wie weit gehen die Befugnisse des Gerichtshofes und welche Bedeutung besitzen in diesem Kontext mitgliedstaatliche Normen und Zielbestimmungen wie etwa das Sozialstaatsprinzip des Grundgesetzes? Verändert Europäisierung die inhaltliche und konzeptionelle Ausrichtung der Gesundheitspolitik? Welche Chancen und Risiken birgt der Prozess für Patienten, Finanzierungsträger und Leistungserbringer? Welches ökonomische und gesundheitssystemische Entwicklungspotenzial besitzt die grenzüberschreitende Gesundheitsversorgung? Wie ist es um die Qualität der (grenzüberschreitenden) Gesundheitsdienstleistungen in der EU bestellt?

Die Diskussion um die weiteren Perspektiven von Gesundheitspolitik im Kontext des europäischen Integrationsprozesses steht erst am Anfang. Da die Regulierung des europäischen Binnenmarktes und die Gestaltung der mitgliedstaatlichen Gesundheitssysteme auf komplexe Art und Weise miteinander verflochten sind, wird die Bedeutung des Themas künftig weiter zunehmen. Anlässlich des Richtlinienvorschlags der Kommission zur Ausübung der Patientenrechte möchten die Autoren des vorliegenden Bandes einen Beitrag zu dieser Debatte leisten. Dabei treten je nach Perspektive sozial-, rechts-, wirtschafts- oder gesundheitswissenschaftliche Aspekte in den Vordergrund. Die Chancen und Risiken, die der Integrationsprozess für die nationalen Gesundheitssysteme und die Versorgung der Versicherten birgt, werden von den Autoren dabei durchaus unterschiedlich bewertet.

In seinem einleitenden Beitrag beschäftigt sich *Rolf Schmucker* mit den Mechanismen und Konsequenzen einer sich europäisierenden Gesundheitspolitik. Der wachsende Einfluss des Integrationsprozesses vollzieht sich nur zu einem geringen Anteil über die Realisierung gesundheitspolitischer Zielsetzungen (positive Integration). Stärker wirken die Mechanismen, die auf einer Übertragung politikfeldfremder Regelungen auf den Gesundheitsbereich beruhen. Von besonderer Bedeutung ist der Mechanismus der negativen Integration, der primär auf die Beseitigung von Handels- und Wettbewerbsbeschränkungen abzielt und dabei eine gesundheitspolitische Steuerungswirkung entfaltet. Die Herausbildung eines gesundheitspolitischen Mehrebenensystems lässt sich an der Entstehung neuer Akteurs- und Entscheidungskonstellationen belegen, die nicht alle unmittelbar demokratisch legitimiert sind. Gleichzeitig zeichnet sich, so die These von Rolf Schmucker, eine Verengung des gesundheitspolitischen Handlungsspielraums der Mitgliedstaaten ab, durch die markt- und wettbewerbsorientierte Policy-Optionen privilegiert werden.

Leonhard Hajen geht der Frage nach, welches Wachstums- und Beschäftigungspotenzial ein sich entwickelnder europäischer Markt für Gesundheitsdienstleistungen besitzt. Dabei verweist er auf den engen Zusammenhang zwischen dem Finanzierungssystem und der Patientenmobilität. Ein umfassendes kollektives Finanzierungssystem mit entsprechenden Versorgungseinrichtungen – so wie es in vielen Mitgliedsländern vorhanden ist – begrenzt den Anreiz, Behandlungen im Ausland in Anspruch zu nehmen. Ist allerdings die soziale Absicherung im nationalen Gesundheitssystem nicht mehr gewährleistet, wird sich die Suche nach günstigen Behandlungsalternativen im Ausland verstärken, wie dies am Beispiel der USA deutlich wird. Eine stärkere Privatisierung von Krankheitskosten, die im Rahmen der europäischen Stabilitätspolitik begünstigt wird, erhöht die Chancen, dass der Gesundheitssektor für privates Kapital erschlossen wird, bedroht allerdings den gleichen Zugang aller Bürger zu einer hochwertigen Versorgung.

Die Besonderheiten von Gesundheitsdienstleistungen sind für *Robert Paquet* Ursache dafür, dass ein europäischer Gesundheitsmarkt real lediglich in Ansätzen existiert und auch in Zukunft wohl nur langsam wachsen wird. Die grenzüberschreitende Inanspruchnahme von Gesundheitsdienstleistungen ist ortsgebunden und zeitlich mit der Anwesenheit des Patienten verknüpft. Diese Schranken der Dienstleistungen verlieren zwar in einzelnen Bereichen an Bedeutung (Versandapotheken, Telemedizin, mobile Leistungserbringung, telefonische Beratung), ohne jedoch eine umfassende Mobilität von Gesundheitsdienstleistungen zu ermöglichen. Mit dem Richtlinienvorschlag der Kommission zu den Patientenrechten auf der einen Seite und der intensivierten Suche der Krankenkassen nach kostengünstigen Leistungen (auch im EU-Ausland) auf der anderen Seite, zeichnen sich jedoch aktuelle Entwicklungen ab, die das Wachstum des europäischen Gesundheitsmarktes fördern werden.

Das rechtliche Spannungsfeld von europäischem Markt- und Wettbewerbsrecht und der nationalen Regulierung von Gesundheitsdienstleistungen wird von *Felix Welti* analysiert. Die mitgliedstaatliche Kompetenz für die Gestaltung der Gesundheitssysteme überschneidet sich mit der gemeinschaftlichen Kompetenz der Marktschaffung und -regulierung. Das Recht des Binnenmarkts, seine gesundheitspolitische Anwendung durch den EuGH und der Richtlinienentwurf der Kommission zu den Patientenrechten haben einen wachsenden Einfluss auf die

Regulierung der nationalen Gesundheitssysteme. Schranken der Kompetenzverlagerung auf die europäische Ebene bestehen allerdings im deutschen Sozialstaatsgrundsatz, der die sozialpolitisch zentralen Entscheidungen in die Verantwortung des nationalen Gesetzgebers legt. Inwiefern die Europäisierung von Gesundheitspolitik eine stärkere Markt- und Wettbewerbsorientierung erzeugt und zu Lasten solidarischer Prinzipien geht ist unklar. Felix Welti betont hier die entscheidende Bedeutung nationaler gesundheitspolitischer Strategien für die Einbettung des Gesundheitssystems in das europäische Wettbewerbsrecht.

Die Entstehungsgeschichte und mögliche Auswirkungen des Richtlinienvorschlags stehen im Mittelpunkt des Beitrags von *Markus Krajewski*. Der Richtlinienvorschlag stellt mit seinen Regelungen zur Auslandskrankenbehandlung im Wesentlichen eine Kodifizierung und Präzisierung der EuGH-Rechtsprechung zur Dienstleistungsfreiheit dar. Er enthält jedoch auch Abschnitte, die über die Entscheidungen des Gerichtshofes hinausgehen und sich nur teilweise auf die Patientenmobilität beziehen. Diese „positive Integration durch Harmonisierung" betrifft etwa die Etablierung eines europäischen Netzes für Technikfolgenabschätzung, das Verfahren für den Aufbau von Referenznetzen oder die Anerkennung von Arzneimittelverschreibungen. Eine politisch brisante Entwicklung sieht Markus Krajewski in der im Richtlinienvorschlag der Kommission vorgenommenen Definition des Begriffs der grenzüberschreitenden Gesundheitsversorgung. Dieser umfasst nicht nur die passive Dienstleistungsfreiheit (Patientenmobilität), sondern auch die aktive Dienstleistungsfreiheit und die Niederlassungsfreiheit und schafft damit eine Legitimationsgrundlage für weitere Maßnahmen der Binnenmarktliberalisierung im Gesundheitsbereich.

Der Beitrag von *Matthias Wismar* beschäftigt sich mit der Frage, welchen Stellenwert die Versorgungsqualität in der grenzüberschreitenden Gesundheitsversorgung einnimmt. Aktuelle Studienergebnisse zur vergleichenden Qualitätsforschung zeigen z.T. beträchtliche Unterschiede in der Bevölkerungsgesundheit, der Versorgungsqualität und den Politiken zur Qualitätsverbesserung zwischen den Mitgliedstaaten. Zudem besteht eine Intransparenz hinsichtlich der Qualitätsniveaus in den verschiedenen Ländern und Einrichtungen, die die Patientenmobilität einschränkt und die Frage nach europäischen Standardisierungen aufwirft. Der vorgelegte Vorschlag für eine Richtlinie über die Ausübung der Patientenrechte in der grenzüberschreitenden Gesundheitsversorgung enthält Regelungen, mit denen die Qualitätssicherung in den Mitgliedstaaten gestärkt und die Patienteninformation über Qualitätsaspekte verbessert werden sollen. Matthias Wismar argumentiert, dass der von der Kommission im Richtlinienvorschlag eingeschlagene Weg in der grenzüberschreitenden Gesundheitsversorgung über die Qualitätsverbesserung hinaus einen Beitrag zur Stärkung der sozialen Aspekte im Integrationsprozess leisten kann.

Der abschließende Beitrag von *Thomas Gerlinger* geht über den Regelungsbereich der Patientenrichtlinie hinaus und lenkt das Augenmerk auf einen neuen gesundheitspolitischen Steuerungsmechanismus der EU, die Offene Methode der Koordinierung (OMK). Die OMK stellt insofern ein neues Regulierungsinstrument dar, als sie im Unterschied zur traditionellen Norm- und Regelsetzung in der EU nicht mit hierarchischen Steuerungsinstrumenten operiert, sondern darauf setzt, dass die Mitgliedstaaten auf freiwilliger Grundlage gemeinsam definierte Ziele verfolgen (soft law). Er zeigt, dass angesichts der Einbettung dieses neuen Regulierungsmechanismus in die fiskalpolitischen Vorgaben der europäischen Wirtschafts- und Währungsunion nicht damit zu rechnen ist, dass aus der OMK erweiterte soziale Rechtsansprüche für Versicherte und Patienten erwachsen. Allerdings bietet sie ein gewisses Potential zur Steigerung der Effizienz von Gesundheitssystemen. Bei der Bilanzierung rücken jedoch die bisher nur zähen Fortschritte bei der Anwendung der OMK in den Vordergrund, die vor allem auf unterschiedliche Interessen der Mitgliedstaaten und auf besondere Implementierungsschwierigkeiten auf dem Feld der Gesundheitspolitik zurückzuführen sind.

Der vorliegende Band beruht auf den Beiträgen einer Tagung, die das Institut für Europäisches Sozialrecht und Europäische Gesundheitspolitik (ineges) am 24./25. November 2008 an der Goethe-Universität Frankfurt a.M. durchgeführt hat. An der Organisation der Tagung und der Publikation dieses Buches hat eine Reihe von Personen mitgewirkt. Wir möchten uns herzlich bei Luise Mehrling, Christiane Steiner, Rüdiger Henkel und Christoph Palmert bedanken, ohne deren Mitarbeit ein erfolgreicher Ablauf der Tagung nicht denkbar gewesen wäre. Zudem bedanken wir uns bei allen Autoren, den Referentinnen und Referenten sowie den Teilnehmerinnen und Teilnehmern für ihre kompetenten Beiträge und die lebhaften Diskussionen.

Thomas Gerlinger, Kai Mosebach, Rolf Schmucker

Frankfurt, im September 2009

Rolf Schmucker

Perspektiven einer europäisierten Gesundheitspolitik

1   Einleitung

„Gesundheit" ist ein klassisches Politikfeld europäischer Nationalstaaten. Auch im Rahmen des europäischen Integrationsprozesses verbleibt die vertragliche Zuständigkeit für die Gestaltung der Gesundheitssysteme bei den einzelnen Mitgliedstaaten. Dennoch zeigte sich schon früh, dass die Ziele der Integration – vor allem die Schaffung eines Gemeinsamen Marktes – vielfach mit gesundheitspolitischen Aspekten verwoben sind. Auf verschiedenen Gebieten hat sich die EG/EU daher bemüht, eine Vereinbarkeit von binnenmarkt- und gesundheitspolitischen Zielen herzustellen. Dies gilt z.B. für den Krankenversicherungsschutz von Arbeitsmigranten (Freizügigkeit), die Sicherheit von Arzneimitteln (Marktzugang) oder die gegenseitige Anerkennung der Abschlüsse in Gesundheitsberufen (Freizügigkeit, Niederlassungsfreiheit). Seit den Kohll-Decker-Entscheidungen des Europäischen Gerichtshofes im Jahr 1998 hat die gesundheitspolitische Wirkung des Integrationsprozesses zudem eine neue Qualität erhalten. Die Feststellung des Gerichts, dass die Regierungen der Mitgliedstaaten bei der Gestaltung ihrer Gesundheitssysteme das europäische Binnenmarktrecht beachten müssen, verändert den Handlungskontext mitgliedstaatlicher Gesundheitspolitik.

Grundsätzlich lässt sich daher ein zunehmender Einfluss des Integrationsprozesses auf die Gesundheitspolitiken der Mitgliedstaaten konstatieren. In der politikwissenschaftlichen Debatte wird diese Entwicklung mit dem Begriff der Europäisierung erfasst. Darunter wird gemeinhin ein kausaler Zusammenhang zwischen Prozessen auf der supranationalen Ebene und Effekten auf der nationalen Ebene verstanden (vgl. Axt et al. 2007, Radaelli 2003). Im folgenden Beitrag wird zum einen der Frage nachgegangen, auf welche Art und Weise sich die Europäisierung von Gesundheitspolitik vollzieht. Zum anderen werden verschiedene Konsequenzen diskutiert, die die Europäisierung für die Entwicklung des Politikfeldes Gesundheit nach sich zieht. Einerseits verändern sich die Akteurs- und Entscheidungskonstellationen der Gesundheitspolitik, was mit einer Neuverteilung von Kompetenzen und Einflussmöglichkeiten einhergeht. Andererseits führt die europäische Einbettung von Gesundheitspolitik zu einer Verengung der politischen Handlungsspielräume der Mitgliedstaaten. Im Resultat kommt es zur Herausbildung eines gesundheitspolitischen Mehrebenensystems, das – so die hier vertretene These – durch ein demokratisches Defizit und eine Privilegierung marktorientierter Policy-Optionen geprägt ist.

2 Wirkungsmechanismen der Europäisierung von Gesundheitspolitik

Die Europäisierung von Gesundheitspolitik ist bislang erst langsam vorangeschritten (Haverland 2003). Von einzelnen Ausnahmen abgesehen besitzt die EU keine gesundheitspolitischen Zuständigkeiten. Andere Politikfelder (z.B. Währungspolitik, Binnenmarkt- und Wettbewerbspolitik) weisen sowohl in der Breite (Zuständigkeit der EU) als auch in der Tiefe (Supranationalisierung der Entscheidungsregeln) einen wesentlich höheren Grad an Europäisierung auf (Börzel 2006). Doch obwohl die Gestaltungskompetenz für die Gesundheitssysteme allein bei den Mitgliedstaaten liegt (Art. 152 Abs. 5 EG-Vertrag), werden die nationalen Akteure in ihrem Handeln zunehmend mit europäischen Normen, Stellungnahmen und Empfehlungen konfrontiert. Die „schleichende" Europäisierung von Gesundheitspolitik vollzieht sich über verschiedene Wirkungsmechanismen, die sich in ihren Zielsetzungen und in ihrem Verbindlichkeitsgrad unterscheiden. Während einzelne Mechanismen einen unmittelbaren gesundheitspolitischen Anpassungszwang in den Mitgliedstaaten erzeugen, sind andere durch indirekte Effekte gekennzeichnet oder setzen auf die freiwillige Umsetzung von Handlungsempfehlungen. Im Folgenden werden sechs Wirkungsmechanismen der Europäisierung von Gesundheitspolitik skizziert.

2.1. Kontextsteuerung

Mit dem Begriff der Kontextsteuerung wird ein faktischer Druck auf die Mitgliedstaaten umschrieben, der im wirtschafts- und finanzpolitischen Umfeld der Gesundheitspolitik entsteht (vgl. Urban 2003: 21, FN 32).[1] So wurde mit der Etablierung der Wirtschafts- und Währungsunion (WWU) und der Verpflichtung auf einen Stabilitäts- und Wachstumspakt (SWP) ein restriktiver haushaltspolitischer Rahmen geschaffen, mit dem Druck auf die öffentlichen Haushalte erzeugt wird. Die Einleitung eines Defizitverfahrens mit der Androhung eines Bußgeldes besitzt insofern einen gesundheitspolitischen Bezug, als die Finanzen der Gesetzlichen Krankenversicherung (GKV) in die Berechnung des Haushaltsdefizits einfließen. Die Einnahmen- und Ausgabensituation der GKV wird damit zum Gegenstand von Bewertungen, Empfehlungen und Strafandrohungen

---

1 Dieser Mechanismus wird auch als indirekte Integration bezeichnet (Rothgang/Götze 2009: 520).

durch die Europäische Kommission. Für die deutsche Gesundheitspolitik war dies z.b. in den Jahren 2002/03 relevant, als die GKV defizitär operierte und die Haushaltsverschuldung insgesamt über dem Drei-Prozent-Kriterium des SWP lag. Der Druck auf eine Kostendämpfungspolitik im Gesundheitswesen wurde durch die Einleitung des Defizitverfahrens im Jahr 2003 erhöht. Bereits im Jahr 2002 hatte die Kommission der Bundesregierung in einer finanzpolitischen Empfehlung nahegelegt, durch eine Gesundheitsreform Kostensenkungen im Gesundheitswesen zu erzielen (European Commission 2002: 172). Auch wenn die Kostendämpfungspolitik in der deutschen Gesundheitspolitik lange vor dem Inkrafttreten von WWU und SWP begann und die Sparmaßnahmen des Gesundheitssystemmodernisierungs-Gesetzes (GMG) aus dem Jahr 2003 sicher nicht allein auf den Druck der europäischen Ebene zurückzuführen sind, erhielt die Debatte um die Reform der GKV-Finanzen so eine zusätzliche europäische Dimension. Angesichts der wachsenden Bedeutung der Steuerfinanzierung in der GKV und der stark angestiegenen Staatsverschuldung in Folge der globalen Finanzkrise werden die haushaltspolitischen Vorgaben der EU auch künftig eine wichtige gesundheitspolitische Kontextbedingung darstellen.

2.2. Positive Integration

Im Rahmen von Integrationsprojekten, mit denen größere Wirtschaftsräume geschaffen werden sollen, wird „die Ausübung wirtschaftspolitischer und regulativer Kompetenzen auf der Ebene der größeren wirtschaftlichen Einheit" als positive Integration bezeichnet (Scharpf 1999: 49). Übersetzt auf die Gesundheitspolitik lassen sich solche Maßnahmen als positive Integration bezeichnen, die auf der europäischen Ebene mit dem primären Ziel initiiert werden, den Gesundheitszustand der Bevölkerung zu verbessern. In Art. 152 Abs.1 EGV[2] verpflichtet sich die Gemeinschaft, bei der Festlegung und Durchführung aller Gemeinschaftspolitiken und –maßnahmen ein hohes Gesundheitsschutzniveau sicherzustellen. Daraus ergibt sich allerdings keine unmittelbare eigene Rechtsetzungskompetenz. Um auf diesem Gebiet tätig zu werden, stützt sich die Gemeinschaft auf andere Kompetenzgrundlagen, wie z.B. auf ihre Zuständigkeit für die Harmonisierung des Binnenmarktes aus Art. 95 EGV. Dies gilt z.B. für die europäische Tabakpolitik, mit der seit 1989 das Ziel verfolgt wird, den Ta-

---

2 Der Artikel wurde unter dem Titel „Gesundheitswesen" (in der englischen Fassung „Public Health") 1993 in den Vertrag von Maastricht eingefügt.

bakkonsum der Bevölkerung zu reduzieren.[3] Neben Rechtsetzungsmaßnahmen, mit denen die Tabakwerbung, die Herstellung, Etikettierung und der Verkauf von Tabakprodukten reguliert werden, werden z.b. europäische Präventionsprojekte entwickelt und gefördert, die die Raucherentwöhnung unterstützen sollen. In der Tabakpolitik zeigt sich allerdings auch eine Widersprüchlichkeit europäischer (Gesundheits-)Politik: Während auf der einen Seite gesundheitspolitisch motivierte Maßnahmen zur Reduzierung des Tabakkonsums ergriffen werden, subventionierte die EU auf der anderen Seite lange Zeit den Tabakanbau in den Mitgliedstaaten.

2.3 Negative Integration – intendiert

Die politisch gesteuerte Beseitigung von Handels- und Wettbewerbsbeschränkungen durch europäische Rechtsetzung mit gesundheitspolitischem Bezug wird hier als intendierte negative Integration bezeichnet. Solche Maßnahmen haben in der Regel marktschaffenden Charakter. Sie sind intendiert, insofern sie Ergebnis eines politischen Entscheidungsverfahrens sind, das in einer Verordnung oder Richtlinie, d.h. in sekundärrechtlichen Normen mündet. Klassische Beispiele für intendierte negative Integration sind die Regulierungen zur sozialen Sicherheit von Arbeitsmigranten oder zur Vereinheitlichung von Zulassungsanforderungen für Arzneimittel. So sollte mit der Verordnung 1408/71/EWG ein wesentliches Hindernis für die Verwirklichung der Arbeitnehmerfreizügigkeit in Europa beseitigt werden, das darin bestand, dass die nationalen Systeme sozialer Sicherheit auf dem Territorialitätsprinzip beruhten, d.h. Leistungen nur im Herkunfts- bzw. Versicherungsland gewährten. Dies galt auch für den Krankenversicherungsschutz der sog. „Wandererwerbstätigen". Um die Freizügigkeit der Arbeitnehmer zu ermöglichen, wurde eine partielle Entterritorialisierung des Krankenversicherungsrechts vorgenommen. Mit der VO 1408/71 erhielten die innereuropäischen Arbeitsmigranten das Recht, Leistungen, auf die sie in ihrem zuständigen Versicherungsstaat Anspruch haben, in dem Land der EG in Anspruch zu nehmen, in dem sie erwerbstätig sind (Schulte 2008: 42). Ein weiteres Beispiel intendierter negativer Integration findet sich im Bereich der Arzneimittelregulierung. Ein wesentliches Hindernis für die Schaffung eines einheitlichen europäischen Marktes für Arzneimittel waren unterschiedliche nationale Regulierungen über die Zulassung von Medikamenten. Seit 1965 hat die EG/EU eine Reihe von Richtlinien erlassen, mit denen die Vorgaben der Arzneimittelzulas-

---

3 Es ist allerdings rechtlich umstritten, ob Art. 95 EGV eine geeignete Rechtsgrundlage für ein Tätigwerden der Gemeinschaft sein kann, das – wie in der Tabakpolitik – stark durch gesundheitspolitische Motive geprägt ist (vgl. Schweitzer/Schroeder/Bock 2002).

sung schrittweise vereinheitlicht wurden. Seit 1993 existiert ein zentrales europäisches Zulassungsverfahren, mit dem innovative Arzneimittel für den gesamten europäischen Markt zugelassen werden können. Die nationalen Zulassungssysteme wurden weitgehend europäisiert (Schmucker 2008). Dass es dabei primär um die Beseitigung von Markthemmnissen geht, wird auch daran deutlich, dass die Zuständigkeit für diesen Bereich innerhalb der Kommission nicht bei der Generaldirektion Gesundheit, sondern bei der Generaldirektion Unternehmen und Industrie angesiedelt ist.[4]

2.4 Negative Integration – nicht-intendiert

Die Beseitigung von Marktbeschränkungen durch die europäische Ebene wird dann als nicht-intendiert bezeichnet, wenn sie aufgrund der Anwendung von Rechtsnormen durchgesetzt wird, die ursprünglich nicht für die gesundheitspolitische Regulierung vorgesehen waren. Solche supranational bindenden Entscheidungen sind nicht das Ergebnis eines politischen Entscheidungsverfahrens unter Beteiligung des Europäischen Rates, der Kommission und des Parlaments, sondern werden durch den Europäischen Gerichtshof (EuGH) getroffen. Insbesondere seit dem Jahr 1998 hat der EuGH in einer Reihe von Entscheidungen die Auffassung vertreten, dass die vier Grundfreiheiten und das Wettbewerbsrecht auch bei der Gestaltung der nationalen Gesundheitssysteme zu beachten seien (vgl. Hatzopoulos 2002; Sieveking 2006). Zwar bleibt das Recht zur Gestaltung der Gesundheitssysteme bei den einzelnen Mitgliedstaaten, sie werden dabei jedoch durch die Normen des europäischen Binnenmarktes gebunden. Diese Konstruktion ist möglich, da das Gericht in seiner früheren Rechtsprechung entwickelt hat, dass nationales Recht, das dem Gemeinschaftsrecht entgegen steht, nicht anzuwenden ist (Anwendungsvorrang). Zudem gilt das europäische Recht nicht nur für die Mitgliedstaaten, sondern auch für die EU-Bürger (Direktwirkung) und begründet damit für natürliche und juristische Personen ein Recht auf grenzüberschreitende wirtschaftliche Aktivitäten (Schulte 2008: 44).

Am Beispiel der Dienstleistungsfreiheit (Art. 49ff. EGV) wird deutlich, welche Konsequenzen diese Übertragung von Rechtsnormen auf die Gesundheitspolitik

---

4   Die Regulierung der Arzneimittelsicherheit, die einen wesentlichen Aspekt der Zulassungssysteme darstellt, ist allerdings auch ein Beispiel dafür, dass die Abgrenzung zwischen intendierter negativer und positiver Integration nicht immer trennscharf ist. Bei der Schaffung eines einheitlichen, hohen Sicherheitsniveaus überlappen sich die Ziele der Beseitigung von Handelsschranken und des Gesundheitsschutzes. Die Regulierung der Arzneimittelsicherheit würde jedoch nicht in den europäischen Zuständigkeitsbereich fallen, wenn sie nicht elementarer Bestandteil der Schaffung eines europäischen Marktes wäre.

hat. Der EuGH hat die Leistungen der gesundheitlichen Versorgungssysteme als Dienstleistungen charakterisiert, deren freier Verkehr innerhalb der Gemeinschaft grundsätzlich nicht eingeschränkt werden darf. Dies betrifft auch die Inanspruchnahme von Gesundheitsdienstleistungen außerhalb des Territoriums des Versicherungsstaates des Patienten. In einer Reihe von Entscheidungen hat der Europäische Gerichtshof das Recht auf grenzüberschreitende Inanspruchnahme medizinischer Dienstleistungen gestärkt und den Mitgliedsländern z.T. detaillierte Vorgaben darüber gemacht, wie diese Rechte auszugestalten sind. Über diese Form der negativen Integration wurden die Gesundheitssysteme der Mitgliedstaaten zu einem weiteren Schritt in Richtung Entteritorialisierung gezwungen. Die Vereinbarkeit des Binnenmarktrechts mit den gesundheitspolitischen Regulierungen der Mitgliedstaaten wird jedoch nicht nur hinsichtlich der Dienstleistungsfreiheit geprüft. Auch die anderen Grundfreiheiten (Waren-, Personen-, Kapitalverkehr) und das europäische Wettbewerbsrecht (inkl. Vergabe- und Beihilferecht) haben in den vergangenen Jahren zunehmend gesundheitspolitische Wirkung entfaltet.

2.5 Policy Learning/Soft Law-Mechanismen

Der Mechanismus des Policy Learning wird dann wirksam, wenn auch ohne das Vorhandensein von bindenden Rechtsakten europäisch induzierte Effekte in den Mitgliedstaaten hervorgerufen werden.[5] Dies kann der Fall sein, wenn besonders erfolgreiche Politiken in einzelnen Ländern identifiziert und von anderen Mitgliedstaaten übernommen werden. Im Bereich der Gesundheitspolitik können solche Lern- bzw. Nachahmungsprozesse z.B. durch die europäische Gesundheitsberichterstattung oder über themenbezogene europäische Projekte (z.B. zur Verringerung von Health Inequalities) angestoßen werden. In systematisierter Form wird Policy Learning in der EG/EU seit Ende der 1990er Jahre im Rahmen der Offenen Methode der Koordinierung (OMK) forciert. Mit der Lissabon-Strategie aus dem Jahr 2000 wurde die Anwendung der OMK auf dem Feld der Gesundheitspolitik und Langzeitpflege beschlossen und schrittweise vorbereitet (vgl. Gerlinger in diesem Band). Durch die Festlegung gemeinsamer Ziele und entsprechender Indikatoren, anhand derer die Zielerreichung gemessen werden kann, sollen erfolgreiche Strategien identifiziert und somit ein politischer Lernprozess zwischen den Regierungen in Gang gesetzt werden. Auf der Grundlage einer jährlichen Berichtspflicht sollen die Fortschritte der einzelnen Mitgliedstaaten transparent gemacht werden. Diese Form des politischen Benchmarkings

---

5 Dieser Mechanismus wird auch als „Framing Integration" bezeichnet (vgl. Quaglia et.al. 2007: 409).

zeichnet sich dadurch aus, dass sie für die Mitgliedsländer keine formal bindenden Konsequenzen nach sich zieht (soft law). Über die Identifikation von „Best Practises" soll ein gewisser Druck zur Nachahmung erzeugt werden. Es ist jedoch fraglich welche Steuerungswirkung ein freiwilliger Koordinierungsmechanismus tatsächlich entfalten kann (Offe 2005).

Für die OMK in der Gesundheitspolitik und Langzeitpflege formulierte die Kommission drei übergeordnete Ziele: Erstens: Allen EU-Bürgern soll ein Zugang zur Gesundheitsversorgung gewährleistet werden. Zweitens: Die Leistungen der Gesundheitssysteme sollen eine hohe Qualität aufweisen. Drittens: Die langfristige Finanzierbarkeit der Systeme soll – angesichts des zu erwartenden Ausgabenanstiegs – durch strukturelle Einsparungen und Kostenkontrollen gesichert werden (Kommission 2001). Die Umsetzung der drei übergeordneten Ziele in mess- und vergleichbare Indikatoren ist allerdings mit verschiedenen methodischen Problemen konfrontiert und bislang erst langsam vorangekommen. Im Jahr 2007 wurde ein erster Bericht vorgelegt, der einige Best Practises benennt, allerdings auch darauf aufmerksam macht, dass es zu einem Zielkonflikt zwischen dem angestrebten universellen Zugang zu qualitativ hochwertigen Leistungen und dem Bemühen um Kostendämpfungen im Gesundheitswesen kommen kann (European Commission 2007:110). Die Effekte der OMK auf die Gesundheitspolitik der Mitgliedstaaten sind aufgrund des frühen Stadiums, in dem sich der Prozess befindet, noch nicht einzuschätzen.

2.6 Koordinierung und Kooperation

In Art. 152 Abs. 2 EGV wird der Gemeinschaft die Aufgabe zugewiesen, die Zusammenarbeit der Mitgliedstaaten bei politischen Maßnahmen zu fördern, die der Verbesserung der Gesundheit der Bevölkerung, der Bekämpfung weitverbreiteter schwerer Krankheiten oder der Beseitigung von Krankheitsursachen dienen. Das Ziel einer stärkeren Koordinierung der mitgliedstaatlichen Aktivitäten auf diesen Feldern soll „im Benehmen mit der Kommission" erfolgen. Die Kommission wird zu Initiativen ermächtigt, die die Abstimmung von Gesundheitsschutzmaßnahmen unterstützt. Das Initiativrecht ermöglicht es der Kommission, nicht lediglich technische Hilfe bei der Zusammenarbeit der Mitgliedstaaten zu leisten, sondern die Koordinierung und Kooperation auf der Grundlage eigener Vorstellungen weiter zu entwickeln. Beispielhaft für eine verstärkte Koordinierung auf der europäischen Ebene ist die Zusammenarbeit auf dem Gebiet grenzüberschreitender Gesundheitsgefahren. Die Kommission nahm den Ausbruch und die schnelle Verbreitung der Infektionskrankheit SARS im Jahr 2003 zum Anlass, einen besseren Schutz vor künftigen Epidemien auf die Tagesordnung der Gemeinschaft zu setzen. Angesichts der Aktualität des Themas beschlossen Parlament und Rat in einem beschleunigten Rechtsetzungsverfahren die Gründung eines Europäischen Zentrums für die Prävention und Bekämpfung von Seuchen (ECDC). Aufbauend auf dem bereits zuvor bestehenden Gemeinschafts-Netzwerk, das mit der epidemiologischen Überwachung und Kontrolle von Infektionskrankheiten befasst war, wurde das ECDS im Jahr 2005 als europäische Institution eingerichtet. Die Hauptaufgaben bestehen in der Koordinierung und Bündelung der in den Mitgliedsstaaten unternommenen Maßnahmen, der Erfassung und Risikobewertung von Infektionskrankheiten sowie in der Entwicklung von Frühwarnsystemen und Reaktionsplänen angesichts möglicher Epidemien. Neben der unmittelbaren Koordinierungsfunktion fördert die EU mit der Bildung europäischer Zentren und Netzwerke die Entstehung einer europäischen „epistemic community" von Gesundheitsexperten und damit die Herausbildung einheitlicher Problemwahrnehmungen und die grenzüberschreitende Diffusion bevorzugter Lösungswege (Lamping 2005: 38).

Die Reichweite der verschiedenen Wirkungsmechanismen und der Anpassungsdruck, der gegenüber den Mitgliedstaaten erzeugt wird, variieren sehr stark. Dies hängt von der jeweils zugrunde liegenden Rechtsgrundlage und der Verbindlichkeit der europäischen Maßnahmen ab. Unabhängig von den konkreten Auswirkungen der Europäisierung in den verschiedenen gesundheitspolitischen Teilbereichen lassen sich jedoch einige allgemeine Verschiebungen der politischen Koordinaten im Politikfeld Gesundheit benennen. Die voranschreitende Einbettung in einen europäisch gestalteten Kontext führt zwangsläufig zu einer Neustrukturierung der relevanten Entscheidungsebenen und Akteurskonstellationen. Es entwickelt sich ein gesundheitspolitisches Mehrebenensystem, in dem Kompetenzen neu verteilt und die Akteursbeziehungen restrukturiert werden. Auf der Policy-Ebene beeinflusst die Einordnung der Gesundheitspolitik in die europäische Entwicklungsstrategie und die Anwendung des Binnenmarktrechts auf die Gesundheitssysteme die gesundheitspolitischen Gestaltungsoptionen der Mitgliedsländer.

3 Herausbildung eines gesundheitspolitischen Mehrebenensystems

Die Entwicklung der Europäischen Union hat die „klassische" hierarchische Steuerung durch den Staat modifiziert. Neben den nationalen Regierungen und den supranationalen Akteuren (Kommission, Parlament, Gerichtshof) wirken zunehmend auch öffentliche und private Interessengruppen, subnationale staatliche und nicht-staatliche Akteure, Expertengruppen und Politiknetzwerke an den unterschiedlichen Stufen des politischen Entscheidungsprozesses mit. Im europäischen Mehrebenensystem besitzen die Mitgliedstaaten nicht mehr die alleinige politische Kontrolle über den Integrationsprozess, sondern geben Kompetenzen an supra- und subnationale Ebenen ab (Marks/Hooghe/Blank 1996). Dies geschieht – wie gezeigt – nicht nur in Politikfeldern, deren Gestaltung der europäischen Ebene übertragen wurde, sondern auch in Bereichen, die im Kontext des Binnenmarktrechts dem Mechanismus der negativen Integration unterworfen werden. Die „Leerstellen" in den europäischen Verträgen („incomplete contracting") eröffnen verschiedenen Akteuren Zugang zu politischen Entscheidungsprozessen. Insbesondere Kommission und EuGH nutzen diese Konstellation, um die Integration in die gewünschte Richtung voranzutreiben und die eigenen Gestaltungsspielräume zu erweitern. Sie stehen damit partiell im Widerspruch zu den Interessen der Mitgliedstaaten, die mit einer zunehmenden Kontingenz der europäischen Entscheidungen konfrontiert sind. Aber auch nichtstaatliche Interessengruppen nutzen die Zugangsmöglichkeiten, die ihnen das politische System der EU bietet, um die präferierten Themen auf die politische Tagesordnung zu setzen und Entscheidungen im eigenen Interesse mitzugestalten.

Welche Konturen zeichnen sich für das gesundheitspolitische Mehrebenensystem der EU ab? *Erstens* führen die geschilderten Mechanismen zu einer Erweiterung der relevanten *Entscheidungsebenen*. Zur nationalstaatlichen Ebene als Zentrum gesundheitspolitischer Entscheidungen kommen weitere Gremien und Institutionen hinzu, denen eine gesundheitspolitische Entscheidungskompetenz übertragen wurde. An erster Stelle ist hier der europäische Rat zu nennen, der über die Verabschiedung von Verordnungen und Richtlinien bindende Rechtssetzungen vornimmt. Da ein wesentlicher Teil der gesundheitspolitisch bedeutsamen Rechtsetzung auf das Vertragsziel der Verwirklichung des Binnenmarktes ausgerichtet ist, gelten die Regeln des Mitentscheidungsverfahrens. Die dafür notwendigen qualifizierten Mehrheitsentscheidungen des Rates und die gestärkte Rolle des Europäischen Parlaments haben die Veto-Macht der einzelnen Mitgliedstaaten geschwächt. Hinzu kommen die ebenfalls bindenden Entscheidungen des EuGH, der insbesondere seit den Kohll-Decker-Urteilen des Jahres 1998 eine zunehmende gesundheitspolitische Relevanz erlangte. Nimmt man die nicht bindenden Empfehlungen hinzu, so kommt man bereits im Zeitraum von 1958 bis 1998 auf 233 europäische Interventionen, die im Kontext der Binnenmarktverwirklichung Effekte auf die Gesundheitssysteme der Mitgliedstaaten entfalten konnten (Wismar/Busse 2002: 41). Nicht nur aufgrund der seitdem steigenden Zahl der gesundheitspolitisch relevanten EuGH-Entscheidungen dürften die Interventionen seit 1998 stark zugenommen haben.

Zweitens bewirkt die Verlagerung von Gestaltungskompetenzen auf die europäische Ebene eine Europäisierung des *gesundheitspolitischen Diskurses*. Dazu gehört einerseits, dass relevante Aspekte der Gesundheitspolitik im Kontext der Europäischen Union verhandelt werden. Dementsprechend entwickeln sich gesundheitspolitische Diskurse in europäischen Arenen, wie es etwa in der Auseinandersetzung um die Dienstleistungsrichtlinie der Fall war. Auch die nationalen Akteure sind verstärkt darauf angewiesen, Teil dieser europäischen Diskurse zu werden, wenn sie Einfluss auf das Agenda-Setting und die Entscheidungsprozesse nehmen möchten. Die Europäisierung gesundheitspolitischer Diskurse bedeutet andererseits, dass auch nationale Reformdiskurse zunehmend durch den EU-Rahmen geprägt werden. Dies ist z.B. der Fall, wenn durch europäische Entscheidungen ein Anpassungsdruck auf die Mitgliedstaaten erzeugt wird. Die Umsetzung von Richtlinien in nationales Recht und die Reaktion auf EuGH-Urteile lassen den nationalen Akteuren in der Regel einen gewissen Handlungsspielraum (Falkner et.al. 2007). Wie dieser auszufüllen ist, wird zum Gegenstand gesundheitspolitischer Diskurse auf der nationalen Ebene. Über die unmittelbaren Anpassungserfordernisse hinaus prägt der Integrationsprozess nationale gesundheitspolitische Diskurse, indem die Vereinbarkeit nationaler Reformprojekte mit den binnenmarktrechtlichen Vorgaben von den Akteuren antizipiert wird. Die europarechtliche Vorabprüfung nationaler Gesetzgebung wird zum – häufig interessegeleiteten – Kriterium für die Machbarkeit gesundheitspolitischer Reformen.

Drittens wächst mit den neuen Entscheidungs- und Diskursebenen im gesundheitspolitischen Mehrebenensystem auch die Zahl der beteiligten *Akteure*. Dies gilt sowohl für staatliche als auch für nicht-staatliche, für supra- und subnationale Spieler. Im Bereich supranationaler Rechtsetzung und -sprechung sind der Rat, das Parlament, die Kommission und der Gerichtshof zu nennen. Eine besondere Rolle kommt der Kommission zu, die durch ihre Rolle als „Hüterin der Verträge" und aufgrund ihres Initiativrechts als „politische Unternehmerin" in der Gesundheitspolitik aktiv wird (Lamping 2007). Die Kommission wirkt nicht nur als Moderatorin politischer Prozesse, sondern entwickelt eigene Strategien und Konzepte, mit denen eine Kompetenzverlagerung auf die europäische Ebene vorangetrieben wird. Aufgrund der schmalen Rechtsetzungskompetenzen der EU im Gesundheitsbereich stützt sich die Kommission bei relevanten Initiativen häufig auf „fachfremde" Vertragsgrundlagen, d.h. sie versucht durch geschickte Interpretationen der Verträge die eigenen Zuständigkeiten auszudehnen (zum „treaty-base game" vgl. Rhodes 1998: 122ff.). Allerdings ist die Kommission kein monolithischer Akteur. Innerhalb der Kommission verteilen sich die gesundheitspolitischen Zuständigkeiten auf verschiedene Generaldirektionen, die unterschiedliche strategische Interessen verfolgen. Über den Mechanismus der negativen Integration ist der EuGH zu einem wichtigen gesundheitspolitischen Akteur geworden. Der Gerichtshof war an der Ausgestaltung der europäischen Rechtsordnung maßgeblich beteiligt, indem er in den 1970er Jahren die Prinzipien des Anwendungsvorrangs und der Direktwirkung entwickelte. Damit wird einerseits der Vorrang der europäischen Verträge gegenüber nationalen Normen betont und andererseits die direkte Wirkung des europäischen Rechts auch gegenüber dem einzelnen Bürger bestätigt. Für das Feld der Gesundheitspolitik entschied der EuGH, dass die vier Grundfreiheiten und das europäische Wettbewerbsrecht auch bei der Gestaltung der Gesundheitssysteme der Mitgliedstaaten zu beachten seien. Ausnahmen sind nur unter bestimmten Bedingungen zulässig, die ebenfalls vom Gerichtshof definiert wurden. In den vergangenen zehn Jahren stellte der EuGH z.B. in einer Reihe von Fällen fest, dass nationale gesundheitspolitische Regelungen gegen die im EG-Vertrag verankerte Dienstleistungsfreiheit verstoßen. Dies bedeutet, dass die betroffenen Mitgliedstaaten Änderungen in ihren gesundheitspolitischen Regulierungssystemen vornehmen mussten (Obermaier 2009). Gleichzeitig wurde ein Zustand der Rechtsunsicherheit erzeugt, den die Kommission zum Anlass nahm, eine europäische Richtlinie über die grenzüberschreitende Inanspruchnahme von Gesundheitsdienstleistungen zu initiieren. In dem Maße, in dem gesundheitspolitisch relevante Entscheidungen auf der europäischen Ebene getroffen werden, steigt auch der Anreiz für nicht-staatliche Interessengruppen, Einfluss auf die politische Agenda und Entscheidungsprozesse in Brüssel zu nehmen. Nationale, supra- und subnationale Organisationen und Interessenverbände haben ihre politischen Aktivitäten auf die europäische Ebene ausgedehnt. Dabei bieten sich verschiedene Zugangsmöglichkeiten zu den gesundheitspolitischen Entscheidungsprozessen. Vom klassischen Lobbying bis hin zur Einbindung in politische Netzwerke der EU, in denen private Akteure eine beratende und gestaltende Funktion einnehmen, reicht die Palette der Handlungsmöglichkeiten. Ein ausgeprägtes Beispiel findet sich im Bereich der pharmazeutischen Regulierung. Um die hier federführende Generaldirektion Unternehmen und Industrie wurde ein Netzwerk gebildet, in dem die pharmazeutischen Unternehmen und ihre Verbände eine dominante Position einnehmen (Permanand 2006: 9). Für die Unternehmen ist die europäische Regulierungsebene im Bereich der Arzneimittelzulassung und der Pharmakovigilanz mittlerweile bedeutsamer als die nationale Ebene, weil die wesentlichen Rahmenvorgaben in Brüssel formuliert werden.

Viertens eröffnen sich im gesundheitspolitischen Mehrebenensystem der EU den verschiedenen Akteuren neue *strategische Optionen*. Zusätzliche Entscheidungsebenen und neuartige Einflussmöglichkeiten haben zu einer Aufwertung des strategischen Handelns auf der europäischen Ebene geführt. Während korporatistische Strukturen dort eine geringere Rolle spielen, ist die Zugehörigkeit zu Politiknetzwerken und die pluralistische Einflussnahme auf die politischen Entscheidungsträger von großer Bedeutung. Die Erweiterung des gesundheitspolitischen Handlungsfeldes um eine supranationale Ebene erzeugt einerseits neue Anforderungen an die Akteure, die in Abhängigkeit von der Organisationsfähigkeit und der Ressourcenausstattung der verschiedenen Interessengruppen sehr unterschiedlich erfüllt werden können. Andererseits werden neue strategische Optionen eröffnet, die im nationalen Entscheidungssystem nicht gegeben waren und die Durchsetzungsfähigkeit erhöhen können. Zu einer auch gesundheitspolitisch bedeutenden Handlungsoption ist der Gang zum Europäischen Gerichtshof geworden. Während die deutsche Bundesregierung die Reichweite der EuGH-Entscheidungen zur Gesundheitspolitik unterschätzte und deren multilateralen Charakter so lange wie möglich negierte (Martinsen 2005: 1045), wurden Vertragsverletzungsverfahren und Klagen vor dem EuGH zu einem wichtigen Instrument v.a. privater Akteure.

Die konstitutionelle Asymmetrie des Integrationsprozesses (Scharpf 2002) ermöglicht über den Mechanismus der negativen Integration eine Aushebelung von gesundheitspolitischen Arrangements auf der nationalen Ebene. Gesundheitspolitische Regulierungen, die in demokratischen Entscheidungsverfahren in den Mitgliedstaaten nur schwerlich zu Fall gebracht werden können, lassen sich aufheben, wenn sie mit dem Binnenmarktrecht nicht vereinbar sind. Am deutlichsten wurde dies in der jüngeren Vergangenheit am Beispiel der erfolgreichen Klagen von Patienten gegen die Einschränkung der europäischen Dienstleistungsfreiheit durch das Territorialitätsprinzip der mitgliedstaatlichen Gesundheitssysteme. Der EuGH stärkte die Rechte der Patienten bei der grenzüberschreitenden Inanspruchnahme von Gesundheitsdienstleistungen und zwang die Mitgliedstaaten zu einer Anpassung ihrer gesundheitspolitischen Regulierungen. Verstärkt versuchen auch private Wirtschaftsakteure, über den europäischen Rechtsweg ihre Marktposition in den öffentlich hochgradig regulierten Gesundheitssystemen zu verbessern. So hatten verschiedene Arzneimittelhersteller gegen die Festsetzung von Höchstbeträgen für die Erstattung von Arzneimittelkosten im deutschen GKV-System geklagt (Rechtssache C-264/01 u.a.), die niederländische Versandapotheke DocMorris monierte das Verbot des Versandhandels von verschreibungspflichtigen Arzneimitteln als einen Verstoß gegen die Warenverkehrsfreiheit (Rechtssache C-322/01), eine Reihe von Unternehmen und Wirtschaftsverbänden betrachtete das öffentlich-rechtliche Monopol der gesetzlichen Unfallversicherung in Deutschland als Verstoß gegen europäisches Wettbewerbsrecht (Rechtssache C-350/07) und der private Krankenhausbetreiber

Asklepios Kliniken GmbH und die Ärztevereinigung „Medi Deutschland" beklagen vor der europäischen Kommission, dass der Verlustausgleich von Krankenhäusern in öffentlicher Trägerschaft durch den Träger (meist die Kommune) eine Wettbewerbsverzerrung darstelle und gegen das europäische Beihilferecht verstoße. Nicht alle Klagen haben Erfolg. Der soziale Charakter, den verschiedene öffentliche Institutionen des Gesundheitswesens aufweisen, und die hohe Bedeutung des Gesundheitsschutzes rechtfertigen nach Auffassung des EuGH im Einzelfall Ausnahmen vom europäischen Binnenmarkt- und Wettbewerbsrecht. Dennoch hat die spezifische Konstruktion der europäischen Rechtsordnung insbesondere den privaten gesundheitspolitischen Akteuren zusätzliche Instrumente der Interessendurchsetzung an die Hand gegeben.

4 Verengung der gesundheitspolitischen Gestaltungsoptionen

Die Mechanismen der gesundheitspolitischen Europäisierung verändern die grundsätzliche Kompetenzverteilung zwischen EU und Mitgliedstaaten nicht. Die Nationalstaaten besitzen auch weiterhin die alleinige Verantwortung für die Gestaltung ihrer Gesundheitssysteme. Die Gesundheitspolitik der Mitgliedstaaten bewegt sich nun allerdings in einem europarechtlich geprägten Rahmen, der die Handlungsoptionen der nationalen Parlamente einschränkt. Das Einholen juristischer Gutachten im Vorfeld von Gesetzgebungsverfahren, in denen die europarechtliche Kompatibilität nationaler Gesundheitsreformen beurteilt wird, ist Ausdruck dieser veränderten Kontextbedingungen. Der gesundheitspolitische Handlungskorridor der Mitgliedstaaten wird durch die Einbettung in das Europäische Binnenmarkt- und Wettbewerbsrecht eingeschränkt. In der Konsequenz werden Policy-Optionen und Entwicklungspfade erschwert oder verunmöglicht, die den entsprechenden europäischen Normen zuwiderlaufen. Die gesundheitspolitischen Sub-Sektoren werden in unterschiedlichem Ausmaß von dieser politischen Dynamik erfasst, abhängig davon, wie „marktnahe" die jeweils angebotenen Gesundheitsleistungen sind, wie sich das Verhältnis von öffentlichen und privaten Anbietern gestaltet und wie nicht-marktförmige Steuerungsprinzipien europarechtlich legitimiert werden können. Der Mechanismus der negativen Integration ist dort besonders wirkungsvoll, wo die gesundheitlichen Versorgungssysteme auf Waren und Dienstleistungen beruhen, die grenzüberschreitend konsumiert bzw. erbracht werden können.

Die Festlegung des EuGH, dass es sich bei Gesundheitsleistungen grundsätzlich um Waren und Dienstleistungen entsprechend der Regelungen des EG-Vertrags handelt, hat eine Reihe von Urteilen nach sich gezogen, in denen die Vereinbarkeit nationaler Regulierungen mit den Grundfreiheiten geprüft wurde (Wunder

2008: 33ff.). Nachdem Gesundheitsdienstleistungen aus dem Geltungsbereich der europäischen Dienstleistungsrichtlinie von 2006 (Richtlinie 2006/123/EG) herausgenommen worden waren, nahm die Kommission die Entscheidungen des EuGH zum Anlass, die grenzüberschreitende Inanspruchnahme medizinischer Leistungen in einer eigenen Richtlinie zu kodifizieren. Damit sollte die nach den EuGH-Urteilen beklagte Rechtsunsicherheit beseitigt werden. Der Vorschlag einer Richtlinie über Patientenrechte (KOM (2008) 414) greift nicht nur die Vorgaben des Gerichtshofs auf, sondern geht z.t. über diese hinaus und eröffnet neue europäische Handlungsfelder. Die Kompetenzgrundlage für die Verabschiedung der Gesundheitsrichtlinie wird aus Art. 95 EGV abgeleitet, nach dem „Maßnahmen zur Angleichung der Rechts- und Verwaltungsvorschriften der Mitgliedstaaten, welche die Errichtung und das Funktionieren des Binnenmarktes zum Gegenstand haben" erlassen werden können. Der Vorschlag, die Regulierung europäischer Patientenmobilität in den Kontext des Art. 152 EGV (Titel XIII Gesundheitswesen) zu stellen und damit die binnenmarktrechtliche Dominanz zu verringern, wurde vom Rechtsausschuss des Europäischen Parlaments mit Hinweis auf die fehlende gesundheitspolitische Rechtsetzungskompetenz der Gemeinschaft in diesem Bereich zurückgewiesen (Gargani 2009). Es zeichnet sich somit die Verabschiedung einer europäischen Richtlinie zur grenzüberschreitenden Inanspruchnahme von Gesundheitsdienstleistungen ab, die primär dem Ziel der Binnenmarktverwirklichung dient. Dies ist insofern von Bedeutung, weil der EuGH bei künftig zu erwartenden Rechtsstreitigkeiten hinsichtlich der Reichweite und der Auslegung der Richtlinie weiterhin in einem binnenmarktrechtlichen Interpretationsrahmen agieren wird. Die konstitutionelle Asymmetrie des Integrationsprozesses führt zu der paradoxen Situation, dass der EuGH auf der Grundlage des Binnenmarkt- und Wettbewerbsrechts über nationale gesundheitspolitische Regelungen entscheidet, die gerade nicht für einen marktlichen Kontext, sondern im Rahmen öffentlicher Regulierungs- und Versorgungssysteme entwickelt wurden.

Die Verengung gesundheitspolitischer Handlungsoptionen für nationale Gesundheitspolitik soll am Beispiel der Gesetzlichen Krankenversicherung (GKV) verdeutlicht werden. Die GKV ist eine Körperschaft des öffentlichen Rechts („mittelbare Staatsverwaltung"), mit der Aufgabe, „die Gesundheit der Versicherten zu erhalten, wiederherzustellen oder ihren Gesundheitszustand zu bessern" (§ 1 Sozialgesetzbuch V). Diese Aufgabe nimmt die GKV als „Solidargemeinschaft" wahr. Die Mitglieder finanzieren die Krankenkassen mit einkommensbezogenen Beiträgen und im Gegenzug erhalten alle Versicherten einen umfassenden Anspruch auf medizinisch notwendige und wirtschaftliche Leistungen. Das Solidarprinzip findet seine konkrete Ausprägung in der Kombination finanzieller Umverteilungsmechanismen mit bedarfsorientierten Versorgungsansprüchen. Mit Blick auf die Versorgung der Versicherten mit Arzneimitteln wurden durch den Gesetzgeber 1989 die Festbetragsregelung eingeführt, mit der für einzelne Arzneimittelgruppen Höchstbeträge bestimmt werden, bis zu deren Erreichen die Krankenkassen die Kosten der Arzneimittel übernehmen. Übersteigt der Preis des Arzneimittels den Festbetrag, muss der Versicherte die Mehrkosten tragen. Die Festlegung der Erstattungsobergrenzen geschieht in einem zweistufigen Verfahren. In einem ersten Schritt bildet die Selbstverwaltung von Ärzten und Krankenkassen Arzneimittelgruppen mit gleichen oder vergleichbaren Wirkstoffen oder mit vergleichbarer therapeutischer Wirkung. Nach Genehmigung der Arzneimittelgruppen durch das Bundesgesundheitsministerium setzen die Verbände der Krankenkassen in einem zweiten Schritt gemeinsam und einheitlich die Grenze der Erstattungsfähigkeit fest. Dabei haben sie sich an den Angeboten verschiedener Hersteller und an den niedrigsten Apothekenabgabepreisen zu orientieren. Mit der Einführung der Festbeträge sollte der Anstieg der Arzneimittelausgaben der GKV gedämpft werden.

Verschiedene Hersteller klagten gegen die Regelung, weil sie einen Verstoß gegen das Wettbewerbsrecht der Gemeinschaft darstellten. Der EuGH hatte nun zu entscheiden, ob das europäische Wettbewerbsrecht auf die GKV und die Festsetzung von Erstattungsobergrenzen anzuwenden sei. Im Kern geht es dabei um die Frage, ob es sich bei den Krankenkassen um Unternehmen handelt, die eine wirtschaftliche Tätigkeit ausüben. In diesem Falle könnte die Festbetragsregelung gegen den Art. 81 Abs. 1 EGV verstoßen, mit dem Beschlüsse von Unternehmensvereinigungen verboten werden, die den Handel bzw. den Wettbewerb im Gemeinsamen Markt beeinträchtigen oder verhindern. Die Entscheidung des EuGH aus dem Jahr 2004[6] geht davon aus, dass es sich bei den Verbänden der Krankenkassen – wenn sie Festbeträge festsetzen – nicht um Unternehmen oder Unternehmensvereinigungen handele. Dies wurde zum einen mit der Wahrnehmung einer „rein sozialen Aufgabe", die „auf dem Grundsatz der Solidarität beruht und ohne Gewinnerzielungsabsicht ausgeübt wird", begründet. Zudem bieten die Kassen „im Wesentlichen gleiche Pflichtleistungen" unabhängig von der Beitragshöhe an. Eine wirtschaftliche Tätigkeit sei auch im „gewissen Wettbewerb um Mitglieder" nicht zu erkennen. Schließlich stelle auch die Festbetragsregelung keine wirtschaftliche Tätigkeit der Kassenverbände dar, da sie einer gesetzlichen Pflicht nachkämen, mit der „der Fortbestand des deutschen Systems der sozialen Sicherheit" gewährleistet werden solle. Mit der Festsetzung von

---

6 Vgl. zu den folgenden Ausführungen: Urteil des Europäischen Gerichtshofs vom 16. März 2004 (verbundene Rechtssachen C-264/01, C-306/01, C-354/01 und C-355/01).

Erstattungsobergrenzen verfolgten die Kassenverbände kein eigenes Interesse, „das sich vom rein sozialen Zweck der Krankenkassen trennen ließe". Daher agierten auch die Kassenverbände bei der Festlegung der Festbeträge nicht als Unternehmen oder Unternehmensvereinigungen im Sinne des Art. 81 EGV. Dass es sich bei der EuGH-Entscheidung nicht um eine unstrittige Auslegung handelt, zeigt der Schlussantrag des Generalanwalts (Jacobs 2003). Dieser ging davon aus, dass die Tätigkeit der Kassenverbände eine wirtschaftliche sei und daher das Wettbewerbsrecht der Gemeinschaft auf die Festbetragsregelung anzuwenden sei. Die Kassenverbände agierten zumindest in der zweiten Stufe des Verfahrens als Unternehmensvereinigung, da sie ein starkes Eigeninteresse verfolgten. Es handele sich bei den Festbeträgen um eine Preissetzung, die der Beschränkung des Wettbewerbs diene und nach den Normen des EG-Vertrags als wettbewerbswidrige Verhaltensweise bezeichnet werden könne. Die Einschätzung, dass die GKV nicht als Unternehmen handelt, ist rechtlich also umstritten. Bereits bei der Bewertung weiterer Tätigkeitsfelder (jenseits der Festbetragsregelung) könnte der EuGH durchaus zu einer anderen Bewertung kommen. Zudem werfen aktuelle und künftige Veränderungen in der Regulierungsstruktur der GKV die Frage nach dem Unternehmenscharakter der Kassen erneut auf.

Mit der Unterscheidung zwischen wirtschaftlicher und nicht-wirtschaftlicher Tätigkeit hat der EuGH eine Trennlinie gezogen, mit der die nationalstaatliche Regulierungsfähigkeit begrenzt und der Geltungsbereich des europäischen Kartellrechts eröffnet wird. Die Brisanz dieses Mechanismus wird deutlich, wenn man einzelne Regelungen der vergangenen Gesundheitsreform an den Definitionen des Gerichtshofs misst. Mit dem Gesetz zur Stärkung des Wettbewerbs in der GKV (GKV-WSG) aus dem Jahr 2007 wurden Änderungen in den tariflichen Gestaltungsoptionen der Krankenkassen sowie ein Ausbau der Steuerfinanzierung der GKV beschlossen. In § 53 Abs. 1 und 2 SGB V werden die Möglichkeiten der Versicherten ausgeweitet, Selbstbehalt- und Beitragsrückerstattungstarife zu wählen. Während der Versicherte bei einem Selbstbehalt einen Teil der Kosten übernimmt, die eigentlich die Krankenkasse zu tragen hätte und im Gegenzug eine Beitragsermäßigung erhält, wird bei der Beitragsrückzahlung eine Prämie ausgezahlt, sofern keine Leistungen in Anspruch genommen wurden. Durch solche Tarifformen sollen überflüssige Arztbesuche („moral hazard") verringert werden, indem ein finanzieller Anreiz für die Nicht-Inanspruchnahme medizinischer Leistungen geschaffen wird. Unabhängig davon, wie man die möglichen gesundheitspolitischen Effekte dieser Maßnahmen beurteilt (vgl. hierzu kritisch: Gerlinger et.al. 2007: 14ff.), handelt es sich um eine Strategie mit kartellrechtlicher Relevanz. Mit Selbstbehalten und Beitragsrückerstattungen wird das solidarische Finanzierungsprinzip der GKV geschwächt, das vom EuGH als ein zentrales Merkmal für die nicht-wirtschaftliche Tätigkeit der Kassen bewertet wurde. Die Möglichkeit, sich als gesunder Versicherter der solidarischen Finanzierung partiell zu entziehen, bedeutet eine Öffnung gegenüber dem Äquivalenzprinzip, das als ein Kennzeichen wirtschaftlich tätiger Versicherungsunternehmen gilt. Auch wenn die Abgrenzung einer rein sozialen von einer wirtschaftlichen Tätigkeit nicht immer trennscharf ist, tragen die Wahltarife dazu bei, „den Idealtypus der solidarischen Krankenversicherung zu einem vermehrt durch das Versicherungsprinzip geprägten Mischsystem" (Kingreen 2007: 48) umzubauen. In die gleiche Richtung kann der durch das GKV-WSG beschlossene Ausbau der Steuerfinanzierung der GKV (§ 221 abs. 1 SGB V) interpretiert werden. Mit der wachsenden Beteiligung des Bundes an der GKV-Finanzierung verliert ein zentrales Merkmal der „Solidargemeinschaft" GKV – die einkommensorientierten Beiträge – an Bedeutung. Die Steuerfinanzierung des sozialen Ausgleichs ist dagegen laut EuGH kein Merkmal einer nicht-wirtschaftlichen Tätigkeit und wäre auch im Kontext privater Versicherungen denkbar. In Anbetracht dieser Entwicklungen erscheint es als fraglich, ob der EuGH bei einer erneuten Überprüfung der GKV den Kassen die Unternehmenseigenschaft weiterhin absprechen und sie damit dem Einfluss des europäischen Wettbewerbsrechts entziehen würde (Kingreen 2007).

Die rechtliche Konstellation, die anhand der Frage der wettbewerbsrechtlichen Einordnung der GKV exemplarisch skizziert wurde, verdeutlicht das grundsätzliche Dilemma, mit dem die Gesundheitspolitik auf der mitgliedstaatlichen Ebene konfrontiert ist. Die nationalen Regulierungssysteme unterliegen einem am europäischen Recht orientierten Prüfvorbehalt. In den Einzelfallentscheidungen des EuGH wird erstens die Anwendbarkeit des europäischen Binnenmarkt- und Wettbewerbsrechts festgestellt, um zweitens – im Falle der Anwendbarkeit – die Vereinbarkeit der nationalen Regulierungen mit dem europäischen Recht zu prüfen. Bei einer fehlenden Vereinbarkeit ist das nationale Recht ungültig. Der EuGH besitzt die Interpretationsmacht über die Auslegung der häufig sehr allgemein gehaltenen europarechtlichen Normen. In diesem Rahmen formuliert er konkretisierende Regeln und Definitionen, die für die Mitgliedstaaten eine bindende Wirkung besitzen und die politischen Gestaltungsoptionen einschränken. Im beschriebenen Beispiel stellt sich für den Gesetzgeber die Frage, ob er den Sonderstatus der GKV mit dem dazu gehörigen Regulierungssystem beibehalten will. Ist dies der Fall, muss er sich an die Kriterien nicht-wirtschaftlicher Tätigkeit halten, um die Anwendung des Wettbewerbsrechts auch weiterhin auszuschließen. Andernfalls besteht die realistische Möglichkeit, dass gesundheitspolitische Strategien der Mitgliedstaaten durch die europäische Rechtsprechung verunmöglicht werden.

5 Trend zur Vermarktlichung von Gesundheitspolitik

Die durch die rechtliche Konstellation des Integrationsprojektes bedingte Einschränkung der gesundheitspolitischen Handlungsoptionen der Mitgliedstaaten bleibt nicht auf die formale Ebene beschränkt. Binnenmarkt- und Wettbewerbsrecht sind die Säulen einer „sehr liberalen europäischen Wirtschaftsverfassung" (Leibfried/Obinger 2008: 356), die die Richtung des Integrationsprozesses prägt. Die Diversität von Wohlfahrtsstaatsmodellen, Kapitalismusvarianten und sozioökonomischen Entwicklungsniveaus innerhalb der EU erschwert eine sozialpolitische Harmonisierung. Mit Ausnahme vereinzelter redistributiver (Sozial- und Strukturfonds) und sozialregulativer Initiativen (z.B. beim Arbeitnehmerschutz) sind die zentralen Integrationsprojekte auf marktschaffende und liberalisierende Ziele ausgerichtet (vgl. Bieling/Steinhilber 2000). Dies ist nicht allein auf die europäischen Akteure zurückzuführen. Auch auf der nationalen Ebene gibt es seit Mitte der 1970er Jahre starke politische und ökonomische Interessen, die sich Vorteile aus der Liberalisierung und Privatisierung öffentlicher Unternehmungen versprechen. Zugleich ist die Transformation des öffentlichen Sektors in Westeuropa maßgeblich auf europäische Vorgaben gestützt und Kommission und Gerichtshof nehmen dabei eine treibende Rolle ein. In den vergangen Jahren wurden EU-gestützte Privatisierungs- und Liberalisierungsprozesse von Industrie- und Finanzunternehmen über den Sektor der öffentlichen Infrastruktur auf die sozialen Sicherungssysteme ausgedehnt (vgl. Bieling/Deckwirth 2008: 16f.).

Dies bleibt nicht ohne Auswirkungen auf die Policy-Ebene der Gesundheitspolitik. Über den Mechanismus der nicht-intendierten negativen Integration wird die Herausnahme der gesundheitlichen Versorgungssysteme aus der Marktsteuerung grundsätzlich in Frage gestellt. Es kommt zu einer Neujustierung des Verhältnisses von Markt, Staat und Verbänden in der Gesundheitspolitik sowie einer Neugewichtung von ökonomischen und sozialen Zielsetzungen. Der europarechtliche Zugriff auf die Gesundheitspolitik wird durch die jüngere Geschichte der nationalen Gesundheitspolitik gefördert. Seit dem Gesundheitsstrukturgesetz von 1992, mit dem die Kassenwahlfreiheit eingeführt wurde, laufen gesundheitspolitische Strukturveränderungen im GKV-System auf „eine immer mehr durch unternehmerische Strukturen geprägte Versorgungslandschaft" hinaus (Ebsen 2009: 75). Die schrittweise Vermarktlichung des Gesundheitssystems durch die Gesundheitsreformen der vergangenen Jahre wirft die grundsätzliche Frage auf, warum das binnenmarktorientierte Regulierungssystem hier nicht greifen sollte.[7]

---

7 Daher ist hier auch der Hinweis angebracht, dass der EuGH nicht die Haupt- und schon gar nicht die Alleinverantwortung für Vermarktlichungsprozesse in den mitgliedstaatli-

Das Europarecht kennt (und anerkennt) nur wenige Mischformen zwischen staatlicher und marktlicher Regulierung. So können die Mitgliedstaaten zwar grundsätzlich über die Eigentumsordnung in ihrem Hoheitsbereich entscheiden (§ 295 EGV). Sobald jedoch private Leistungsanbieter zugelassen werden, wird im wettbewerbsrechtlichen Rahmen die Frage aufgeworfen, ob staatliche Leistungserbringung überhaupt notwendig und eine eventuelle Privilegierung öffentlicher Einrichtungen legitim ist. Veränderungen in den gesundheitspolitischen Regulierungssystemen, die eine Stärkung wettbewerblicher Elemente umfassen, werfen europarechtlich betrachtet die Frage auf, warum nicht der gesamte Regelungsbereich privaten, marktorientierten Akteuren übertragen wird. Ein Trend zur Vermarktlichung in der Sozial- und Gesundheitspolitik ist dem Integrationsprozess zudem deshalb inhärent, weil solidarische Ziele und Prinzipien im europäischen Primärrecht nur schwach verankert sind. Während auf der Ebene politischer Absichtserklärung ein fortwährendes Bekenntnis europäischer Politiker zu den Werten und Prinzipien des Europäischen Sozialmodells zu beobachten ist, hat sich dies in den europäischen Verträgen nur bedingt niedergeschlagen.

Die aufgrund der Einbettung der Gesundheitspolitik in die europäische Marktordnung befürchtete Entsolidarisierung hat die Gesundheitsminister der Mitgliedstaaten veranlasst, auf der EU-Ratstagung in Luxemburg im Jahr 2006 eine Erklärung mit dem Titel „Gemeinsame Werte und Prinzipien in den Europäische Union-Gesundheitssystemen" zu verabschieden (Rat der Europäischen Union 2006). Darin bekennt sich der Rat zu den Zielen eines universellen Zugangs zur Gesundheitsversorgung, einer solidarischen Finanzierung und des Abbaus von Ungleichheiten in der Versorgung. Auch in Art. 35 der „Charta der Grundrechte der Europäischen Union" findet sich ein Bekenntnis zu einem umfassenden Zugang der Bevölkerung zu den gesundheitlichen Versorgungssystemen. Im Gegensatz zu den vier Grundfreiheiten und dem Wettbewerbsrecht handelt es sich hierbei jedoch nicht um einklagbare Normen, sondern lediglich um politische Absichtserklärungen ohne rechtsverbindlichen Charakter. Noch völlig offen ist, wie sich die Aufwertung der Charta durch den Lissabon-Vertrag auf die Rechtsprechung auswirken wird (vgl. Schmucker 2009, Welti in diesem Band). So lange die konstitutionelle Asymmetrie von Wirtschafts- und Sozialintegration das prägende Merkmal des Integrationsprozesses ist, wird auch die Gesundheitspolitik an den Anforderungen der Binnenmarktintegration gemessen werden. Damit unterliegen gesundheitspolitische Optionen jenseits marktlicher Steuerungsformen einem generellen Legitimationsvorbehalt. Ob sie von der

---

chen Gesundheitssystemen trägt. Seine Entscheidungen bedienen sich häufig der Vorlagen, die durch die nationalen Gesetzgeber geliefert werden (vgl. auch Obermaier 2009).

Marktsteuerung ausgenommen sind oder eine Einschränkung der Marktfreiheiten rechtfertigen, entscheidet letztendlich der Europäische Gerichtshof.

6 Demokratisches Defizit gesundheitspolitischer Entscheidungen

Skepsis hinsichtlich der Europäisierung von Gesundheitspolitik ist auch aus einem anderen Grunde angebracht. Der Wandel gesundheitspolitischer Entscheidungsstrukturen im Kontext der Europäischen Union ist mit einem grundlegenden Defizit des gesamten Integrationsprozesses konfrontiert: Die getroffenen Entscheidungen weisen eine vergleichsweise schwache demokratische Legitimation (Input-Legitimation) auf. In der Debatte um den demokratischen Gehalt der EU gelten als zentrale Defizite: Die Abwesenheit von Wahlen der politischen Führung, die für die Bevölkerung der EU mangelnde Sichtbarkeit konkurrierender politischer Positionen und Strategien, die Intransparenz der Entscheidungsprozesse im Ministerrat, die fehlende Thematisierung der eminent politischen Rolle der Kommission sowie die immer noch schwache Stellung des Parlaments gegenüber Kommission und Rat (Follesdal/Hix 2006). Während sich diese Kritikpunkte vorrangig auf den legislativen Prozess beziehen, verschärft sich die Problematik noch, sobald man die herausgehobene Stellung des EuGH sowie die Wechselwirkung seiner Entscheidungen mit dem legislativen Prozess betrachtet. Judikative Politik, die nicht über unmittelbar demokratisch legitimierte Entscheidungsverfahren verläuft, sondern die über Vertragsverletzungsverfahren und EuGH-Urteile allgemeinverbindliche Entscheidungen setzt, besitzt im Integrationsprozess eine besondere Bedeutung (Schmidt 2008). Über die Auslegung der Vertragsnormen und die Definition von Ausnahmetatbeständen nach dem (flexiblen) Verhältnismäßigkeitsprinzip entscheidet der EuGH über die „nationalen Autonomiereserven". Seine Rechtsprechung kann legislative Maßnahmen ersetzen oder aber – wie im Falle der Richtlinie über die Ausübung der Patientenrechte – legislative Entscheidungen präformieren, da die politischen Aushandlungsprozesse „im Schatten des Richterrechts" stattfinden (ebd.).

Die Verengung gesundheitspolitischer Handlungsspielräume der Mitgliedstaaten durch die judikative Politik der EU ist daher fragwürdig, weil sie relevante politische Weichenstellungen den existierenden demokratischen Entscheidungsstrukturen entzieht. Es kommt zu einer Entpolitisierung von Gesundheitspolitik, da die Entscheidungen auf der Auslegung von Vertragsnormen beruhen und damit scheinbar technischer Natur sind. Real handelt es sich allerdings um folgenreiche Entscheidungen, wenn der EuGH – wie oben gezeigt – die Definitionsmacht über die Bedeutung und den Geltungsbereich sozialer und solidarischer Regulierungsinstrumente in der Gesundheitspolitik ausübt. Die Entpolitisierung von Gesundheitspolitik wird dadurch verstärkt, dass für die meisten Bürger nicht erkennbar ist, dass den europäischen Entscheidungen ein politischer Richtungsstreit mit konkurrierenden Positionen zugrunde liegt. Die Komplexität der (Rechts-)Materie und die nach wie vor schwach ausgeprägte europäische Öffentlichkeit erzeugen Intransparenz. Doch selbst wenn die Bedeutung der politischen Entscheidungen klarer ersichtlich wäre, sehen die europäischen Entscheidungsverfahren nur wenige Beteiligungs- und Abstimmungsmöglichkeiten der WählerInnen vor. Auch die partielle Aufwertung des Parlaments hat die dominierende Stellung der Exekutive nicht beendet.

Erschwerend kommt hinzu, dass die Verhandlungen im Ministerrat ebenfalls einen beträchtlichen Mangel an Transparenz aufweisen. Selbst der – vermutlich kleine – Teil der Bevölkerungen der Mitgliedstaaten, der darüber informiert ist, dass über eine europäische Gesundheitsrichtlinie verhandelt wird, erfährt wenig über die politischen Konfliktlinien im Rat und die Positionierung der eigenen nationalen Regierung in diesem Konflikt. Der Mangel an Transparenz und das Fehlen demokratischer Entscheidungsverfahren kann durchaus im Interesse nationaler Regierungen liegen, bietet diese Konstellation doch die Möglichkeit, unpopuläre Vorhaben, die in einem Land schwerlich durchsetzbar wären, europaweit zu verankern, ohne dafür die volle politische Verantwortung tragen zu müssen. Auf der europäischen Ebene lassen sich Reformprojekte initiieren, die auf der nationalen Ebene nicht durchsetzbar wären. Einmal getroffene Richtungsentscheidungen in der EU sind allerdings nur schwer revidierbar. Sie sind dem demokratischen Prozess auf mitgliedstaatlicher Ebene weitgehend entzogen. „Damit verringert sich die Chance auf *Politik*wechsel selbst bei *Regierungs*wechseln, und der politische Wettbewerb in den Mitgliedstaaten verliert an Bedeutung." (Höpner/Schäfer 2008a: 40, Hervorhebungen im Original).

7 Ausblick

Derzeit befindet sich die Einbettung der Gesundheitspolitik in den Integrationsprozess in einem Zustand, der durch rechtliche Unsicherheit sowie verschiedene Interpretationsmöglichkeiten hinsichtlich der vertraglichen Kompetenzen geprägt ist. Die Ausdehnung des Binnenmarktrechts auf das Gesundheitsweisen durch den EuGH hat eine Situation geschaffen, in der die Mitgliedstaaten unter Handlungsdruck geraten sind. Die weitere rechtliche Institutionalisierung europäischer Gesundheitspolitik durch den Vorschlag der Kommission über eine Richtlinie über die Ausübung der Patientenrechte stellt mehr dar, als lediglich eine Kodifizierung der vorhandenen Rechtsprechung (Schulte 2009). Die politische Auseinandersetzung um die Ausgestaltung der Richtlinie wird im Ergebnis dazu führen, eine Vorstellung über das Verhältnis von Gesundheitspolitik und Binnenmarktrecht sekundärrechtlich zu verankern, die bislang Gegenstand konkurrierender Auslegungen des Vertragsrechts sowie unterschiedlicher gesundheitspolitischer Interessen und Zielvorstellungen ist. Greer (2008) hat diese Entwicklungsphase im Sinne des historischen Institutionalismus als „critical juncture" charakterisiert, d.h. einen Zustand, in dem noch keine institutionelle Pfadabhängigkeit europäischer Gesundheitspolitik ausgeprägt ist und in dem unterschiedliche Entwicklungspfade eingeschlagen werden können, die weitreichende und lang andauernde Wirkung haben.

Solche Weichenstellungen werden nicht allein durch große Reformen – wie die Neufassung der Verträge – vollzogen. Auch „kleine" Entscheidungen können umfassende Bindungswirkungen entfalten und damit politische Entwicklungen prägen. In der Debatte um die Richtlinie über Patientenrechte lässt sich dies an der im Kommissionvorschlag enthaltenen Formulierung der „grenzüberschreitenden Gesundheitsversorgung" zeigen, die im Erwägungsgrund 10 vorgenommen wurde. Grenzüberschreitende Gesundheitsversorgung umfasst danach neben der Patientenmobilität auch die grenzüberschreitende Erbringung von Gesundheitsdienstleistungen, den ständigen Aufenthalt eines Gesundheitsdienstleisters sowie den vorübergehenden Aufenthalt von Angehörigen der Gesundheitsberufe in einem anderen Mitgliedstaat, um dort Dienstleistungen zu erbringen. Die Kommission hat damit eine umfassende Definition der Dienstleistungsfreiheit im Gesundheitswesen vorgenommen, die über den Bereich der Patientenmobilität hinausgeht und sowohl die Erbringung im Ausland (aktive Dienstleistungsfreiheit) als auch die Niederlassungsfreiheit umfasst (vgl. Krajewski in diesem Band). Nachdem die Gesundheitsdienstleistungen aus der allgemeinen Dienstleistungsrichtlinie (Richtlinie 2006/123/EG) in Folge vehementer politischer Proteste herausgenommen worden waren, greift die Kommission hier zumindest implizit den Anspruch einer umfassenden Liberalisierung der Gesundheitsdienstleistungen wieder auf. Im weiteren Verlauf des Richtlinienvorschlags werden diese Aspekte zwar nicht präzisiert, ihre konzeptionelle Fassung ist jedoch Ausdruck der gewünschten Handlungslogik der weiteren Europäisierung von Gesundheitspolitik.

Ob sich eine rechtliche Verankerung von Gesundheitsdienstleistungen durchsetzt ist derzeit noch nicht absehbar. Die potenzielle Reichweite der Kommissions-Definition grenzüberschreitender Gesundheitsversorgung ist vom Europäischen Parlament kritisch beurteilt worden. In seinen Änderungsvorschlägen streicht es alle Hinweise auf die aktive Dienstleistungs- sowie die Niederlassungsfreiheit und beschränkt die Richtlinie auf den Bereich der Patientenmobilität (Europäisches Parlament 2009). Werden diese Änderungen bei der Verabschiedung der Richtlinie berücksichtigt, wäre die weitergehende, „schleichende" Liberalisierung der Gesundheitsdienstleistungen vorerst gebremst. Die dem gesundheitspolitischen Europäisierungsprozess zugrunde liegende Logik der Übertragung des Binnenmarktrechts auf den Gesundheitssektor bliebe allerdings in Kraft.

Literatur

Axt, HJ/Molososki, A/Schwarz, O (2007): Europäisierung – ein weites Feld. Literaturbericht und Forschungsfragen. In: Politische Vierteljahresschrift, 48. Jg. Heft 1, 136-149.

Bieling, HJ/Deckwirth, C (2008): Die Reorganisation der öffentlichen Infrastruktur in der Europäischen Union – Einleitung. In: Bieling, HJ/Deckwirth, C/Schmalz, S (Hrsg.): Liberalisierung und Privatisierung in Europa. Die Reorganisation der öffentlichen Infrastruktur in der Europäischen Union. Münster, 9-33.

Bieling, HJ/Steinhilber, J (2000): Hegemoniale Projekte im Prozess der europäischen Integration. In: Dies. (Hrsg.): Die Konfiguration Europas. Dimensionen einer kritischen Integrationstheorie. Münster, 102-130.

Börzel, T (2006): Europäisierung der deutschen Politik? In: Schmidt, Manfred G. / Zohlnhöfer, R (Hrsg.), Regieren in der Bundesrepublik Deutschland. Innen- und Außenpolitik seit 1949. Wiesbaden, 491-509.

Ebsen, I (2009): Die gesetzliche Krankenversicherung auf dem Pfad der Marktorientierung. In: Gellner, W/Schmöller, M (Hrsg.): Solidarität und Wettbewerb. Gesetzliche Krankenversicherungen auf dem Weg zu profitorientierten Versicherungsunternehmen – Zukunftsoptionen und Probleme. Baden-Baden, 75-98.

Europäisches Parlament (2009): Entwurf einer Legislativen Entschließung des Europäischen Parlaments zu dem Vorschlag für eine Richtlinie des Europäischen Parlaments und des Rates über die Ausübung der Patientenrechte in der grenzüberschreitenden Gesundheitsversorgung. Plenarsitzungsdokument A6-0233/2009 vom 03.04.2009.

European Commission (2002): Public Finances in EMU 2002. European Economy, Number 3, Brussels.

European Commission (2007): Joint Report on Social Protection and Social Inclusion [2007]. Social inclusion, Pensions, Healthcare and Long Term care. Luxemburg.

Falkner, G/Hartlapp, M/Treib, O (2007): Worlds of compliance: Why leading approaches to European Union implementation are only 'sometimes-true theories'. In: European Journal of Political Research, Vol. 46, Issue 3, 395-416.

Follesdal, A/Hix, S (2006): Why there is a Democratic Deficit in the EU: A Response to Majone and Moravcsik. In: Journal of Common Market Studies Vol. 44, No. 3, 533-62.

Gargani, G (2009): [Empfehlung des Rechtsausschusses des Europäischen Parlaments vom 13.02.2009 hinsichtlich der Rechtsgrundlage des Richtlinienvorschlags über die Ausübung der Patientenrechte in der grenzüberschreitenden Gesundheitsversorgung KOM (2008) 414]. Straßburg.

Gerlinger, T/Mosebach, K/Schmucker, R (2007): Wettbewerbssteuerung im GKV-WSG. Eine Einschätzung möglicher Effekte auf das Akteurshandeln im Gesundheitssystem. In: Jahrbuch für Kritische Medizin 44. Hamburg, 6-24

Greer, SL (2008): Choosing paths in European Union health services policy: a political analysis of a critical juncture. In: Journal of European Social Policy, Vol 18(3), 219-231.

Hatzopoulos, VG (2002): Killing National Health and Insurance Systems but Healing Patients? The European Market for Health Care Services after the Judgments of the ECJ in Vanbraekel and Peerbooms. In: Common Market Law Review 93, 683-729.

Haverland, M (2003): Social Policy: Transforming Pensions, Challenging Health Care? In: Dyson, Kenneth / Goetz, Klaus H. (eds.): Germany, Europe and the Politics of Constraint. Oxford, 271-288.

Höpner, M/Schäfer, A (Hrsg.)(2008): Die Politische Ökonomie der europäischen Integration. Frankfurt/Main.

Höpner, M/Schäfer, A (2008a): Grundzüge einer politökonomischen Perspektive auf die europäische Integration. In: Dies.(2008)(Hrsg.), 11-45.

Jacobs, FG (2003): Schlussanträge des Generalanwalts Francis G. Jacobs in den verbundenen Rechtssachen C-264/01, C-306/01, C-354-/01 und C-355/01. EuGH Pressemitteilung Nr. 44/03 vom 22.05.2003.

Kingreen, T (2007): Europarechtliche Implikationen des Entwurfs eines Gesetzes zur Stärkung des Wettbewerbs in der Gesetzlichen Krankenversicherung. Rechtsgutachten für den Deutschen Gewerkschaftsbund und die Hans-Böckler-Stiftung. Regensburg.

Kommission der Europäischen Gemeinschaften (2001): Mitteilung der Kommission an den Rat, das Europäische Parlament, den Wirtschafts- und Sozialausschuss und den Ausschuss der Regionen. Die Zukunft des Gesundheitswesens und der Altenpflege: Zugänglichkeit, Qualität und langfristige Finanzierbarkeit sichern. KOM(2001) 723 endgültig, Brüssel, den 05.12.2001.

Kommission der Europäischen Gemeinschaften (2008): Vorschlag für eine Richtlinie des Europäischen Parlaments und des Rates über die Ausübung der Patientenrechte in der grenzüberschreitenden Gesundheitsversorgung. KOM(2008) 414 endgültig. Brüssel, den 2. Juli 2008.

Lamping, W (2005), European integration and health policy. A peculiar relationship. In: Steffen, Monika (ed.), Health Governance in Europe. Issues, challenges and theories. London/New York, 18-48.

Lamping, W (2007): Die Kunst des Bohrens dicker Bretter. Die Europäische Kommission und die Europäisierung von Gesundheitspolitik. In: Fischer, Robert/Karrass, Anne/Kröger, Sandra (Hrsg.): Die Europäische Kommission und die Zukunft der EU. Ideenfabrik zwischen europäischem Auftrag und nationalen Interessen. Opladen/Farmington Hills, 275-296.

Leibfried, S/Obinger, H (2008): Nationale Sozialstaaten in der Europäischen Union: Zükünfte eines „sozialen Europas". In: Höpner, Martin/Schäfer, Armin (Hg.): Die Politische Ökonomie der europäischen Integration. Frankfurt/Main, 335-365.

Marks, G/Hooghe, L/Blank, K (1996): European Integration from the 1980s: State-Centric v. Multi-level Governance. In: Journal of Common Market Studies, Vol. 34, No. 3, 341-378.

Martinsen, DS (2005): Towards an Internal Health Market with the European Court. In: West European Politics, Vol. 28, No. 5, 1035-1056.

Obermaier, AJ (2009): Wer betreibt marktschaffende Politik? Der EuGH oder die Mitgliedstaaten? In: Zeitschrift für Sozialreform Jg. 55, H. 2, 125-148.

Offe, C (2005): Soziale Sicherheit im supranationalen Kontext: Europäische Integration und die Zukunft des „Europäischen Sozialmodells". In: Miller, M (Hrsg.): Welten des Kapitalismus. Institutionelle Alternativen in der globalisierten Ökonomie. Frankfurt/New York, 189-225.

Permanand, G (2006), EU pharmaceutical regulation. The politics of policymaking. Manchester/New York.

Quaglia, L/Neuvonen, M/Miyakoshi, M/Cini, M (2007): Europeanization. In: Cini, M (ed.): European Union Politics. Oxford, 405-420.

Radaelli, C (2003): The Europeanization of Public Policy. In: Featherstone, K/Radaelli, C (eds.): The Politics of Europeanization. Oxford University Press, 27-56.

Rat der Europäischen Union (2006): Schlussfolgerungen des Rates zum Thema "Gemeinsame Werte und Prinzipien in den Europäischen Union-Gesundheitssystemen". In: Amtsblatt der Europäischen Union C 146 vom 22.06.2006, 1-3.

Rhodes, M (1998): Das Verwirrspiel der „Regulierung": Industrielle Beziehungen und „soziale Dimension". In: Leibfried, S/Pierson, P (Hrsg.): Standort Europa. Europäische Sozialpolitik. Frankfurt a.M, 100-154.

Richtlinie 2006/123/EG des Europäischen Parlaments und des Rates vom 12. Dezember 2006 Über Dienstleistungen im Binnenmarkt. Amtsblatt der Europäischen Union L 376/36 vom 27.12.2006.

Rothgang, H/Götze, R (2009): Von negativer zu positiver Integration? Veränderungen in der europäischen Gesundheitspolitik am Beispiel der Patientenmobilität. In: Obinger, H / Rieger, E (Hg.): Wohlfahrtsstaatlichkeit in entwickelten Demokratien. Frankfurt/Main, 517-544.

Scharpf, FW (1999): Regieren in Europa. Effektiv und demokratisch? Frankfurt/New York.

Scharpf, FW (2002), The European Social Model: Coping with the Challenges of Diversity. In: Journal of Common Market Studies, Vol. 40, No. 4, 645-670.

Schmidt, SK (2008): Europäische Integration zwischen judikativer und legislativer Politik. In: Höpner/Schäfer (2008)(Hrsg.), 101-127.

Schmucker, R (2008): The Impact of European Integration on the German System of Pharmaceutical Product Authorization. Diskussionspapier des Instituts für Medizinische Soziologie 2008-3. Frankfurt/Main.

Schmucker, R (2009): Solidarität in der europäisierten Gesundheitspolitik? Zum Verhältnis von Wettbewerb und Solidarität im europäischen Binnenmarktprojekt. In: Böckmann, R (Hg.): Gesundheitsversorgung zwischen Solidarität und Wettbewerb. Wiesbaden, 203-231.

Schulte, B (2008): Die Ausübung der Patientenrechte bei der grenzüberschreitenden Gesundheitsversorgung. In: Gesundheits- und Sozialpolitik, H. 6, 40-53.

Schulte, B (2009): Chancen und Risiken einer EU-Richtlinie. In: Gesundheits- und Sozialpolitik, H. 1, 37-52.

Schweitzer, M/Schroeder, W/Bock, Y (2002): EG-Binnenmarkt und Gesundheitsschutz. Am Beispiel der neuen Tabakrichtlinie der Europäischen Gemeinschaft. Heidelberg.

Sieveking, K (2006): ECJ Rulings on Health Care Services and Their Effects on the Freedom of Cross-Border Patient Mobility in the EU. ZERP Diskussionspapier 3/2006. Bremen.

Urban, HJ (2003), Europäisierung der Gesundheitspolitik? Zur Evolution eines Politikfeldes im europäischen Mehrebenensystem. Wissenschaftszentrum Berlin für Sozialforschung, Discussion Paper SP I 2003-303. Berlin.

Wismar, M/Busse, R (2002): Analysis of SEM legislation and jurisdiction. In: Busse, R/ Wismar, M/ Berman, PC (eds.): The European Union and Health Services. Amsterdam et.al.

Wunder, A (2008): Grenzüberschreitende Krankenbehandlung im Spannungsfeld von Grundfreiheiten und vertraglicher Kompetenzverteilung. Frankfurt/Main.

Leonhard Hajen

Europäischer Wachstumsmarkt Gesundheitsdienstleistungen zwischen Vision und Realität

1 Befürchtungen und Hoffnungen

Mit dem Wachstum des Marktes für Gesundheitsdienstleistungen verbinden sich je nach Standpunkt Hoffnungen und Befürchtungen. Normalerweise wird in Märkten Wachstum mit der erfreulichen Zunahme von Umsätzen, Einkommen, Renditen oder Arbeitsplätzen assoziiert. Wachsende Ausgaben für Gesundheit sind zwar auch wachsende Einkommen für die Leistungserbringer, aber in der politischen Diskussion überwiegt die Sorge, dass ein wachsender Gesundheitssektor identisch ist mit steigenden Beiträgen für die Krankenkassen, mit höheren Prämien für private Krankenversicherungen oder, je nach Finanzierungssystem des jeweiligen Landes, steigenden Steuern, also einer Verkürzung des für den sonstigen, privaten Konsum verfügbaren Einkommens. Im deutschen Finanzierungssystem, in dem die Beiträge an die Löhne und Gehälter gekoppelt sind, wird das mit höheren Lohnnebenkosten und sinkender internationaler Wettbewerbsfähigkeit gleichgesetzt. Tatsächlich sind die gesundheitsbedingten Lohnnebenkosten zwar so gering, dass sie im internationalen Wettbewerb eine untergeordnete Rolle spielen, zumal alle Länder mit steigenden Gesundheitsausgaben konfrontiert sind, aber die Angst vor steigenden Ausgaben dominiert den öffentlichen Diskurs (Häussler/Ecker/Schneider 2006: 75ff).

Dagegen steht die Auffassung, dass gerade wachsende Gesundheitsdienstleistungen eine Perspektive bieten, um angesichts der Wegrationalisierung von Arbeitsplätzen in der Industrie und im Dienstleistungssektor nachhaltig neue Beschäftigung zu schaffen und einen neuen Markt zu entwickeln, auf dem privates Kapital rentierlich angelegt werden kann. In dieser Perspektive sind Gesundheitsdienstleistungen ein Hoffnungsträger, weil sie von einer älter werdenden Bevölkerung, die über wachsende Einkommen verfügt, vermehrt nachgefragt werden.

Gesundheitsdienstleistungen werden in dieser Arbeit eng definiert, also als Leistungen, die von Krankenhäusern, Arztpraxen, Arzneimittelindustrie, Apotheken oder dem Gesundheitshandwerk erbracht werden. In den Ländern der europäischen Union werden sie ganz überwiegend kollektiv finanziert, also aus den Beiträgen der Pflichtversicherten, oder aus allgemeinen Steuermitteln in Ländern mit einem nationalen Gesundheitsdienst. In einer sehr weiten Definition könnte man alle Leistungen einbeziehen, die der Erhaltung oder Wiederherstellung der Gesundheit dienen, wie Präventionsmaßnahmen, Bewegungsangebote oder gesundheitsfördernde Nahrung. Die Grenzen zu privatem Konsum werden dann allerdings fließend, weil auch der Saunabesuch oder das Bio-Brot darunter fallen. Unstreitig ist, dass alle Formen von Wellness-Angeboten auf eine wachsende Nachfrage stoßen und „Gesundheit" als Marketing-Instrument in vielen Bereichen erfolgreich eingesetzt wird.

Die hier verfolgte engere Fragestellung bezieht sich auf das klassische Verständnis von Gesundheitsdienstleistungen, die überwiegend öffentlich finanziert werden und über die in einem politischen Entscheidungsprozess definiert wird, was als medizinischer Bedarf anerkannt und in der Regel überwiegend öffentlich finanziert wird. Es wird untersucht, welche Faktoren das Wachstum des Gesundheitsmarktes bestimmen. Dabei liegt der Fokus darauf, welche Veränderungen sich im europäischen Binnenmarkt vollziehen, insbesondere, ob es künftig vermehrt grenzüberschreitende Gesundheitsdienstleistungen geben wird, weil eine nationale Regulierung nicht mehr mit den Binnenmarktfreiheiten in der EU zu vereinbaren ist. Dabei wird sich zeigen, dass das grenzüberschreitende Marktvolumen gering ist, aber erhebliche Veränderungen in der Struktur der Leistungsanbieter zu erwarten sind, weil der Gesundheitsmarkt in Zukunft ein Bereich sein wird, in dem privates Kapital verstärkt nach Anlagemöglichkeiten sucht, um den volatilen Kapitalmärkten auszuweichen.

2 Europäischer Binnenmarkt und soziale Kohäsion

Die europäische Vision ist weitreichender als die vier Marktfreiheiten des Binnenmarktes. Das Ziel ist ein Europa der Bürger, in dem es keine Grenzen mehr gibt und die politische und soziale Teilhabe gesichert ist. Das Recht auf Gesundheit gehört dabei zu den elementaren Menschenrechten, wobei keine Gesellschaft ihren Mitgliedern Gesundheit garantieren kann, aber einen gleichen Zugang zu Gesundheitsdienstleistungen, um Krankheiten zu verhüten und zu heilen und Gesundheit zu fördern.[1] Der Europäische Gerichtshof hat in seiner Rechtsprechung durchgehend die Rechte der Bürger gestärkt. Dazu gehört auch, dass die Bürger Gesundheitsdienstleistungen in allen Mitgliedsländern in Anspruch nehmen dürfen, und die nationalen Sicherungssysteme die Kosten übernehmen, die im Inland entstanden wären, allerdings immer mit der Einschrän-

---

1 Artikel 35 der EU-Grundrechtscharta lautet: „Jede Person hat das Recht auf Zugang zur Gesundheitsvorsorge und auf ärztliche Versorgung nach Maßgabe der einzelstaatlichen Rechtsvorschriften und Gepflogenheiten."

kung, dass auch nach nationalem Recht ein Leistungsanspruch besteht.[2] Eine Richtlinie, die Konsequenzen aus den Urteilen des EuGH für die grenzüberschreitende Inanspruchnahme von Gesundheitsdienstleistungen zieht, ist 2008 im Entwurf vorgelegt worden, wobei der Hauptstreitpunkt ist, ob sich dieses Recht auch auf stationäre Behandlungen beziehen soll, die keine Notfälle sind (Europäische Kommission 2008; Spitzenorganisation 2008: 10f). Dahinter steht die Vision eines Europas, das eben nicht nur einen gemeinsamen Markt realisiert, sondern das Ziel der sozialen Kohäsion verfolgt, was hier heißt, allen Bürgern gleichen Zugang zu medizinischer Versorgung zu gewährleisten.

Die Vision besteht in der sozialen Kohäsion, d. h. der Angleichung der sozialen Standards. Der Weg dahin soll nicht über die Harmonisierung von sozialen Standards erfolgen, was angesichts der Vielfalt der Sozialsysteme auch kaum denkbar wäre, sondern über die Angleichung der Wohlfahrtsunterschiede in der EU, denn dass Niveau der sozialen Sicherung, zu dem die medizinische Versorgung gehört, wird vor allem davon bestimmt, wie reich oder arm ein Land ist. Wollte man versuchen, alle Mitgliedsländer mittel- bis langfristig auf einen gleichen Anteil von Sozialausgaben am Sozialprodukt zu verpflichten, müsste das scheitern. Für die ökonomisch schwachen Länder wäre es eine Überforderung, wenn sie ihre Quote stark anheben müssten, um einen mittleren Wert zu erreichen, für die reichen Mitgliedsländer wäre eine starke Absenkung auf ein mittleres Maß politisch kaum durchsetzbar. Deshalb ist die soziale Kohäsion in der Vorstellung der EU als ein Ziel zu beschreiben, dass in der der langen Frist als Ergebnis der ökonomischen Kohäsion eintreten soll. Durch ökonomisches Wachstum sollen die ärmeren Länder aufholen und im Verlauf dieses Prozesses das Niveau wohlfahrtsstaatlicher Absicherung anheben. Das ist ein Prozess, in dem es über lange Zeit einerseits starke Versorgungsunterschiede zwischen den Mitgliedsländern geben wird, andererseits aber auch ein ständiger Konflikt zwischen den schon weitreichenden Binnenmarktfreiheiten und der nationalen Regulierung der sozialen Sicherung bestehen wird.

Die Realität in Europa ist von der Vision eines gemeinsamen, hohen Gesundheitsniveaus, wie es in Art. 3 EGV gefordert wird, noch weit entfernt. Nimmt man Kennziffern wie die Lebenserwartung, Morbiditätsraten, Versorgung mit Ärzten oder Modernität der Apparate und Arzneimittel als Indikatoren für den Gesundheitsstatuts eines Landes, sind mit der EU-Erweiterung nach Süden und Osten die Unterschiede größer geworden, was die Wohlstandsunterschiede zwar

---

2   Urteile des EuGH in Sachen Kohll (C-158/96), Decker (C-120/95), Molenaar (C-160/96, Vanbraekel (C-368/98), Geraets-Smits und Peerbooms (C- 157/99) und Watts (C-372-04) zum freien Waren- und Dienstleistungsverkehr.

nicht linear widerspiegelt (z. B. gehört Griechenland nicht zu den reichen EU-Ländern, hat aber die höchste Lebenserwartung), aber dennoch erklärt die Höhe des Sozialproduktes doch einen großen Teil der Bandbreite (OECD 2007: diverse Tabellen). Die alten Mitgliedsländer haben alle ein hohes Sozialprodukt und hohe Gesundheitsausgaben pro Kopf, die Mitgliedsländer im Osten verbinden ein niedriges Sozialprodukt mit geringen Gesundheitsausgaben pro Kopf. Die Gesundheitsausgaben werden hier als ein Indikator für die Größe des Gesundheitsmarktes verwendet. Die Bestimmungsfaktoren für Größe und Wachstum dieses Marktes werden im fünften Abschnitt näher analysiert, hier soll nur festgehalten werden, dass es einen engen Zusammenhang zwischen der Größe des Sozialproduktes eines Landes und der Größe des Gesundheitsmarktes gibt: Reiche Länder geben mehr für Gesundheit aus als arme. Das ist kein Automatismus, aber ein plausibler Zusammenhang, so dass die europäische Strategie, durch ökonomische Kohäsion auch gleichzeitig das Ziel der sozialen Kohäsion zu erreichen, nachvollziehbar ist. Wenn die Wirtschaft der Mitgliedsländer in Zukunft weiter wachsen wird und die Wachstumsraten in den mittel- und osteuropäischen Ländern (MOEL) sogar höher sind, kann mit wachsenden Gesundheitsmärkten gerechnet werden.

Die Idee des Binnenmarktes ist, dass der größere Markt Effizienzvorteile hat und die Wahlmöglichkeiten der Konsumenten, in unserem Zusammenhang der Patienten, erhöht. Hier soll nicht diskutiert werden, ob diese Vision, die schon den Cecchini-Bericht über die Vorteile des einheitlichen Binnenmarktes prägte, eingetreten ist (Cecchini 1988: 99ff). Die Wohlstandsmehrung ist messbar eingetreten, kritisch zu bewerten sind die Verteilung des Wohlstandes und die hohe Arbeitslosigkeit. Für die Frage, ob ein insgesamt wachsender Markt für Gesundheitsdienstleistungen auch zu mehr grenzüberschreitenden Märkten führt, also die Vor- oder vielleicht auch Nachteile in diesem Marktsegment spürbar werden, sind aber die Rahmenbedingungen ausschlaggebend:

- In den europäischen Verträgen ist eindeutig geregelt, dass die Organisation der Gesundheitsversorgung eine nationale Aufgabe ist und die EU nur eine ergänzende Funktion wahrnehmen kann.[3] Im Amsterdamer Vertrag von 1997 ist in Art. 5 das Subsidiaritätsprinzip noch einmal ausdrücklich festgeschrieben worden. Einen Konflikt kann es allerdings mit den Binnenmarktfreiheiten und EU-Wettbewerbsregeln geben. Wenn marktförmiges Handeln

---

3   Art. 152 (5): „Bei der Tätigkeit der Gemeinschaft im Bereich der Gesundheit der Bevölkerung wird die Verantwortung der Mitgliedsstaaten für die Organisation des Gesundheitswesens und die medizinische Versorgung in vollem Umfang gewahrt."

vorliegt, gilt die europäische Regulierung und nationale Abweichungen müssen begründet werden.
- In allen Mitgliedsländern ist Gesundheitsversorgung Teil der öffentlichen Daseinsvorsorge und der Marktregulierung weitgehend entzogen, was Ausnahmen von den Wettbewerbsregeln begründet. Die Vielfalt der Gesundheitssysteme ist groß, aber in jedem Mitgliedsland dominiert die kollektive Finanzierung der Gesundheitsdienstleistungen, sei es über Sozialversicherungsbeiträge oder über Steuern. Die Patienten entscheiden also im Wesentlichen nicht als Käufer im Markt von Gesundheitsdienstleistungen, sondern als Wähler im politischen Prozess über Umfang und Struktur des Marktes.
- Sozialpolitik ist immer Umverteilung von Macht und Einkommen, was in der Gesundheitspolitik nicht anders ist. Der Anteil der Gesundheitsausgaben in der EU liegt in den Mitgliedsländern zwischen 6,0 (Polen 2005) und 11,1 Prozent (Frankreich 2005) des Sozialprodukts (OECD 2007: 89, Tab 5.2.1) und ist ein zentrales Feld politischer Gestaltung, das sich die Mitgliedsländer nicht nehmen lassen wollen, weil darüber die Legitimation und Akzeptanz des Sozialstaates erfolgt. Der wird immer noch als Nationalstaat wahrgenommen, was sich in ferner Zukunft einmal ändern mag, aber davon ist Europa weit entfernt.

Umverteilung ist schon im nationalen Rahmen schwierig, auf europäischer Ebene ist die Bereitschaft dazu absehbar noch geringer ausgebildet. Gegenwärtig liegt der Haushalt der EU unter 1 Prozent des europäischen Sozialproduktes, was sich auf lange Zeit nicht wesentlich ändern wird. Mit diesem Finanzvolumen ist eine sozial- und gesundheitspolitisch motivierte Umverteilung jedenfalls ausgeschlossen, so dass das Wachstum der Gesundheitsmärkte auf absehbare Zeit von den nationalen Entscheidungen geprägt sein wird. Dabei ist das Ausmaß der öffentlichen Finanzierung die Schlüsselgröße, denn darüber entscheidet sich das Niveau der Gesundheitsversorgung. Ob eine Leistung dann von niedergelassenen Ärzten als Selbständige, Angestellte eines Medizinischen Versorgungszentrums oder des staatlichen Gesundheitsdienstes erbracht wird, ist ebenso nachrangig wie die Frage, ob ein Krankenhaus in öffentlicher, gemeinnütziger oder privater Trägerschaft betrieben wird. Damit entscheiden die Finanzierungsbedingungen der nationalen Systeme aber auch über den Anteil der Gesundheitsdienstleistungen, die möglicherweise im EU-Ausland oder weltweit in Anspruch genommen werden. Je großzügiger die Finanzierung grenzüberschreitender Leistungen ist, desto größer wird der Markt sein, wenn das Angebot im eigenen Land quantitativ oder qualitativ unzureichend ist.

3 Internationalisierung von Gesundheitsdienstleistungen

3.1 Regionale Bindung

Gesundheitsdienstleistungen erfordern bis auf seltene Ausnahmen (z. B. Laborleistungen und Ferndiagnose auf der Basis von Befunden) die unmittelbare Nähe des Produzenten der Leistung und des Konsumenten. Sie sind in hohem Maße arbeitsintensiv und regional gebunden, wobei je nach Art und Schwere des Falles (elektive Medizin, seltene Erkrankungen) der Patient in der Lage und willens ist, weitere Wege auf sich zu nehmen. Grundsätzlich gilt, je näher umso besser, um Wege und Zeit zu sparen. Die Wahl für ein bestimmtes Krankenhaus wird in der Regel auf der Basis der Empfehlung des behandelnden Arztes oder der Erfahrung von Familienmitgliedern, Freunden und Kollegen getroffen, was auch dafür spricht, dass Gesundheitsdienstleistungen sehr stark an die räumliche Nähe zum Wohn- und Arbeitsort des Patienten gebunden sind. Selbst wenn die Entfernung nicht groß und die Qualität vergleichbar ist, wird die Behandlung im Inland vorgezogen, weil es Sprachbarrieren oder kulturelle Unterschiede gibt, die gerade im Krankheitsfall die Mobilität einschränken (Reichelt/Agasi 2003: 200f).

Medizinische Versorgung ist regionale Aktivität, darin liegt die Bedeutung für das künftige Wachstum von Gesundheitsmärkten und für Arbeitsmärkte der Gesundheitsberufe. Die Wertschöpfung findet regional und nur bei Spezialbehandlungen auch im nationalen Rahmen statt. Im Gegensatz zu anderen Arbeitsprozessen, die im Rahmen der Globalisierung ins Ausland abwandern können, sind Gesundheitsdienstleistungen nur sehr eingeschränkt verlagerbar (Hajen 2007: 138ff). Am Beispiel der USA wird in Abschnitt 4 gezeigt, dass dies nicht nur eine „technische" Ursache hat, weil die Mobilität der Patienten begrenzt ist, sondern der Umfang der grenzüberschreitenden Leistungen im Medizinsektor auch davon abhängt, wie das soziale Sicherungsniveau ist. Je marktnäher die Finanzierung ist, desto stärker kommen die Kostendifferenzen zwischen In- und Ausland zum Tragen und führen dazu, dass Gesundheitsdienstleistungen im Ausland nachgefragt werden, wenn sie dort billiger sind.

Medizinische Leistungen sind auch nur sehr begrenzt vom Ort der Behandlung zu trennen. Die besten Beispiele sind Laborleistungen, insbesondere bei Zahnersatz, wo sich durch die Kostendifferenz zu ausländischen Anbietern ein relevanter Markt für grenzüberschreitende Gesundheitsleistungen entwickelt hat.[4] Die

---

4 Ferenczi et al. (2008: 11) nennen z. B. Preise für Zahnimplantate in anderen Ländern der EU, die im Vergleich zu Deutschland um bis zu mehr als die Hälfte billiger sind.

Möglichkeiten der Telemedizin bei bildgebenden Verfahren eröffnen auch neue Perspektiven, die Untersuchung am Patienten von der Diagnosestellung, die durch einen Spezialisten an einem anderen Ort erfolgen kann, zu trennen. Zeit und Raum spielen durch die Digitalisierung keine Rolle mehr, so dass hier neue Möglichkeiten der Diagnose und Therapie seltener Krankheiten liegen. Die im Aktionsprogramm Gesundheit (2007-2013) der EU geplanten „Referenzzentren" sind ein Versuch, den Fortschritt der Medizin bei seltenen Krankheiten für alle Bürger der EU zugänglich zu machen (Kommission der Europäischen Gemeinschaften 2005: 9ff).

3.2 Quantitative Bedeutung der Patientenmobilität

Betrachtet man die Inanspruchnahme von Gesundheitsdienstleistungen der Deutschen im Ausland, so zeigen die Ausgaben der GKV für im Ausland erbrachte Leistungen, wie ökonomisch unbedeutend dieser Anteil ist. In 2007 wurden lediglich 0,3 Prozent aller Ausgaben der GKV für grenzüberschreitende Leistungen ausgegeben (Bundesministerium für Gesundheit 2007: KV 45). Das umfasst ambulante und stationäre Leistungen, für die nach dem Sachleistungsprinzip die Kosten von der Krankenkasse übernommen wurden, in Ausnahmefällen erfolgt eine Kostenerstattung. In Notfällen konnten GKV-Patienten schon immer Leistungen nach dem Sachleistungsprinzip in Anspruch nehmen, wenn es bilaterale Verträge zwischen den Ländern gab. Allerdings schloss das SGB V bis 2004 aus, sich zum Zwecke der Behandlung ins Ausland zu begeben, es sei denn, die Krankenkasse hat die Behandlung vorab genehmigt. Danach ist das Gesetz der Rechtsprechung des Europäischen Gerichtshofes gefolgt und hat den Versicherten das Recht eingeräumt, in einem Mitgliedsland ihrer Wahl Gesundheitsdienstleistungen in Anspruch zu nehmen, allerdings mit starken Einschränkungen bei der stationären Versorgung.

Die Ausgaben der GKV bilden die Gesamtheit der grenzüberschreitenden Gesundheitsdienstleistungen nicht vollständig ab, weil 10 Prozent der Deutschen privat versichert sind. Es werden auch nicht alle Leistungen, die GKV-Versicherte im Ausland in Anspruch nehmen, erfasst. Das Recht auf Abrechnung nach dem Sachleistungsprinzip steht zwar auf dem Papier, aber ist für den betroffenen Arzt im Ausland mit mehr Bürokratie verbunden, so dass nicht selten Barzahlung vom Patienten verlangt wird. Nicht jede Rechnung wird dann bei der eigenen Krankenkasse zur Refinanzierung eingereicht. Es kann auch sein, dass Leistungen im Ausland in Anspruch genommen werden, die nicht zum Leistungskatalog der GKV gehören, so dass die Kassen nicht zahlen dürfen, beispielsweise Schönheitschirurgie (Reichelt/Agasi 2003: 194f). Aber die Tendenz der Aussage, dass die grenzüberschreitenden Gesundheitsdienstleistungen von geringer Bedeutung sind, bleibt erhalten. Die Europäische Kommission schätzt den Anteil der grenzüberschreitenden Ausgaben für Gesundheitsversorgung innerhalb der EU auf 10 Mrd. €, was auch lediglich 1 Prozent der öffentlichen Gesundheitsausgaben sind (Kommission der Europäischen Gemeinschaften 2008: 9).

Betrachtet man umgekehrt, wie viele ausländische Patienten in Deutschland behandelt werden, dürfte das Volumen im Vergleich zu den Leistungen des Gesundheitssektors insgesamt ebenfalls nur gering sein. Von 17 Mio. Krankenhauspatienten in 2006 kamen 54.000 aus dem Ausland, davon waren 40.000 Touristen, die sich einer Notfallbehandlung unterziehen mussten (Institut für Arbeit und Technik 2008). Für ein einzelnes Krankenhaus mag bei einer gesuchten Spezialisierung und Wartezeiten in den Krankenhäusern des Herkunftslandes daraus ein wirtschaftlich interessantes Feld liegen, weil es extrabudgetäre Einnahmen sind, aber in der Summe ist die Zahl der Fälle gering.

3.3 Gründe für Patientenwanderung

Wenn es richtig ist, dass aus den oben beschriebenen Gründen die Patienten eine Präferenz für eine Behandlung in ihrer Heimat haben, dann gibt es im Wesentlichen zwei Gründe für eine grenzüberschreitende Inanspruchnahme von Gesundheitsdienstleistungen: Die Leistung ist in der gewünschten Qualität im Inland nicht oder nur mit langer Wartezeit verfügbar, oder die Leistung ist deutlich billiger als im Inland und wird nicht von dem nationalen Gesundheitssystem bezahlt.

Im ersten Fall wird unterstellt, dass in den Mitgliedsländern der EU eine Inanspruchnahme auch im EU-Ausland vom nationalen Gesundheitssystem getragen wird. Das entspricht bei der ambulanten Versorgung, bei Arzneimitteln und bei Heil- und Hilfsmitteln der ständigen Rechtsprechung des Europäischen Gerichtshofes, ist aber noch nicht in allen Ländern die Praxis.[5] Bei der Krankenhausversorgung konzediert der Gerichtshof besondere Bedingungen, weil Krankenhäuser hohe Investitionen und Vorhaltekosten verlangen, die durch Leistungsinanspruchnahme im Ausland unwirtschaftlich werden könnten und die finanzielle Leistungsfähigkeit des nationalen Gesundheitssystems bedrohen könnten. Deshalb lässt der Gerichtshof hier zu, dass eine Krankenhausbehand-

---

5   Beginnend mit der Rechtssache Decker und Kohll in 1998 bis Watts in 2004 hat der EuGH die Rechte der Patienten auf eine Behandlung im EU-Ausland bejaht oder eine Verweigerung an strenge Voraussetzungen geknüpft.

lung vorher genehmigt werden muss, verlangt aber objektive Kriterien für eine Ablehnung und den Nachweis, dass sonst die finanzielle Stabilität bedroht ist.[6] Der Nachweis dürfte schwer zu führen sein, und es ist absehbar, dass es zu weiterem Rechtsstreit kommen wird. Die EU-Kommission hat im Sommer 2008 den Entwurf einer Richtlinie zur Patientenmobilität vorgelegt, wo dieser Konflikt zugunsten der Versicherten und der Wahlfreiheit der Patienten entschieden wird (Kommission der Europäischen Gemeinschaften 2008). Es darf aber bezweifelt werden, ob die Richtlinie in dieser Form durch den Ministerrat beschlossen werden wird, weil die Mitgliedsländer ihre eigenen Krankenhäuser vor Wettbewerb schützen wollen.

Selbst wenn in der Zukunft ein Anspruch darauf bestehen sollte, dass das nationale Sicherungssystem die Behandlungskosten im EU-Ausland trägt, wird absehbar nur das erstattet, was die Leistung im Inland gekostet hätte, immer unterstellt, die Leistung ist nach nationalem Recht Teil des Leistungskatalogs. Patientenmobilität soll auch nach Auffassung der Kommission nie dazu führen, Leistungen zu bekommen, die man nach nationalem Recht nicht bekäme. Das wäre mit Buchstaben und Geist der Europäischen Verträge unvereinbar, weil die Organisation und Finanzierung der Gesundheitsversorgung Aufgabe der Nationalstaaten ist.

Neben den zusätzlichen Fahrtkosten hat ein Patient den Differenzbetrag zwischen dem Preis im Inland und im Ausland aus eigenen Mitteln zu bezahlen, was prohibitiv wirkt, wenn das Preisniveau für Gesundheitsdienstleistungen im Land der Behandlung höher als im eigenen ist. Also selbst wenn die Wartezeiten für eine Behandlung lang sind, oder eine bessere Qualität im Ausland erwartet wird, sind keine großen Wanderungen von Patienten zu erwarten. Wartezeiten gibt es vor allem in staatlichen Versorgungssystemen wie Großbritannien und den skandinavischen Ländern, die aber auch alles tun werden, um eine Wanderung zu verhindern, selbst wenn europäisches Recht den offenen Zugang erzwingt, weil die Leistung aus dem nationalen Budget zu zahlen ist und den inländischen Leistungsanbietern als Einkommen verloren geht. Insoweit setzt der europäische Wettbewerb die nationalen Gesundheitssysteme unter Druck, eine bessere Versorgung zu schaffen. Eine Inanspruchnahme aus den Ländern der Osterweiterung der EU, in denen es ebenfalls Versorgungslücken gibt, scheitert an den hohen Zuzahlungen aus eigenem Einkommen. Diejenigen, die sich das leisten können, finden auch im eigenen Land genügend Anbieter, die auf der Basis privater Liquidation gute Leistungen ohne Wartezeiten anbieten.

---

6 Urteil des EuGH zur stationären Behandlung der britischen Staatsbürgerin Watts in einem anderen Land der EU (C-372/04).

Abweichend von dieser Grundtendenz kann es in Grenzregionen eine vermehrte Inanspruchnahme von grenzüberschreitenden Gesundheitsleistungen geben. Das Kriterium der räumlichen Nähe ist dort erfüllt und Sprachbarrieren oder kulturelle Differenzen spielen eine geringere Rolle. An allen Grenzen der Bundesrepublik gibt es Zusammenschlüsse von grenzüberschreitenden Regionen, die die Zusammenarbeit bei der Gesundheitsversorgung institutionalisiert haben. Die Formen der Zusammenarbeit sind dabei sehr unterschiedlich. Das kann von Versorgungsverträgen deutscher Krankenkassen mit Krankenhäusern und Ärzten im Nachbarland, gemeinsame Rettungsdienste bis zur Herausgabe eines Fremdwörterbuchs für Heilberufe und Rettungssanitäter führen, um Kommunikationsprobleme zu verringern (Deutsche Sozialversicherung 2005: 12ff). Aus der Zusammenarbeit können sich für alle Beteiligten Vorteile ergeben, insbesondere wenn dadurch spezielle Angebote vorgehalten werden können, die sonst nicht wirtschaftlich zu betreiben wären. Hier wird das Ziel eines Europas der Bürger sehr konkret mit Inhalt gefüllt. Da es sich gleichzeitig aber um Grenzgebiete handelt, die überwiegend dünn besiedelt sind, ist der gesamtwirtschaftliche Effekt dieses Dienstleistungsaustausches gering.

Eine weitere Ausnahme sind Teilmärkte der Gesundheitsdienstleistungen, in denen die Preisdifferenzen zwischen In- und Ausland hoch sind, und gleichzeitig ein hoher Eigenanteil in Form von Zuzahlungen zu leisten ist. Das sind aus deutscher Sicht in erster Linie Leistungen beim Zahnersatz und Kuren, letztere vor allem, wenn keine medizinische Indikation im engeren Sinne vorliegt, sondern die Grenze zu Wellness-Tourismus schwimmend wird. Eine belastbare Datenbasis gibt es dazu nicht, aber die Berichte, dass der Urlaub mit einer prothetischen Zahnbehandlung verbunden wird oder die Laborleistung im Ausland erbracht wird, nehmen zu. Hier ist auch am deutlichsten der Bedarf für eine europäische Regulierung sichtbar, denn der Patient möchte wissen, welche Qualität er erwarten kann, wie die Haftung geregelt ist und welche Rechte und Pflichten bestehen, wenn ein inländischer Anbieter aufgrund einer schlechten Leistung im Ausland tätig werden muss. Der Teilmarkt der Laborleistungen, der nicht auf die Nähe zum Patienten angewiesen ist, macht auch deutlich, dass die Wachstumsdynamik der grenzüberschreitenden Leistungen sehr stark davon abhängt, ob sie unter die soziale Finanzierung fallen. Deshalb lohnt ein Blick auf die Entwicklung in den Vereinigten Staaten, wo die Internationalisierung von Gesundheitsdienstleistungen trotz der so völlig anderen geographischen Verhältnisse eine ganz andere Dimension als in Europa hat.

4 Die USA als Beispiel für den Zusammenhang von Internationalisierung und sozialer Sicherung

Unter den OECD-Staaten hatten die USA in 2006 mit 15,3 Prozent den höchsten Anteil der Gesundheitsausgaben am Sozialprodukt und gaben mit 6.714 Dollar (in Kaufkraftparitäten) mit Abstand pro Einwohner am meisten aus (OECD 2008: Tabelle Gesundheitsausgaben). Der Anteil der öffentlich finanzierten Gesundheitsausgaben war jedoch am niedrigsten (OECD 2007: 87). Deshalb kann man mit gutem Grund die USA als das marktwirtschaftlichste Gesundheitssystem unter den entwickelten Staaten bezeichnen. Die Größe des Marktanteils kann dazu verleiten, dass ein von staatlicher Regulierung weitgehend befreiter Gesundheitsmarkt höhere Wachstumsraten verspricht. Der Preis dafür ist allerdings hoch. 15,4 Prozent (45,8 Mio. Menschen) der US-Amerikaner waren im Durchschnitt der Jahre 2005-2007 ohne jede Krankenversicherung, eine große Zahl ist unterversichert (U.S. Bureau of Census 2008: 23). Der Commonwealth Fund untersucht alle zwei Jahre, wie die Gesundheitskosten der US-Bürger gedeckt sind und kommt zu dem Ergebnis, dass in 2007 116 Millionen Erwachsene nicht versichert bzw. unterversichert waren, oder sie hatten Probleme, ihre Arztrechnungen zu bezahlen und/oder verzichteten auf Behandlung (Collins 2008: 2ff). Gesetzlich versichert sind nur die Senioren über 65, Behinderte und ganz arme Menschen. Der Versicherungsschutz für abhängig Beschäftigte erfolgt zumindest in großen Betrieben durch Privatversicherungen, die der Arbeitgeber abschließt. Selbständige, Beschäftigte in Klein- und Mittelbetrieben und Arbeitslose müssen sich selber versichern, oder sind im Krankheitsfall ohne Schutz. Konkurse wegen unbezahlter Rechnungen von Ärzten und Krankenhäusern machen mehr als die Hälfte aller privater Insolvenzen aus, was unterstreicht, welche enorme Bedeutung der Preis einer medizinischen Dienstleistung in den Vereinigten Staaten hat (Himmelstein 2005: 66ff). Das gilt insbesondere für elektive Eingriffe, denn in Notfällen haben zumindest die öffentlichen und gemeinnützigen Krankenhäuser eine Behandlungspflicht.

Wegen der begrenzten kollektiven Finanzierung durch die Sozialversicherung oder den Staat haben Behandlungen im Ausland für US-Amerikaner eine viel größere Bedeutung, obwohl der Weg in ein Land mit niedrigerem Preisniveau für die meisten US-Bürger viel weiter als für einen Europäer ist. Neben den größeren kulturellen und sprachlichen Unterschieden kommt noch der klimatische Unterschied hinzu, was für Kranke eine zusätzliche Belastung darstellt. Der Unterschied in den Kosten für eine Behandlung in Lateinamerika oder Asien ist allerdings so gravierend, dass die Beschwernisse in Kauf genommen werden, um überhaupt Zugang zu Behandlung zu bekommen. Deloitte hat eine Gegenüberstellung der Kosten für die Behandlung einzelner Fälle veröffentlicht, die im

Minimum bei 10 Prozent der Kosten in den USA liegen (Deloitte 2008: 13). Die Daten zeigen, dass die Schwerpunkte der Behandlungszentren in Asien und Lateinamerika liegen, aber auch Ungarn ein attraktiver Standort ist. Die Behandlungskosten liegen durchschnittlich bei 25-40 Prozent des Preises in den USA, so dass selbst bei Einbeziehung der Flugkosten deutliche Ersparnisse erzielt werden. Deloitte schätzt, dass in 2007 ca. 750.000 Patienten aus den USA im Ausland behandelt worden sind und führt dies auf die hohen Kosten und fehlende oder unzureichende Krankenversicherung im Inland zurück. Bis 2012 wird eine Steigerung auf 8-12 Mio. Menschen erwartet, was eine exorbitante Zahl von „medical refugees", so die wörtliche Bezeichnung, ist. Das Marktvolumen wird auf 16-24 Mrd. US$ geschätzt (ebd.: 4; 14). Die Kennzeichnung als „health tourism" ist eher eine Beschönigung für eine Versorgungssituation, die die Bürger zu einer Behandlung ins Ausland treibt, weil sie sich andere Alternativen nicht leisten können. In einer online-Befragung wurden 3.000 Amerikaner gefragt, ob sie bei gleicher Qualität aber halb so hohen Kosten eine Behandlung im Ausland wählen würden. Fast 39 Prozent der Befragten antworteten mit Ja (ebd.: 5). Die Schätzung ist methodisch nicht sehr belastbar: Erstens dürfte eine online-Stichprobe kaum repräsentativ für die Gesamtbevölkerung sein, zweitens ist es immer problematisch, von Antworten auf hypothetische Fragen auf tatsächliches Verhalten zu schließen. Aber selbst wenn nur die Hälfte der prognostizierten Fälle realisiert würde, ist das eine große Zahl und ein außerordentlich hohes Wachstum der grenzüberschreitenden Dienstleistungen.

Das hohe Wachstum der grenzüberschreitenden Gesundheitsdienstleistungen ist nicht nur aus der schlechten sozialen Absicherung im Krankheitsfall zu erklären, sondern auch aus einer veränderten Angebotslage im Ausland. In den „emerging countries" ist in den letzten Jahren eine kaufkräftige Schicht von Menschen entstanden, die medizinische Leistungen auf hohem Niveau nachfragen und bezahlen können. Damit hat sich ein Angebot von Krankenhäusern entwickelt, das dem westlichen Niveau entspricht und in der Behandlung ausländischer Patienten ein zusätzliches Marktpotential erschließt. Die Krankenhäuser behandeln nach den medizinischen Standards in den USA und lassen sich nach US-Standards zertifizieren, so dass die Patienten gesicherte Qualität vorfinden. Die Kliniken werben damit, dass ihre Ärzte in den USA ausgebildet wurden. Renommierte US-Kliniken wie Havard Medicine, Cornell Medical School oder das John Hopkins Hospital haben Niederlassungen oder Kooperationen in Asien und Lateinamerika, so dass der amerikanische Patient darauf vertrauen kann, nicht schlechter als im eigenen Land behandelt zu werden (ebd.: 16f).

Das Beispiel der Vereinigten Staaten zeigt, dass das Volumen grenzüberschreitender Dienstleistungen sehr stark davon abhängig ist, ob im Inland das Krankheitsrisiko durch gesetzliche oder private Versicherung ausreichend abgesichert ist. Es zeigt aber auch, dass im Ausland Kapazitäten aufgebaut wurden, die bei gleicher Qualität weniger als die Hälfte kosten, so dass auch im Gesundheitssektor die Globalisierung zu völlig veränderten Wettbewerbsverhältnissen führt. Der Chef des Bumrumgrad Hospital in Bangkok, einer der großen Kliniken, die um US-Patienten werben, bringt es auf die griffige Formel: W're selling Cadillacs at Chevy prices" (o.V. 2008a).

Die alles entscheidende Frage ist, ob Gesundheitsdienstleistungen wie in Europa ein öffentlich finanziertes Gut bleiben, oder ob sie privat zu finanzieren sind. Dann entscheiden über Angebot und Nachfrage Preis und Qualität, aber auch das Einkommen der Patienten, was nachgefragt wird. Die Regeln des Automobilmarktes werden dann auf den Gesundheitssektor übertragbar: Wer einen Mercedes zum Preis eines Golf anbietet, bekommt den Markt. Die Veränderungen auf der Angebotsseite auf den Weltmärkten für Gesundheitsleistungen sollten zumindest auch deutsche Klinikchefs zu etwas weniger Optimismus verleiten, durch Patienten aus dem Ausland die eigene Einnahmesituation dauerhaft zu verbessern. Gute medizinische Qualität findet man mittlerweile auch in anderen Ländern, aber billiger. Im Bereich der elektiven Medizin ist die medizinische Versorgung nicht zwingend ein Gut, das nur lokal erbracht werden kann.

5 Nationale Einflussfaktoren auf das Wachstum der Gesundheitsmärkte

5.1 Kein Kondratieff-Zyklus

Der russische Ökonom Kondratieff hat in den zwanziger Jahren des letzten Jahrhunderts die „Theorie der langen Wellen" entwickelt. Entgegen der pessimistischen Sicht, dass die kapitalistische Wirtschaft durch dauerhafte Stagnation gekennzeichnet sei, sah er in technologischen Innovationen, die alle Bereiche der Wirtschaft durchdringen, den Auslöser immer neuen Wachstums, so dass die ökonomische Entwicklung bei langfristiger Betrachtung durch technikinduzierte Wellen gekennzeichnet ist. Dampfmaschine, Eisenbahn, Elektrotechnik, Automobil und Internet und Telekommunikation sind Beispiele für fünf lange Wellen, die von Erfindungen ausgingen und die Wirtschaft aus der Krise geführt haben.

Der sechste Kondratieff soll nach Nefiodow durch die psycho-soziale Gesundheit geprägt sein, die theoretische und empirische Untermauerung ist aber schlecht (Nefiodow 2006: 55ff). Dahinter verbirgt sich eher eine Überzeugung, der Gesundheitssektor müsse wachsen, weil die Gesellschaft immer kränker würde. Die Abgrenzung des Gesundheitssektors ist dabei jenseits aller sonst üblichen Definitionen, weil dazu auch Biotechnologie, Umweltschutz und alles, was dem spirituellen Wohlbefinden nutzt, gezählt werden (Nefiodow 2006: 64). Eben alles, was benötigt wird, um eine als „krank" definierte Gesellschaft besser zu machen. Soweit technologische Faktoren als Wachstumsmotor genannt werden, nur darauf stützt Kondratieff seine Theorie, handelt es sich eher um die Verbreitung der Technologien des 5. Zyklus in der Medizin, z. B. neue bildgebende Verfahren oder Telemedizin. Der pseudo-religiöse Ansatz von Nefiodow wird aber gerne zitiert und aufgegriffen, um der eigenen Vorstellung eines wachsenden Gesundheitsmarktes auf der Basis von freien Marktkräften einen theoretischen Unterbau zu geben.

In der Theorie von Gesundheitsmärkten herrscht in der Literatur wenig Übereinstimmung, weil die zentralen Fragen von staatlicher oder marktlicher Regulierung berührt sind. Entsprechend groß sind die ideologischen Differenzen und die Empirie ist eher notleidend. An der Prognose von Marktvolumen und Beschäftigung der Dienstleistungen haben sich in Deutschland in den letzten Jahren nur noch Wirtschaftsberatungsunternehmen versucht (Berger 2005/Deutsche Industriebank/Prognos AG 2007). Es ist auch außerordentlich schwierig, ökonometrische Modelle zu entwickeln, weil die Datenlage im Vergleich zur Industrie bei Dienstleistungen viel schwieriger ist, erst Recht gilt das für die sehr heterogenen Gesundheitsdienstleistungen. Deshalb soll im nächsten Abschnitt lediglich skizziert werden, welche mikroökonomischen Einflussfaktoren auf Angebot und Nachfrage von Gesundheitsdienstleistungen wirken und im sechsten Abschnitt wird referiert, welche Ergebnisse die Studien von Roland Berger und IKB/Prognos haben.

5.2 Mikroökonomische Einflussfaktoren auf den Markt für Gesundheitsdienstleistungen

5.2.1 Politische Regulierung

Kennzeichen aller Mitgliedsländer der Europäischen Union ist, dass der Gesundheitsmarkt in hohem Maße reguliert ist, weil Angebot und Nachfrage nicht wie bei privaten Gütern funktionieren können. Gesundheitsgüter sind Vertrauensgüter, bei denen der Konsument in der Regel nicht die Voraussetzungen einer rationalen Entscheidung unter Marktbedingungen erfüllen kann. Markt setzt voraus, dass Anbieter und Nachfrager getrennt sind, schon daran scheitert der Gesundheitsmarkt, weil der Anbieter real entscheidet, was für den Patienten notwendig ist. Zumindest unter den Bedingungen einer fast vollständigen Finanzierung der Leistungen durch Versicherung oder Staat kann auch der Preismechanismus nicht funktionieren (Hajen/Paetow/Schumacher 2008: 45ff). Er soll es auch nicht, weil der Kern des europäischen Sozialstaatsmodells bei Gesundheit gerade darin besteht, dass der medizinische Bedarf und nicht das Einkommen entscheidend sein soll. Das schließt nicht aus, dass bei Angebot und Nachfrage von Gesundheitsleistungen auch wettbewerbliche Anreize gesetzt werden, wozu auch Preise gehören können, aber immer im Rahmen einer politischen Regulierung, in der das Individuum als Wähler, aber nicht als nachfragender Konsument entscheidet. Angebot und Nachfrage nach Gesundheitsdienstleistung sind in staatliche Regulierung eingebettet.

5.2.2 *Einfluss auf die Nachfrage*

Gesamtwirtschaftlich und einzelwirtschaftlich bestimmt die Höhe des Einkommens die Nachfrage nach Gesundheitsdienstleistungen. Reiche Gesellschaften können mehr Ressourcen nachfragen als arme. Wie viel Einkommen in welchem Sektor verwendet wird, ist im Wesentlichen Ergebnis der politischen Regulierung. Die Elastizität auf die Höhe des Preises spielt im Unterschied zu privaten Gütern so gut wie keine Rolle, zumindest solange durch Versicherung oder staatliche Versorgung der Preis bei der Inanspruchnahme für den Patienten Null ist, oder er nur geringe Zuzahlungen zu leisten hat. Bei allen Schwierigkeiten, Prognosen über das gesamtwirtschaftliche Wachstum für die mittlere und lange Frist zu erstellen, wird durchgehend davon ausgegangen, dass die Produktivität der Volkswirtschaften weiter wächst und steigende Einkommen realisiert werden. Gesundheitsgüter gehören zu den superioren Gütern, d. h. sie werden überproportional nachgefragt, wenn das Einkommen wächst, so dass aus der Kombination von steigenden Einkommen und größerer Wertschätzung von Gesundheitsleistungen eine größere Nachfrage zu erwarten ist (Getzen 1997: 415ff).

Der Einfluss der Einkommenshöhe wird noch durch die Alterung der Bevölkerung verstärkt. Alte Menschen fragen mehr Gesundheitsgüter nach als junge. Auch wenn die Empirie dafür spricht, dass mit wachsender Lebenserwartung nicht eine lineare Erhöhung der Ausgaben für Gesundheit eintritt, sondern bei größerer Langlebigkeit eine Kompression der Kosten in den zwei Jahren vor dem Tod stattfindet, ist durch die bloße Zunahme der Zahl alter Menschen mit einer Steigerung der Ausgaben zu rechnen. Zumindest in den nächsten Jahren haben die Rentner auch vergleichsweise gute Einkommen, so dass auch über die durch das Sozialsystem abgesicherten Leistungen hinaus Gesundheitsdienstleitungen nachgefragt werden. Das ist auf die lange Frist sehr viel schwerer zu beurteilen, weil das Niveau der Sozialrenten abgesenkt wird und nicht voll absehbar ist, welchen Wert und welches Ausmaß kapitalgedeckte Zusatzrenten künftig haben werden.

5.2.3 Einfluss auf das Angebot

Beim Angebot von Gesundheitsdienstleistungen werden zwei zentrale Einflussfaktoren diskutiert, nämlich der Preisstruktureffekt und der technische Fortschritt. Preisstruktureffekt meint, dass die Ausgaben für Gesundheit wachsen müssen, weil es sich überwiegend um Personalausgaben handelt. Die Produktivität bei sehr personalintensiven Dienstleistungen wächst aber nicht in dem Maße wie die Produktivität der Gesamtwirtschaft, dennoch müssen die Gehälter mindestens so stark wie im Durchschnitt wachsen, wenn man Arbeitskräfte für diesen Sektor gewinnen und halten will. Allein daraus resultieren Mehrausgaben, die als ein Wachstum der Gesundheitsdienstleistungen gemessen werden, ohne dass sich dadurch etwas an der Versorgungssituation ändert (Baumol 1993: 17ff). Hinzu kommt, dass der technische Fortschritt in der Medizin überwiegend aus Produktinnovationen und weniger aus Prozessinnovationen besteht, die ein Produkt billiger machen. Es sind auch überwiegend sogenannte add-on-Technologien, d. h. sie werden zusätzlich eingesetzt und ersetzen nicht ein vorher verwendetes Produkt. Es handelt sich dabei um Fortschritte in der Diagnostik und Therapie, aber insbesondere auch um neue Arzneimittel, mit denen gezielter behandelt werden kann, oder die überhaupt erst eine Heilung ermöglichen. Die meisten Analysen zum Einfluss des technischen Fortschritts auf die Ausgaben im Gesundheitssektor gewichten diesen Faktor höher als die Auswirkungen des demographischen Wandels (DIW 2001: 51ff).

6 Größe des künftigen Marktes für Gesundheitsdienstleistungen

Die diskutierten Einflussfaktoren auf das Angebot und die Nachfrage nach Gesundheitsdienstleistungen beschreiben ein äußerst komplexes Modell. Das Drehen an einer Stellschraube, z. B. eine spürbare Erhöhung der Zuzahlungen, kann wesentliche Modellparameter stark verändern. Deshalb kommt man ohne Annahmen über die künftige Entwicklung nicht aus und die Prognosen haben ein hohes Maß an Unsicherheit. Roland Berger schätzt das Marktvolumen für Gesundheitsdienstleistungen in Deutschland im Jahr 2020 auf 453 Mrd. Euro; was gegenüber dem Basisjahr 2003 eine Steigerung um 74 Prozent bedeutet.

In den Gesundheitsausgaben sind nicht nur die Ausgaben der Sozialversicherung, des Staates, der Lohnfortzahlung der Arbeitgeber und der Privaten Krankenversicherung enthalten, sondern auch private Ausgaben der Haushalte für Gesundheitsdienstleistungen (in 2003 29 Mrd. von 240 Mrd. Euro) und weitere 20 Mrd. Euro Ausgaben, die vom Statistischen Bundesamt nicht erfasst werden. Zu den letzten beiden Gruppen zählt Roland Berger ein Potpourri von Ausgaben, die von OTC-Medikamenten, Individuellen Gesundheitsleistungen bei Ärzten über Beiträge zu Sportvereinen, Wellness und Bio-Lebensmitteln und „Functional Food" reichen (Berger 2005: 7ff). Wie die beiden letzten Bereiche erfasst wurden, ist nicht nachvollziehbar und enthält angesichts der fließenden Grenzen zwischen Gesundheitsdienstleistungen und Wellness-Angeboten ein hohes Maß an Willkür. Für beide Bereiche werden aber besonders hohe Wachstumsraten behauptet, was nicht unplausibel ist, wenn man die Entwicklung der letzten fünf Jahre betrachtet. Dabei sollte aber nicht unterschlagen werden, dass die hohe Steigerung der in der amtlichen Statistik ausgewiesenen privaten Ausgaben für Gesundheitsdienste und Pflege in den letzten Jahren zu einem erheblichen Teil durch höhere Zuzahlungen und Ausgrenzung von Leistungen in der GKV verursacht wurde, was nicht als eine größere Konsumbereitschaft für diese Produkte interpretiert werden kann (DIW 2007: 162f).

Die Schwierigkeit, die verschiedenen Komponenten des Angebots und der Nachfrage in der künftigen Entwicklung abzuschätzen, wird in der Studie von Roland Berger deutlich: 133 Mrd. des Zuwachses von 193 Mrd. bis 2020 werden dem technischen Fortschritt zugerechnet. Als Indikator für die Größe dieses Faktors wählt Roland Berger die Ausgaben für Gesundheit. Sie sind in den letzten 10 Jahren immer ein Prozentpunkt stärker gestiegen als das Bruttoinlandsprodukt, für das in der Prognose ein jährliches Wachstum von 1,9 Prozent unterstellt wird, so dass daraus das gesamte Marktvolumen hochgerechnet wird, was dem technischen Fortschritt zuzurechnen ist (Berger 2005: 10f). In den Ausgaben ist aber der oben beschriebene Preisstruktureffekt enthalten, so dass zumindest nicht nur der technische Fortschritt gemessen wird, sondern auch die Steigerung der Arbeitsentgelte. Deshalb sollte man die quantitativen Aussagen vorsichtig interpretieren, aber die Tendenz der Prognose akzeptieren: Gesundheitsdienstleistungen werden künftig wachsen.

Das Prognos-Institut wagt zusammen mit der Industriekreditbank einen noch weiteren Blick in die Zukunft. Für 2030 werden für den Dienstleistungssektor die höchsten Steigerungsraten bei der Bruttowertschöpfung und den Erwerbstätigen in den Sektoren Datenverarbeitung, Forschung und Entwicklung und Unternehmensdienstleistungen erwartet. Auf Platz vier folgt dann bereits das Gesundheitswesen noch vor Banken und Versicherungen, dem Maschinen- und dem Anlagenbau. Prognos formuliert vorsichtig, dass ein jährliches Wachstum der Bruttowertschöpfung von 1,7 Prozent „nahe" liegt. Als Ursachen werden der demographische Wandel, medizinisch-technischer Fortschritt und die hohe Personalintensität der gesundheitsbezogenen Dienstleistungen genannt, die die Beschäftigung in diesem Sektor auf 4,7 Mio. ansteigen lässt (Prognos/IKB 2007: 5). Die Abgrenzung, was unter Gesundheitssektor subsumiert wird, bleibt dabei unklar, weil unter den Folgen der demographischen Alterung auch ein verändertes Gesundheitsbewusstsein diskutiert wird, das zu einer höheren Nachfrage nach Präventionsmaßnahmen, Selbstmedikation bis hin zu „Anti-Aging"-Therapien verstanden wird. Damit ist aber die Grenze zu medizinischem Hokuspokus und Wellness-Angeboten überschritten. Wenn dieser weite Begriff des Gesundheitswesens gewählt wird, zerfließen die Grenzen und die Zahl der Beschäftigten in diesem breit definierten Sektor dürfte schon heute höher liegen. Deshalb gilt auch für diese Prognose, dass die in der Studie von Roland Berger beschriebene Tendenz plausibel, aber die Quantifizierung nicht frei von willkürlichen Annahmen ist. Der entscheidende Faktor wird sein, über welche Einkommen die künftigen Senioren verfügen können, um Gesundheitsdienstleistungen nachzufragen. Dabei wäre es leichtsinnig, die Einkommenssituation der gegenwärtigen Generation von Senioren in die Zukunft fortzuschreiben, weil das Prinzip einer Sozialrente, die den Lebensstandard sichert, aufgegeben wurde und nicht absehbar ist, ob die politisch gewünschte Ergänzung durch kapitalgedeckte Renten tatsächlich die absehbare Lücke schließen wird.

Bei einem Prognosehorizont bis 2030 ist auch schwer abzuschätzen, wie hoch der Anteil der Gesundheitsausgaben sein wird, der im Umlageverfahren über die Krankenkassen finanziert wird, bzw. der aus dem verfügbaren Einkommen in Form von Eigenanteilen zu decken ist. Auch Länder mit einem steuerfinanzierten Gesundheitssystem stehen vor der gleichen Frage, welcher Anteil des laufenden Sozialprodukts für kollektiv finanzierten Konsum und welcher Anteil für privaten Konsum verwendet wird. Darüber entscheidet die nächste Generation. Absehbar ist in allen Mitgliedsländern der EU, dass sie vor vergleichbaren Problemen der demographischen Entwicklung und des medizinisch-technischen Fortschritts stehen, die das künftige Volumen von Gesundheitsdienstleistungen bestimmen werden. Dabei wird die zentrale Frage sein, ob das Krankheitsrisiko zunehmend privatisiert wird, oder ob es weiter ein zentraler Bestandteil der Daseinsvorsorge bleibt, der öffentlich finanziert wird. Der Druck auf eine Privatisierung des Risikos wird zunehmen, weil die wohlfahrtsstaatliche Absicherung angesichts der beschriebenen Probleme schwieriger wird. Die Auswirkungen der Finanzmarktkrise 2008 werden auch Folgen für den Gesundheitssektor haben, denn der Druck aus der Wirtschaft wird sich erhöhen, auch hier Felder für rentierliche Anlage zu öffnen.

7 Folgen der Finanzmarktkrise für den Gesundheitssektor

Die dramatische Entwicklung auf den globalen Finanzmärkten, die in den staatlichen Rettungsmaßnahmen im Herbst 2008 einen vorläufigen Höhepunkt fanden, hat das gesellschaftliche Bewusstsein dafür geschärft, dass ein Markt ohne Einbettung in klare Regeln, die das Gewinnstreben begrenzen, nicht funktioniert. Insofern haben die Befürworter einer sozialen Regulierung des Gesundheitssektors Rückenwind, weil Gesundheitsgüter vergleichbar mit einer stabilen Geldordnung alle Eigenschaften eines öffentlichen Gutes haben. Der Streit wird sich aber absehbar darüber verschärfen, wo die Grenze der öffentlichen Bereitstellung ist, denn die Katastrophe auf den Kapitalmärkten wird dazu führen, dass vermehrt nach rentierlichen Anlagen auf Märkten für Güter und Dienstleistungen gesucht wird. Die Gesundheitsbranche ist dabei ein lohnendes Feld, und zwar sowohl für Anbieter von Versicherungsleistungen, als auch in der stationären und ambulanten Versorgung.

Auf dem Kapitalmarkt waren im langfristigen Durchschnitt sichere Renditen zwischen vier und fünf Prozent zu erzielen. Alles was darüber lag, war „Zitterprämie", was die Kapitalmarktkrise nachdrücklich gezeigt hat. Gewinnerwartungen von 15 Prozent und mehr „…sind mit einem normalen, soliden Geschäft einfach nicht machbar."[7] Die Stärke der Krise ist Ergebnis einer weitgehenden Deregulierung der Geld- und Kapitalmärkte, die absehbar nicht von Bestand sein wird und das Auf- und Ab der Kurse wieder auf eine normale Schwankungsbreite zurückführen wird. Aber Investoren werden vermehrt auf Realmärkte gehen, wo sie eine Mindestverzinsung über dem Kapitalmarktzins erzielen können. Philippe Jorion hat die jährliche Gesamtrendite von Aktien für die letzten 60 Jahre für dreißig Länder ermittelt. Die höchste Rendite wurde in den USA erzielt, die aber real auch nur bei 4,31 Prozent lag, was ein deutlicher Hinweis ist, dass die Börsenentwicklung der letzten Jahre keinesfalls ein Spiegel der langfristigen Entwicklung ist (Jorion/Philippe 2003: 14). Eine vergleichbare Untersuchung für Renditen im deutschen Gesundheitsmarkt liegt nicht vor und kann es auch nicht geben, weil private Investitionen in Krankenhäuser oder ambulante Versorgungseinrichtungen eine relativ junge Entwicklung sind. Soweit private Krankenhausbetreiber ihre Gewinne veröffentlichen, wird von hohen Renditen berichtet.[8] Internationale Finanzinvestoren drängen in den deutschen

---

7 Zitat aus einem Interview der „Börsenzeitung" mit dem Chef der Privatbank Sal. Oppenheimer in Frankfurter Rundschau vom 31. Juli 2008.
8 Rhön-Kliniken hat laut FOCUS-MONEY vom 15. 10. 2008 eine *Netto*rendite von 6% erwirtschaftet. Eine Analystin der DZ-Bank wird mit der Aussage zitiert, dass Gesundheitsaktien gerade in „unruhigen Zeiten als relativ sicher" angesehen werden.

Markt, weil sie hier Wertsteigerungen für ihre Anlagen erwarten (Stumpfögger 2007: 11ff).

Der wachsende Anteil privater Krankenhäuser in Deutschland zeigt zumindest, dass auch unter den gegenwärtigen Rahmenbedingungen einer sozialen Krankenversicherung eine attraktive Rendite zu erzielen ist. Die privaten Krankenhausbetreiber erreichen das durch Spezialisierung und Rationalisierung, die ihnen Einkaufsmacht und günstigere Kostenstrukturen verschafft (Wettke 2007: 30ff). Die Gesundheitsreform 2007 hat auch den Weg geöffnet, dass Krankenhäuser Träger von Medizinischen Versorgungszentren werden können. Zurzeit kaufen private Krankenhäuser in großem Stil die Praxen von niedergelassenen Ärzten auf, um sich in der ambulanten Versorgung zu etablieren (Heiny 2008: MP 19). Wolfgang Phöhler, Chef des größten, privaten Krankenhauskonzerns Rhön-Klinikum, wird in der Financial Times vom 15. 5. 2008 mit der Absicht zitiert: „Wir werden unsere Akquisitionsstrategie konsequent auf den ambulanten Sektor ausdehnen. Das Potenzial ist heute kaum vorstellbar." Diese Entwicklung gilt auch für andere private Krankenhauskonzerne.

Unter dem Gesichtspunkt einer besseren Integration von ambulanter und stationärer Versorgung ist das eine durchaus begrüßenswerte Entwicklung, die Wirtschaftlichkeitsreserven erschließen kann, ohne die Qualität der Versorgung zu mindern. Welcher Anteil der Rationalisierungsgewinne dann den privaten Eignern, oder den Versicherten über günstige, selektive Verträge, die sich auf die Höhe der Krankenkassenbeiträge auswirken, zukommt, wird über die politischen Rahmenbedingungen und die Verhandlungsmacht von Kassen und privaten Trägern entschieden. Auf jeden Fall wird sich aus der Verbindung von Krankenhaus und ambulanter Versorgung ein breites Feld ergeben, in dem dauerhaft Renditen zu erzielen sind, die absehbar höher als auf dem Kapitalmarkt sind.

Die seit 2004 nach § 95 SGB V zugelassenen Medizinische Versorgungszentren können nicht nur von Krankenhäusern betrieben werden, sondern auch von anderen Anbietern im Gesundheitswesen. Die Finanzierung kann auch durch Kapitalgesellschaften erfolgen, so dass hier ein weiterer Bereich für private Investoren erschlossen wird. Die Financial Times vom 15.05.2008 berichtet unter der Überschrift „Der Krieg der Ärzte" über die vielfältigen Ansätze privater Investoren und Kapitalfonds, im ambulanten Sektor in Deutschland Fuß zu fassen. Das geschieht eher unauffällig, weil der kollektive Widerstand der niedergelassenen Ärzte gefürchtet wird, aber die Erschließung der ambulanten Versorgung als Feld der Kapitalanlage ist deutlich.

Der ambulante Sektor wird sich sehr stark verändern und die heute übliche Form der Einzelpraxis dürfte zum Ausnahmefall werden. Deshalb ist die Veränderung der Struktur der Anbieter von Gesundheitsdienstleistungen die wichtigste Veränderung der nächsten Jahre. Es sprechen viele Argumente dafür, dass sich die kapitalmäßige und organisatorische Verknüpfung von ambulanter und stationärer Versorgung in einem insgesamt wachsenden Markt vollzieht, aber auch bei einem konstanten Wertschöpfungsvolumen würde privates Kapital im Gesundheitssektor eine rentierliche Anlage suchen. Eine veränderte Träger- und Organisationsstruktur, die die Wirtschaftlichkeitsreserven einer integrierten Versorgung durch Rationalisierung der Abläufe erschließt, hat auch Auswirkungen auf die Zahl der Arbeitsplätze, so dass eine Prognose der Zahl der Erwerbstätigen mit großer Unsicherheit behaftet ist.

Die zunehmende Erschließung des Gesundheitssektors in Deutschland für privates Kapital ist keine Folge der europäischen Integration oder der Binnenmarktfreiheiten, sondern sie folgt der Logik von Investoren, die eine sichere Rendite suchen. Als Folge der Kapitalmarktfreiheit in der EU können sich auch ausländische Investoren auf dem deutschen Markt engagieren, aber auch ohne die Binnenmarktfreiheiten wären Gesundheitsdienstleistungen als Renditeobjekt gesucht. Das gilt auch für die Frage, ob es eine private oder kollektive Absicherung des Krankheitsrisikos gibt. Die EU hat keine Kompetenzen hinsichtlich der Art und Weise, wie die Mitgliedsländer ihr Gesundheitssystem finanzieren. Aber die EU-Verträge verpflichten die Mitgliedsländer auf die Stabilität der öffentlichen Haushalte, zu denen auch die Sozialversicherungssysteme gehören. Der Druck kommt also vor allem von den Finanzministern, die nachhaltige Finanzierung der sozialen Sicherungssysteme zu garantieren. In diesem Zusammenhang wird dann die private Verantwortung für die Gesundheit betont, was im Klartext nichts anderes heißt, als die Bürger stärker individuell an der Finanzierung zu beteiligen.

Von der privaten Versicherungswirtschaft wird daran gerne angeknüpft, um ein Versicherungsmodell zu fordern, das die sozialen Systeme auf eine medizinische Grundversorgung beschränkt. Alle darüber hinaus gehenden Leistungen sollen privat versichert werden, was der privaten Assekuranz ein weites Geschäftsfeld eröffnen würden. Das entspräche dann einem Sozialstaatsmodell, das in letzter Konsequenz auf Armenfürsorge hinausliefe. In Deutschland sind wir davon noch weit entfernt, aber in 2007 zeigte der Konflikt innerhalb der privaten Versicherungswirtschaft, wohin die Entwicklung gehen könnte. Große Versicherungen wie Allianz und AXA hatten in einem Papier gefordert, was später als Privatmeinung der Autoren qualifiziert wurde, ein Modell der Bürgerversicherung zu unterstützen, das sich auf Grundleistungen beschränkt, und weitergehende Leistungen der privaten Vorsorge zu überlassen (o.V. 2008b: 7ff). Was Grundversorgung inhaltlich bedeutet, wird in der öffentlichen Diskussion in der Regel nicht konkretisiert, weil es auch außerordentlich schwierig ist. Aber die Tendenz wird deutlich, wenn man den medizinischen Fortschritt zum hauptsächlichen Kostentreiber erklärt und daraus den Schluss zieht, dass er künftig als Teil der sozialen Krankenversicherung nicht mehr finanzierbar sei. Dann hätte man einen relativ klaren Schnitt und künftig hätten nur noch die Bürger Zugang zu hochwertiger medizinischer Versorgung, die es sich leisten können. Dann würden die europäischen Länder in eine Situation geraten, in denen sich die Vereinigten Staaten heute befinden: Gesundheitsdienstleistungen würden im Ausland nachgefragt, weil sie dort billiger sind, und eine Behandlung im Inland für viele Patienten nicht bezahlbar ist.

8 Fazit

Demographischer Wandel und medizinisch-technischer Fortschritt sind die beiden wesentlichen Treiber für das Wachstum der Gesundheitsdienstleistungen. In Grenzregionen wird innerhalb der EU auch die Inanspruchnahme von Leistungen im Nachbarland zunehmen, aber insgesamt werden die grenzüberschreitenden Gesundheitsdienstleistungen keine große Rolle spielen. Die Patienten ziehen eine Behandlung in der Nähe ihres Wohnortes vor. Selbst wenn eine bessere Versorgung im Nachbarland möglich ist, stellen die vom Versicherten zu tragenden Mehrkosten für eine Auslandsbehandlung eine sehr hohe Hürde dar.

Eine Zunahme von grenzüberschreitenden Gesundheitsdienstleistungen ist allerdings zu erwarten, wenn die soziale Absicherung der Krankheitskosten im nationalen Gesundheitssystem nicht mehr gewährleistet und eine Behandlung im Ausland deutlich billiger ist. Insofern ist das Ausmaß der sozialen Absicherung des Krankheitsrisikos die entscheidende Größe und das zentrale Element im europäischen Sozialstaatsmodell. Eine Folge der Kapitalmarktkrise wird sein, dass private Investoren verstärkt im Gesundheitssektor eine rentierliche Anlage suchen. Davon wird ein spürbarer Anreiz ausgehen, ambulante und stationäre Versorgung zu integrieren, wofür Medizinische Versorgungszentren das strategische Instrument sind. Das wird die Struktur der Anbieter von Gesundheitsdienstleistungen grundlegend verändern.

Literatur

Baumol, WJ (1993): Health Care, Education and the Cost Disease: A Looming Crisis for Public Choice, in: Public Choice, Vol. 77, 17-28.

Berger, R/Kartte, J et al. (2005): Innovation und Wachstum im Gesundheitswesen. www.rolandberger.com/rdf.rb_press/public (Abfrage vom 17. 09.2008)

Bundesministerium für Gesundheit (2008): Vorläufige Rechnungsergebnisse der gesetzlichen Krankenversicherung nach der Statistik KV 45 (1. – 4. Quartal 2007) vom 21. 4. 2008. http://www.bmg.bund.de/cln_117/nn_1193098/SharedDocs/Downloads/DE/Statistiken/Gesetzliche-Krankenversicherung/Finanzergebnisse/kv45-4-07.html (Abfrage vom 28.09.2008)

Cecchini, P (1988): Europa 92, Cecchini-Bericht, Der Vorteil des Binnenmarktes. Baden-Baden

Collins, SR. et al. (2008): Losing Ground: How the Loss of Adequate Health Insurance Is Burdening Working Families, Findings from the Commonwealth Fund Biennial Health Insurance Surveys, 2001-2007 http://www.commonwealthfund.org/usr_doc/Collins_losinggroundbiennialsurvey2007_1163.pdf?section=4039 (Abfrage vom 28.10.2008)

Deloitte Center for Health Solutions (2008): Medical Tourism, Consumers in Search of Value. Washington

Deutsche Industriebank und Prognos / Berkermann, U et al. (2007): Die Gesundheitsbranche: Dynamisches Wachstum im Spannungsfeld von Innovation und Intervention, Düsseldorf und Basel. http://www.prognos.com/Publikationen.97.0.html (Abfrage vom 17.09.2008)

Deutsche Sozialversicherung/Observatorium EUREGIOsocial (2005): Euregionale Zusammenarbeit im Gesundheitswesen. Brüssel.

DIW/Breyer, F et al. (2001): Wirtschaftliche Aspekte der Märkte für Gesundheitsdienstleistungen. Berlin

DIW/Buslei, H/Schulz, E/Steiner, V (2007): Auswirkungen des demographischen Wandels auf die private Nachfrage nach Gütern und Dienstleistungen in Deutschland bis 2050, DIW Berlin: Politikberatung kompakt, Nr. 26. Berlin.

Ferenczia, H et al. (2007): Medizintourismus - Operation unter Palmen, in: Focus Ausgabe 28 vom 09.07.2007, 58-69.

Getzen, TE (1997): Health Economics, Fundamentals and Flow of Funds. New York et al.

Hajen, L (2007): Gesundheitsdienstleistungen: Regional produziert – national und europäisch reguliert, in: Jahrbuch für Kritische Medizin, Band 44, Hamburg, 138-157.

Hajen, L/Paetow, H/Schumacher, H (2008): Gesundheitsökonomie, 4. Aufl. Stuttgart.

Häussler, B/Ecker, T/Schneider, M (2006): Belastung der Arbeitgeber in Deutschland durch gesundheitssystembedingte Kosten im internationalen Vergleich. Baden-Baden.

Heiny, L (2008): Die Firma heilt mit, in: Financial Times Deutschland, MedBiz vom 5. 6. 2008, MP 19.

Himmelstein, D et al. (2005): Illness and Injury as Contributors to Bankruptcy, in: Health Affairs, Web Exclusive, W5, 63-73. http://content.healthaffairs.org/cgi/reprint/hlthaff.w5.63v1?maxtoshow= &HITS=10&hits=10&RESULTFORMAT=&author1=Himmelstein&fulltext=Bankruptcy&andorexactfulltext=and&searchid=1&FIRSTINDEX =0&resourcetype=HWCIT (Abfrage vom 28.10.2008)

Institut für Arbeit und Technik (2008): Trotz Weltmeisterschaftseffekt – Zahl der ausländischen Patienten in der Bundesrepublik stagniert, Presseerklärung vom 11. 8. 2008. http://www.iatge.de/aktuell/presse/presse_info.php?pfad=2008/080811.html&presse_id=200808110 (Abfrage vom 25.09.2008)

Jorion, P (2003): The Long-Term Risks of Global Stock Markets, in: Financial Management, Vol. 32, Issue 4, 5-26.

Kommission der Europäischen Gemeinschaften (2005): Aktionsprogramm der Gemeinschaft in den Bereichen Gesundheit und Verbraucherschutz (2007 – 2013), KOM (2005) 115 endgültig vom 6. 4. 2005. Brüssel.

Kommission der Europäischen Gemeinschaften (2008): Vorschlag für eine Richtlinie des Europäischen Parlaments und des Rates über die Ausübung der Patientenrechte in der grenzüberschreitenden Gesundheitsversorgung, KOM (2008) 414 endgültig.

Kondratieff, ND (1926): Die langen Wellen der Konjunktur, in: Archiv für Sozialwissenschaft und Sozialpolitik, Band 60, Heft 1, 1-85.

Meidenbauer, T (2005): Das Wachstum der Gesundheitsausgaben – Determinanten und theoretische Ansätze, Wirtschaftswissenschaftliche Diskussionspapiere 07-05, Universität Bayreuth, Rechts- und Wirtschaftswissenschaftliche Fakultät. Bayreuth.

Nefiodow, LA (2006): Der sechste Kondratieff, Wege zur Produktivität und Vollbeschäftigung im Zeitalter der Information, 6. Aufl. Sankt Augustin.

o.V. (2008a): Operating Profit, in: Economist, Vol. 387, Issue 8593, 74-76

o.V. (2008b): Auf der falschen Hochzeit, Wollen sich Branchenriesen der PKV als Vollversicherung entledigen?, in: Gesundheitspolitischer Informationsdienst, 13. Jg., Nr. 22 vom 20. 6. 2008, 7-15.

OECD (2007): Health at a Glance, OECD Indicators. Paris.

OECD (2008): Gesundheitsdaten 2008, Version 26. 6. 2008.

Reichelt, P/Agasi, S (2003): Die Zukunft der grenzüberschreitenden Gesundheitsversorgung aus der Perspektive der Versicherten, in: Klusen, Norbert, (Hrsg.) 2003: Europäischer Binnenmarkt und Wettbewerb – Zukunftsszenarien für die GKV. Baden-Baden, 191-210.

Rothgang, H/Cacace, M/Grimmeisen, S/Wendt, C (2005): The Changing Role of the State in Healthcare Systems, in: European Review (13), 187-212.

Spitzenorganisation der Deutschen Sozialversicherung (2008): Stellungnahme zum Richtlinienvorschlag KOM (2008) 414 endgültig, Brüssel http://www.deutsche-sozialversicherung.de/de/europa/dokumente/dl1/ Stellungnahme_DSVAE_RL_Vorschlag_Patientenrechte_KOM_2008_ 414_endg.pdf (Abfrage vom 21.10.2008)

Stumpfögger, N (2007): Krankenhausfusionen und Wettbewerbsrecht, Unternehmenskonzentration im deutschen Krankenhausmarkt 2003-2007, Auszüge aus einer Studie für die Vereinte Dienstleistungsgewerkschaft www.gesundheit-soziales.verdi.de/krankenhaeuser/krankenhausmarkt-2007.pdf (Abfrage vom 16.10.2008)

U.S. Bureau of Census (2008): Income, Poverty and Health Insurance Coverage in the United States: 2007, Washington http://www.census.gov/prod/2008pubs/p60-235.pdf (Abfrage vom 21.10.2008)

Wettke, J (2007): Deutscher Krankenhausmarkt im europäischen/internationalen Umfeld, in: Klauber, J/Robra, BP/Schellschmidt, H (Hrsg.) 2007: Krankenhausreport 2006. Stuttgart, New York, 21-33.

Zimmermann, T (2008): Grenzüberschreitende Gesundheitsversorgung aus der Perspektive des deutschen Gesundheitssystems, Status quo, Bestimmungsgründe und Entwicklungspotenzial. Baden-Baden.

Robert Paquet

Die Besonderheit von Gesundheitsdienstleistungen und ihre Bedeutung für einen integrierten europäischen Binnenmarkt

1 Einleitung

Will man die Chancen und Risiken des europäischen Binnenmarktes für die deutsche Gesundheitswirtschaft bzw. für Gesundheitsdienstleistungen bewerten, muss man sich zunächst einmal mit dem Status quo der grenzüberschreitenden Leistungsinanspruchnahme und einigen Besonderheiten dieser Dienstleistungen auseinandersetzen.

Das fängt damit an, dass das Gesundheitswesen bereits für sich genommen ein schwieriger Wirtschaftszweig ist. Dabei sind die beiden Kernbegriffe dieses Satzes bereits problematisch. Einerseits beschäftigt sich das „Gesundheitswesen" nämlich vorwiegend mit Krankenversorgung; „Gesundheit" wird an sich nicht hergestellt. Im Allgemeinen soll sie aus dem Zustand der Krankheit „*wieder*hergestellt" werden. Krankheit und Gesundheit sind daher für die Menschen von allergrößter Bedeutung und dementsprechend mit Ängsten und Hoffnungen besetzt. Andererseits gilt es mancherorts bereits als gewagt, das Gesundheitswesen überhaupt als „Wirtschaftszweig" zu bezeichnen. Dabei liegt auf der Hand, dass alle Akteure des Gesundheitswesens wirtschaftliche Interessen haben. Eine marktwirtschaftliche Ordnung wird für diesen Bereich jedoch überwiegend abgelehnt und Kapital und Profit werden im Gesundheitsbereich im Allgemeinen als ethisch fragwürdig angesehen.

Aus diesen Gründen ist das Gesundheitswesen in allen europäischen Staaten hoch reguliert. Das reicht von den Berufsordnungen über die Qualitätsbestimmungen für Arzneimittel und Medizinprodukte bis hin zu den Leitlinien für die Behandlung bestimmter Krankheiten. Die wirtschaftlichen Interessen müssen aus Gründen des Patientenschutzes in Schach gehalten werden: Der Gesundheits-„Markt" wird entsprechend reguliert und eingehegt. Vielleicht der stärkste Einfluss geht dabei von der Tatsache aus, dass in allen europäischen Staaten das Gesundheitswesen sozialstaatlich überformt ist, sei es in der Form der direkten staatlichen Bereitstellung von Dienstleistungen oder sei es durch die Systematik einer sozialen Krankenversicherung mit Regulierungskompetenz für die Versorgung.

Wenn aber im Gesundheitswesen objektiv und subjektiv hoher Regulierungsbedarf und Marktskepsis zusammentreffen, was ist dann die Verheißung des Binnenmarktes? Welche Vorteile könnte es für das nationale Gesundheitswesen geben, wenn es einen weitgehend integrierten europäischen Gesundheitsmarkt gäbe? Was sind die Besonderheiten von Gesundheitsdienstleistungen, die ihre Einbeziehung in Märkte und erst recht in einen europäischen Markt so schwierig machen? Wie kann bei grenzüberschreitenden Gesundheitsdienstleistungen sichergestellt werden, dass das aktuelle deutsche Qualitätsniveau nicht unterschritten wird? Das sind Fragen, auf die im Folgenden eingegangen werden soll. Dabei wird in die Diskussion der Entwurf der Europäischen Richtlinie zur Patientenmobilität[1] einbezogen.

2 Was hat die Gesundheitswirtschaft vom Binnenmarkt?

Gerade angesichts der in Deutschland meist kritischen Diskussion zu den potenziellen Auswirkungen des Binnenmarktes für das Gesundheitswesen soll hier zunächst einmal ein positiver Akzent gesetzt werden. Der Binnenmarkt wirkt sich für die Gesundheitswirtschaft bereits heute nützlich aus und bietet für die Zukunft viele Chancen. Jedenfalls bei *Produkten* mit Gesundheitsbezug haben wir es schon mit weitgehend international aufgestellten Unternehmen zu tun. Das gilt für die Pharmaindustrie ebenso wie für die bedeutenden deutschen Hersteller von Medizinprodukten und medizinischen Geräten. Im Güterbereich ist der Binnenmarkt bereits weitgehend verwirklicht; hingewiesen sei vor allem auf das überwiegend europäisch geregelte Patentrecht sowie die Zulassung von Arzneimitteln. Der Binnenmarkt trägt hier zu Innovation und Effizienz durch Austausch und Wettbewerb bei. Auch die Produktion ist zunehmend international verflochten. Das gilt vor allem für die Pharmaindustrie. Punktuell gibt es sogar im Krankenversicherungsrecht das Gebot, international einzukaufen. Das gilt z.B. für die Apotheken, die nach § 129 Absatz 1 SGB V dazu verpflichtet sind, preisgünstige importierte Arzneimittel abzugeben, wenn diese mindestens 15 Prozent oder mindestens 15 Euro billiger sind als die Bezugsarzneimittel. Das forciert den Wettbewerb vor allem in der Generikaindustrie.

Auch die Ausbildung, vor allem der Mediziner, ist inzwischen weitgehend internationalisiert. Dass deutsche Ärzte ins europäische Ausland gehen und umgekehrt Ärzte und Pflegekräfte aus anderen europäischen Ländern in Deutschland

---

[1] Vorschlag für eine Richtlinie des Europäischen Parlaments und des Rates über die Ausübung der Patientenrechte in der grenzüberschreitenden Gesundheitsversorgung, Brüssel, den 2.7.2008, KOM (2008) 414 endgültig. Im Folgenden zitiert als „Richtlinie Patientenrechte".

arbeiten, ist grundsätzlich positiv zu bewerten.[2] Schließlich kann festgestellt werden, dass das Gesundheitswesen in den Ländern des westlichen Kerneuropa keine wesentlichen Qualitätsunterschiede aufweist (FAZ 18.11.2008).

Ein größerer Markt bietet daher grundsätzlich die Chance größerer Wirtschaftlichkeit der Leistungsangebote. Dabei könnte eine forcierte Europäisierung des Wettbewerbs zudem dazu beitragen, dass bestimmte Verkrustungen des deutschen Systems (im Sinne des Korporatismus) aufgebrochen werden und dadurch Effizienz- und Qualitätsgewinne realisiert werden könnten.

Die Reserviertheit gegenüber einem europäischen Binnenmarkt für Gesundheitsdienstleistungen ist daher durchaus erklärungsbedürftig. Dabei spielen vor allem zwei Aspekte eine wichtige Rolle: Zum einen ist die Erbringung von Gesundheitsdienstleistungen (nicht nur in Deutschland) rechtlich und sozial in einer Weise organisiert, dass die wesentlichen Akteure ein starkes protektionistisches Interesse haben und gute Bedingungen vorfinden, es auch durchzusetzen. Zum anderen haben die Dienstleistungen selbst bestimmte Eigentümlichkeiten, die ihrer Einbeziehung in internationale Märkte entgegenstehen bzw. sie erschweren.

3 Besonderheiten in der Organisation von Gesundheitsdienstleistungen

Zunächst ist einmal festzustellen, dass die Sozialschutzsysteme außerhalb der Binnenmarktordnung stehen. Das betrifft insbesondere die Sozialversicherung. Dabei ist wichtig, dass die Gesundheitsversorgung in Deutschland zwar zum großen Teil von privatwirtschaftlich ausgerichteten Institutionen bzw. Unternehmen geleistet wird (niedergelassene Ärzte, Apotheken, Pharmaindustrie etc.), aber weit überwiegend öffentlich-rechtlich normiert ist. Der wesentliche Punkt ist dabei, dass die gesetzlichen Krankenkassen mit den Leistungsanbietern *öffentlich-rechtliche Verträge* schließen, in denen praktisch alle wesentlichen Aspekte der entsprechenden Leistungen geregelt sind (Qualität, Mengen und Preise). Insoweit ist die Gesundheitswirtschaft, so weit sie sich mit Dienstleistungen beschäftigt, vom Binnenmarkt weitgehend abgeschirmt.

In enger Verbindung mit diesem Regulierungssystem steht die Organisation der Dienstleister selbst. Ihre größtenteils korporativen Strukturen sind auf Besitzstandswahrung und Konservierung des Status quo ausgerichtet. Durch diese Strukturen sind sie vor allem auf die politische Regulierung hin orientiert und

---

2 Empfehlenswert hierzu die Bestimmungen der Richtlinie 2005/36/EG über die Anerkennung von Berufsqualifikationen.

vertreten ihre Interessen nicht am Markt, sondern in der *Sphäre der Politik*. Aber auch dort stehen sie in einem harten Wettbewerb. Wenn man dann wenigstens die Konkurrenten aus dem Ausland abwehren kann, ist schon viel gewonnen.

Der Bereich der Gesundheitsdienstleistungen ist sehr differenziert und vielfältig. Durch den kleinteiligen Erbringungsprozess „am einzelnen Menschen" gibt es relativ geringe Chancen der „Industrialisierung" der Leistungen. Der gelegentlich befürchteten „McDonaldisierung" des Gesundheitswesens stehen viele objektive Gegebenheiten entgegen. Die Kleinteiligkeit der Leistungsprozesse führt aber auch zu einer besonderen Differenzierung der Interessen und ihrer Vertretungsorganisationen (vgl. Paquet/Schroeder 2009: 24). Die Kassenärztlichen Vereinigungen und Ärztekammern, die Apothekervereine und Apothekerkammern, die Krankenhausgesellschaften und die Organisationen der Krankenhausträger (z.B. nach den Konfessionen) haben auch eine tiefe Verankerung in der föderalen Struktur, d.h. sie bestehen aus ihren Landesorganisationen. Zahntechniker, Orthopädieschuhmacher, Optiker und Gehörgeräteakustiker etc. sind in die Innungsorganisation des Handwerks eingebunden. Die wichtigeren Organisationen sind in sich noch einmal nach Fachgruppeninteressen gegliedert: z.B. Hausärzte und Fachärzte in den Organisationen der niedergelassenen Ärzte. Krankenhäuser der verschiedenen Versorgungsstufen (z.B. Universitätskliniken) haben keineswegs identische Interessen. Hinzu kommen die Krankenkassen mit ihren *Kassenarten* und den diversen Verbandsorganisationen auf Landes- und Bundesebene.

In diesem Mikrokosmos wird die Abwehr der Konkurrenz von außen geradezu dankbar als *gemeinsame* Aufgabe wahrgenommen. Dabei haben die Akteure in den korporativen Systemen jeweils eine erhebliche Vetomacht. Im Übrigen werden die nationalen (und regionalen) Besonderheiten der Kollektivverträge gepflegt und man hat sich im „Markt" der Kartelle und Monopole immer noch relativ komfortabel eingerichtet. Bis das neue System der Einzelverträge der Krankenkassen, das durch das GKV-Wettbewerbsstärkungsgesetz ausgeweitet wurde, eine solche Dynamik gewinnt, dass es die genannten Strukturen verändert,[3] wird es noch eine längere Zeit dauern.

---

3 Eine solche Veränderung würde etwa dann stattfinden, wenn - nach einer massiven Ausweitung der selektiven Vertragskompetenzen - die gesetzlichen Krankenkassen nach europäischem Recht als Unternehmen betrachtet würden und damit ihre „sozialpolitischen" Privilegien verlören.

4 Besonderheiten von Dienstleistungen

Anders als Dienstleistungen können Waren unabhängig vom Produktionsprozess Grenzen überschreiten. Bei Dienstleistungen fällt die Erbringung dagegen oft mit dem Konsum in eins. Deshalb muss sich für den Dienstleistungshandel entweder der Dienstleistungserbringer oder der Dienstleistungsempfänger vorübergehend in das andere Land begeben. Das ist sicher die Regel, wenngleich es auch Ausnahmen gibt, die z.B. durch die elektronische bzw. telematische Erbringung/Übermittlung von Dienstleistungen ermöglicht werden. Außerdem ist bei vielen Dienstleistungen die Zerlegung in Module möglich, was z.B. eine Ausgliederung von Produktionsbestandteilen bzw. Teilprozessen der Dienstleistung möglich macht.

Die Regulierung von Dienstleistungen kann sich dabei auf den Marktzugang (Erfordernisse der Qualifikation, der Ausstattung etc.), auf die Erbringung selbst (z.B. durch Ruhezeiten für LKW-Fahrer, Sicherheitsbestimmungen, Geschwindigkeitsbegrenzungen), auf die Dienstleistungsprodukte (Ergebniskontrolle) und ihre Distribution beziehen. Anders als für Waren besteht die Regulierung von Dienstleistungen damit vor allem aus *Prozessstandards*. In der Regulierung wird das *Produkt* „Dienstleistung" im Allgemeinen weniger beschrieben als die Modalitäten seiner Erbringung (Schmidt 2008).

Das macht die entsprechenden Regelungen komplizierter. Für die Qualitätsbestimmung besteht eben ein wichtiger Unterschied zwischen Waren und Dienstleistungen. Da es bei Waren in der Regel um Produktstandards geht, können Abweichungen vom Verbraucher leichter entdeckt werden. Bei Dienstleistungen schlägt sich die Einhaltung der Prozessstandards jedoch meist nicht unmittelbar in der Qualität des Ergebnisses nieder, sodass Mängel in der Regel erst später festgestellt werden und kritische Reaktionen – wenn es überhaupt dazu kommt – meist länger dauern. Neben den Anforderungen an die Prozessqualität spielen – gerade im Gesundheitswesen – jedoch auch Aspekte der „Strukturqualität" eine wichtige Rolle. Die Anforderungen an die Institutionen (Krankenhäuser, Arztpraxen, Praxen von Physiotherapeuten etc.) bestimmen das Angebot in erheblichem Maß.

Viele Dienstleistungen sind ortsgebunden und auch zeitlich mit der Anwesenheit des „Kunden" verknüpft. Das liegt bei den Leistungen etwa eines Restaurants oder eines Friseurs auf der Hand, obwohl es auch hier (allerdings beschränkte) Ansätze der zeitlichen und örtlichen Trennung gibt: Die industrielle Entwicklung z.B. von convenience food trennt teilweise sowohl örtlich als auch zeitlich die „Produktion" der Dienstleistungen von ihrer Konsumtion. Auch wenn ein „Telefriseur" nicht ausgeschlossen, jedoch (noch) ziemlich unwahrscheinlich ist, zeigen solche Überlegungen doch, dass die Dienstleistungen selbst immer wieder neu definiert und „zusammengesetzt" werden. Sie enthalten nämlich auch Bestandteile, die in „Produkte" umgewandelt werden können, standardisierbar sind und prinzipiell einer industriellen Herstellung zugänglich sind.[4] Diese Überlegung ist für Gesundheitsdienstleistungen zwar ungewöhnlich, aber keineswegs unangebracht. Die örtlichen und zeitlichen Bindungen relativieren sich. Schon heute werden bestimmte medizinisch-pflegerische Dienstleistungen *mobil* erbracht (ambulante Pflege, Leistungen von Hebammen, Hausbesuche von Ärzten[5] etc.). Die telefonische Beratung von Patienten durch Ärzte zum Beispiel im Bereich der Disease-Management-Programme nimmt zu. Die örtliche Trennung von Arzt und Patient ist bei Call-Center-Leistungen die Regel. Die Möglichkeiten der Telemedizin sollen hier nur angedeutet werden (Telediagnostik, Telemonitoring für Schwerkranke, Telechirurgie etc.). Laborärztliche Leistungen werden regelmäßig zeitlich und örtlich vom Patienten getrennt erbracht. Auch der hochindividualisierte Zahnersatz wird in der Regel getrennt vom Patienten hergestellt. Dienstleistung ist hier nur die Abnahme des Abdrucks und die spätere Anpassung bzw. Eingliederung des Zahnersatzes. Die Produktion selbst ist kategorial eigentlich gar keine Dienstleistung.

Trotzdem ist die Ortsgebundenheit und Zeitgleichheit gesundheitlicher Dienstleistungen, d.h. der Behandlung von Menschen das zentrale Argument, das ihrer Binnenmarktfähigkeit entgegensteht.[6] Hinzu kommt das Problem der *Qualitätsbestimmung*. Hier gibt es bei Dienstleistungen eine starke subjektive Komponen-

---

4   Auch mit vielen Produkten ist ein bestimmter mehr oder weniger großer Dienstleistungsanteil verbunden. Anlagenbau ist z.B. hochgradig individualisiert. Maschinen werden i.Allg. schon mit Wartungsverträgen verkauft und dann auch vom Hersteller im Ausland aufgebaut. In Produkten stecken Patente, Urheberrechte, Gebrauchsmuster-Schutz etc., also auch die rechtlichen Substrate von Dienstleistungen. Umgekehrt haben auch viele Dienstleistungen einen Produktanteil. Es gibt keine Impfung ohne Impfstoff und Spritze. Für bestimmte Operationen werden die Besteck-Sets und der übrige OP-Bedarf im Set produziert und dem Krankenhaus von außen zugeliefert. Ein Architektenplan kann standardisiert und als Produkt verkauft werden. Die Steuerberatung wird zum PC-fähigen Standard-Programm und als solche wie ein Produkt verkauft.
5   Warum sollte es demnächst nicht auch ambulante Arztpraxen (mit entsprechender technischer Ausstattung) zur Versorgung bevölkerungsarmer Gebiete geben? Wenn viele Rettungsfahrzeuge schon heute praktisch wie eine kleine Intensivstation ausgestattet sind, dürfte das zumindest kein *technisches* Problem mehr sein.
6   Die eine Frage ist: Wo gibt es denn im Gesundheitswesen überhaupt grenzüberschreitende *Inanspruchnahme* von Gesundheitsleistungen? Und welche Gestaltungsformen sind dabei denkbar? Die zweite Frage ist: Welche Möglichkeiten der grenzüberschreitenden *Erbringung* von Dienstleistungen gibt es im Gesundheitswesen?

te.[7] Gesundheitsdienstleistungen sind „Vertrauensgüter". Das fördert – neben den objektiven Sprachbarrieren – Vorurteile über die Qualität der Gesundheitsversorgung in anderen Ländern, die von den an der Abschottung interessierten Fachleuten, d.h. den Leistungserbringern im eigenen Land nur zu gerne gepflegt und verstärkt werden.

5 Möglichkeiten der Leistungsinanspruchnahme in einem anderen Land

Man kann grundsätzlich unterstellen, dass die Europäische Kommission an der Einbeziehung des Gesundheitswesens in den Binnenmarkt interessiert ist. Ansatzpunkt ist dabei die Tatsache, dass an der Gesundheitsversorgung nicht nur Produkte von freien Gütermärkten, sondern auch „Dienste von allgemeinem wirtschaftlichem Interesse" beteiligt sind. Daher besteht eine Tendenz zur Harmonisierung auch der „Gesundheitsmärkte". Die Offene Methode der Koordinierung ist dabei eine Variante, dieses Ziel zu kommunizieren und in der Diskussion zu halten. Das Europäische Parlament und der Rat haben allerdings die Gesundheitsdienstleistungen wegen ihrer Besonderheiten aus der allgemeinen Dienstleistungsrichtlinie herausgenommen. Daher wurde eine gesonderte Thematisierung von grenzüberschreitender Gesundheitsversorgung erforderlich. Die am 2. Juli 2008 von der Europäischen Kommission vorgelegte, sektorbezogene „Richtlinie Patientenrechte" muss aus der Sicht der Kommission daher als Zwischenschritt für die Einbeziehung der Gesundheitsleistungen in den Binnenmarkt betrachtet werden (Caspers-Merk 2008). Die Kommission möchte mit dem Richtlinienvorschlag einen allgemeinen Rahmen für eine sichere, hochwertige und effiziente grenzüberschreitende Gesundheitsversorgung schaffen. Der Vorschlag kodifiziert u.a. Patientenrechte, die der Europäische Gerichtshof (EuGH) in der Rechtsprechung der letzten Jahre entwickelt hat. Hierdurch sollen Klarheit und Rechtssicherheit für alle Beteiligten in der grenzüberschreitenden Gesundheitsversorgung geschaffen und somit Hemmnisse für die Freizügigkeit der Patienten und den freien Verkehr von Gesundheitsdienstleistungen abgebaut werden.

Dabei regelt der Vorschlag insbesondere den Anspruch von Patienten auf *Kostenerstattung*, wenn eine Gesundheitsleistung in einem anderen Mitgliedsstaat *geplant* in Anspruch genommen wird, d.h. wenn es sich *nicht* um einen Notfall handelt oder kein Anspruch auf Kostenübernahme einer geplanten Behandlung

---

7 Die allgemeine Frage ist, wieweit Gesundheitsleistungen tatsächlich *individuell* sind; dazu bestehen in der Medizin spezielle Mythen: Zum Beispiel der Gemeinplatz „Jeder Patient ist anders."

nach der Verordnung 1408/71 (EWG-Verordnung über soziale Sicherheit), d.h. im Rahmen des Sachleistungsprinzips besteht. Die Behandlungskosten sollen bis zu der Höhe ersetzt werden, in der sie im Inland für eine gleiche oder ähnliche Behandlung erstattet worden wären. Dabei wird deutlich klargestellt, dass der jeweilige Behandlungsstaat für die Setzung und Überwachung von Qualitäts- und Sicherheitsstandards zuständig ist. Ebenso soll sichergestellt werden, dass angemessene Haftungsregelungen für die Leistungserbringer gelten.

Der deutsche Gesetzgeber hat die der Richtlinie zugrundeliegende EuGH-Rechtsprechung bereits mit dem GKV-Modernisierungsgesetz im nationalen Recht berücksichtigt (§ 13 SGB V). Dabei bewertet die Bundesregierung positiv, dass die Wahlmöglichkeiten der Patienten ausgeweitet und die Effizienz der Gesundheitsversorgung gesteigert werden sollen. Allerdings sind und bleiben die Gesundheitsmärkte in Europa national reguliert: Die Organisation und Finanzierung sind Aufgabe der Mitgliedstaaten, weitgehend der Marktregulierung entzogen und mit sozialpolitischen (Umverteilungsaufgaben) eng verwoben.

Vor diesem Hintergrund wird diskutiert, welche Möglichkeiten der grenzüberschreitenden Inanspruchnahme von Gesundheitsdienstleistungen überhaupt bestehen. Erst auf dieser Basis kann auch eine „Gefahrenanalyse" unternommen werden bzw. können ggf. geeignete Maßregeln entwickelt werden, diesen Gefahren zu begegnen. Dabei ist die im Richtlinienentwurf dominierende Finanzierungsform der Kostenerstattung durch die Rechtsprechung des EuGH vorbereitet; das „Sachleistungsverfahren" wurde dagegen weit in den Hintergrund gedrängt. Jedenfalls ist das grundsätzliche Ziel der Richtlinie positiv zu würdigen, Patientenmobilität rechtssicherer zu machen.

5.1 „Typische" Fälle, Probleme und die Kosten

Dabei kann von der folgenden Typologie „mobiler Patienten" ausgegangen werden (nach Wismar 2008):

- Patienten die sich bereits im Ausland aufhalten, wenn sie Versorgungseinrichtungen in Anspruch nehmen müssen:
  - Kurzzeitaufenthalte (Touristen, Dienstreisen)
  - Langzeitaufenthalt (Pensionäre, vom Arbeitgeber entsandt)

- Patienten die ins Ausland reisen, um Versorgungseinrichtungen in Anspruch zu nehmen:
  - Grenzanreiner

- Patienten, die von ihren Krankenversicherungssystemen geschickt werden
- Patienten, die auf eigene Initiative die Behandlung in einem anderen Land suchen

Dabei treten bei der grenzüberschreitenden Versorgung typischerweise die folgenden Qualitätsprobleme auf, die zumindest zu einem erheblichen Teil mit *Sprachbarrieren* zu tun haben (im Wesentlichen ebenfalls nach Wismar 2008):

- Kontinuität der Versorgung
  - Vor- und Nachbehandlung
  - Verfügbarkeit der Patientenakte
  - Umstellung von Arzneimitteln
- Systemkenntnisse, administrative Hindernisse
- Patienteninformation zu
  - Leistungen
  - Qualität
  - Preisen
  - Gewährleistung
  - Einverständniserklärung
  - psychosozialer Betreuung

Die tatsächlichen Ausgaben der Gesetzlichen Krankenversicherung (GKV) für Behandlungen im Ausland sind allerdings derzeit fast zu vernachlässigen. Nach Angaben der GKV-Spitzenverbände im Rahmen der amtlichen Statistik KV 45 haben die gesetzlichen Krankenkassen im Jahr 2007 nur 0,3 Prozent ihrer gesamten Leistungsausgaben an das Ausland gezahlt. Dabei sind die Sachleistungsverrechnungen und Kostenerstattungen zusammengefasst. Eine genauere Differenzierung ist nicht möglich, weil die Verrechnungen zwischen den nationalen Sozialversicherungssystemen oft in pauschalierter Form erfolgen, die Rechnungslegung keine genaue zeitliche Abgrenzung zulässt und die verschiedenen Fallkonstellationen (vgl. Ziffer 4.2) nicht unterscheidbar sind.[8] Zum Teil ist sogar zwischenstaatlich in besonderen Fällen Erstattungsverzicht vereinbart worden bzw. die Sozialversicherungssysteme rechnen unabhängig von der Ver-

---

8 Die Abrechnung erfolgt teilweise über mehrere Jahre und in unregelmäßigen Zeiträumen. Dabei überwiegt bei den Unterlagen die Papierform, sodass eine Differenzierung z.B. nach den Hauptleistungsbereichen Krankenhaus (Fälle und Kosten etc.), ambulante ärztliche Versorgung und Arzneimittel nur mit unverhältnismäßig großem Aufwand möglich wäre.

bindungsstelle (DVKA)[9] ab. Intransparent sind insbesondere die relativ volumenstarken Abrechnungsvorgänge in den EUREGIOs, für die die Krankenkassen der jeweiligen Mitgliedstaaten besondere Verfahren für Grenzgänger vereinbart haben. Auch die Kostenerstattungen der GKV für Auslandsleistungen (nach § 13 SGB V) werden nicht gesondert und differenziert ausgewiesen und z.b. die entsprechenden *Leistungen privater Krankenversicherungen* (z.b. aus privaten Reisekrankenversicherungen) sind – jedenfalls in zusammengefasster Form – nicht bekannt.

5.2 Zwei rechtliche Wege zur Inanspruchnahme

Für Versicherte der gesetzlichen Krankenversicherung in Deutschland bestehen - mit unterschiedlicher Rechtsgrundlage - zwei Wege, Gesundheitsleistungen im Ausland zu erhalten: In Form der Sachleistung oder in Form der Kostenerstattung.

- Die *Sachleistung* erfolgt aufgrund der Vorlage des Vordrucks E 112 (Auslandskrankenschein). Bei der sog. „Sachleistungsaushilfe" werden deutsche Versicherte im Ausland von der ausländischen Krankenkasse wie deren eigene Versicherte betreut. Die ausländische Krankenkasse stellt den deutschen Versicherten damit de facto ihr Krankenversicherungssystem aushilfsweise zur Verfügung. Die Regelungen über eine Leistungsaushilfe erstrecken sich im Allgemeinen sowohl auf Sachleistungen als auch auf Geldleistungen. Die zugrundeliegenden EWG-Verordnungen und die zwischenstaatlichen („bilateralen") Abkommen sehen eine Leistungsaushilfe bei *vorübergehendem* Aufenthalt vor. Typische Fälle dafür sind Touristen. Die EWG-Verordnung enthält aber spezielle Regelungen u.a. für entsandte Arbeitnehmer („Wanderarbeitnehmer") und Studenten. Welche Leistungen in welchem Umfang im Ausland zur Verfügung gestellt werden, richtet sich nach dem Recht der ausländischen Krankenkasse („aushelfender Träger"). Es können grundsätzlich nur die sofort notwendigen Sachleistungen zur Verfügung gestellt werden. Bei Krankenhausbehandlung und Sachleistungen von erheblicher finanzieller Bedeutung muss der aushelfende Träger die deutsche Krankenkasse unterrichten (Sozialversicherungslexikon 2005: 215).

---

9 Die DVKA ist die Deutsche Verbindungsstelle Krankenversicherung - Ausland, die entsprechend ihrem Auftrag aus § 219 a SGB V für sämtliche Vereinbarungen und Abrechnungsvorgänge mit ausländischen Sozialversicherungsträgern zuständig ist. Sie gehört seit Mitte 2008 zum GKV-Spitzenverband.

- Für die *Kostenerstattung* ist die Rechtsgrundlage § 13 Abs. 4 bis 6 SGB V. Mit dem GKV-Modernisierungsgesetz hat der deutsche Gesetzgeber das Recht der GKV in diesen Vorschriften an die Rechtsprechung des EuGH angepasst. Versicherte sind demnach grundsätzlich berechtigt, auch Leistungserbringer in anderen Staaten der EU „anstelle der Sach- und Dienstleistung im Wege der Kostenerstattung in Anspruch zu nehmen (…) Es dürfen nur solche Leistungserbringer in Anspruch genommen werden, bei denen die Bedingungen des Zugangs und der Ausübung des Berufs Gegenstand einer Richtlinie der Europäischen Gemeinschaft sind oder die im jeweiligen System der Krankenversicherung des Aufenthaltsstaates zur Versorgung der Versicherten berechtigt sind. Der Anspruch auf Erstattung besteht höchstens in der Höhe der Vergütung, die die Krankenkasse bei Erbringung als Sachleistung im Inland zu tragen hätte." Es ist allerdings keine Voraussetzung, dass auch im Inland Kostenerstattung nach § 13 Abs. 2 SGB V gewählt wurde.

Ein Leistungsanspruch nach § 13 Abs. 4 bis 6 SGB V besteht ausschließlich in Staaten des Europäischen Wirtschaftsraumes (EWR). Dies sind die EG-Staaten Belgien, Dänemark, Estland, Finnland, Frankreich, Griechenland, Großbritannien, Irland, Italien, Lettland, Litauen, Luxemburg, Malta, Niederlande, Österreich, Polen, Portugal, Schweden, Slowakei, Slowenien, Spanien, Tschechien, Ungarn, Zypern sowie die nicht der EG angehörenden Staaten Island, Liechtenstein und Norwegen. Auch für die Schweiz gelten die Regelungen also nicht. Leistungen, die nach deutschem Recht nur unter bestimmten Bedingungen oder in bestimmter Form erbracht werden dürfen, können auch im EWR-Ausland nur unter diesen Voraussetzungen erbracht werden (z.B. künstliche Befruchtung, Schwangerschaftsabbruch oder Organtransplantationen). Die Kostenerstattung nach § 13 Abs. 4 bis 6 SGB V darf allerdings nicht deshalb abgelehnt werden, weil die Leistungen auch im Inland hätten bezogen werden können.

Erforderlich für eine Kostenerstattung ist die Vorlage von quittierten und spezifizierten Rechnungen sowie z.B. eine ärztliche Verordnung und ein genehmigter Kostenvoranschlag. Die Satzung der Krankenkasse hat das Verfahren der Kostenerstattung zu regeln. Sie hat dabei ausreichende Abschläge vom Erstattungsbetrag für Verwaltungskosten und fehlende Wirtschaftlichkeitsprüfungen vorzusehen und die nach dem SGB V vorgesehenen Zuzahlungen in Abzug zu bringen.

5.3 Krankenhaus

Im Bereich der *Krankenhaus- und Spezialbehandlung* greift die Richtlinie Patientenrechte die einschlägigen Urteile des Europäischen Gerichtshofs (EuGH) auf.[10] Danach können zwar prinzipiell alle stationären Einrichtungen in der EU in Anspruch genommen werden. Faktisch ist - im Gegensatz zu den ambulanten ärztlichen Leistungen - die Freizügigkeit jedoch die Ausnahme, nicht die Regel. Nur wenn Patienten eine angemessene Behandlung nicht im eigenen Land und in vertretbarer Zeit erhalten können, haben sie das Recht, diese Behandlung in einem anderen Mitgliedsstaat in Anspruch zu nehmen. Zur Sicherung des inländischen Versorgungssystems und seiner Kapazitäten (Planbarkeit, Auslastung etc.) kann der Mitgliedsstaat nämlich ein „System der Vorabgenehmigung für die Kostenerstattung seitens ihres Sozialversicherungssystems für eine Krankenhausbehandlung in einem anderen Mitgliedsstaat vorsehen." (Artikel 17, Ziffer 3).

Der Deutsche Gesetzgeber hat - wie bereits erwähnt - die genannten Urteile des EuGH in seinem GKV-Modernisierungsgesetz 2004 für die GKV umgesetzt (Leistungsrecht des SGB V (Drittes Kapitel) § 13 Abs. 4 bis 6 SGB V). Danach ist bei vollstationärer Krankenhausbehandlung im Vorfeld die Genehmigung der Krankenkasse einzuholen. Nach § 13 Abs. 5 SGB V können Krankenhausleistungen nur nach vorheriger Zustimmung der Krankenkasse in Anspruch genommen werden. Die Krankenkasse kann die Zustimmung allerdings nur versagen, „wenn die gleiche oder eine für den Versicherten ebenso wirksame, dem allgemein anerkannten Stand der medizinischen Erkenntnisse entsprechende Behandlung einer Krankheit rechtzeitig bei einem Vertragspartner der Krankenkasse im Inland erlangt werden kann." Für die Entscheidung über die Genehmigung einer Krankenhausbehandlung im EWR-Ausland sind neben medizinischen Aspekten insbesondere individuelle Bedürfnisse der Versicherten (z.B. Sprachprobleme, Nähe zur Familie, die die Behandlung positiv beeinflussen können, zu berücksichtigen (Sozialversicherungslexikon 2005: 219).

Dabei ist zu bedenken, welche relevanten Fallkonstellationen *tatsächlich* für eine Krankenhausbehandlung im Ausland in Frage kommen. Angesichts einer hohen Qualität und Dichte der Versorgung in Deutschland ist der Druck zu einer Auslandsbehandlung gering. Die geringen Wartezeiten in Deutschland sprechen sogar eher für die Behandlung im Inland. Allerdings ist bei elektiven Leistungen, die auch im Krankenhausbereich den größten Teil der Fälle ausmachen, die

---

10 Insbesondere die Rechtssachen C-158/96 Kohll (1998), C-120/95 Decker (1998), C-368/98 Vanbraekel (2001); C-157/99 Smits und Peerbooms (2001) sowie C-385/99 Müller-Fauré und van Riet (2003).

Versorgung keineswegs nur ein lokales Gut. Über Probleme der Auslandsbehandlung im stationären Bereich liegen bei den deutschen Krankenkassen keine Informationen vor. Dass hier eine zusätzliche Förderung des Binnenmarktes für Gesundheitsleistungen Nutzen bringen könnte, drängt sich zumindest nicht auf.

5.4 Ambulante ärztliche Versorgung

Im Bereich der ambulanten ärztlichen Versorgung existieren für die grenzüberschreitende Leistungsinanspruchnahme keine grundsätzlichen Barrieren. Die Richtlinie Patientenrechte formuliert in Artikel 7: „Der Versicherungsmitgliedstaat macht die Erstattung der Kosten einer Behandlung außerhalb eines Krankenhauses in einem anderen Mitgliedstaat nicht abhängig von einer Vorabgenehmigung, wenn die Kosten dieser Behandlung, wäre sie im eigenen Hoheitsgebiet erbracht worden, von seinem Sozialversicherungssystem übernommen worden" wäre. Damit vollzieht die Richtlinie die Rechtsprechung des Europäischen Gerichtshofes nach. Auch bisher ist es Praxis, dass die Kosten ärztlicher Behandlung im Ausland von der GKV übernommen werden. Im Rahmen des Sachleistungsprinzips erfolgt die Kostenregulierung nicht in Form der Kostenerstattung an die Patienten, sondern durch Verrechnung mit dem Sozialversicherungsträger des anderen europäischen Staates. Die Abrechnung erfolgt über die Verbindungsstelle Ausland. Maßgeblich sind dabei in der Regel die Kostensätze des Erbringungslandes, was für Deutschland insoweit kein ernstes Problem darstellt, als die ärztliche Vergütung hierzulande im europäischen Vergleich eher hoch ist. Die andere Variante ist die Kostenerstattung über § 13 SGB V.

Das Motiv, ambulante ärztliche Leistungen im Ausland in Anspruch zu nehmen, ist jedoch nicht sehr ausgeprägt. Die Neigung, für „normale" Arztbesuche Auslandsreisen zu unternehmen, ist naturgemäß gering. Die Inanspruchnahme in diesem Bereich findet üblicherweise im Zusammenhang von Tourismus statt. Nur im Bereich der zahnärztlichen Behandlung scheinen hier weitere Möglichkeiten auf (vgl. Ziffer 5.7). Sonderbedingungen finden sich allerdings in Grenzregionen, z.B. der EUREGIO Rhein-Maas, in denen der „kleine Grenzverkehr" bei der Inanspruchnahme von Gesundheitsleistungen durch besondere Vereinbarungen der dort aktiven Krankenkassen unterstützt wird.

5.5 Arzneimittel

Auch im Bereich der Arzneimittel bestätigt die Richtlinie Patientenrechte geltendes Europäisches Recht bzw. schreibt es fort. Nach Artikel 14 stellen die

Mitgliedstaaten für zugelassene Arzneimittel[11] sicher, „dass Verschreibungen durch eine zugelassene Fachkraft in einem anderen Mitgliedsstaat für einen namentlich genannten Patienten in ihrem Hoheitsgebiet eingelöst werden können (…)". Dabei will die Kommission allerdings die Ermächtigung, ein einheitliches „Verschreibungsmuster für die Gemeinschaft aus(zu)arbeiten und die Interoperabilität elektronischer Verschreibungen (zu) unterstützen." Damit würde die EU-Kommission beauftragt, nicht nur das EU-Einheitsrezept zu entwickeln, sondern auch das gesamte Abrechnungsverfahren für Arzneimittel einheitlich zu regeln. Das wird von der Bundesregierung jedoch kritisch gesehen und als zu weitgehend betrachtet. Zum Schutz der Patienten haben die Mitgliedsstaaten nach Artikel 14 sicherzustellen, dass die abgegebenen „Arzneimittel ordnungsgemäß gekennzeichnet sind und dass die Produktinformationen für den Patienten verständlich sind."

Die grenzüberschreitende Inanspruchnahme stellt sich bei den Arzneimitteln demnach ähnlich dar, wie im Bereich der ambulanten ärztlichen Leistungen. Die Rezepteinlösung ist – abgesehen von den jeweiligen praktischen Schwierigkeiten (Sprachbarrieren, Lieferprobleme, Haftungsfragen, Bestehen der Leistungserbringer auf Barzahlung und damit der Zwang, doch auf Kostenerstattung auszuweichen etc.) – im Prinzip europaweit möglich. Nur das tatsächliche Interesse der Versicherten bzw. Patienten daran wird sich wieder weitgehend auf die „touristischen" Fälle und die grenznahen Regionen beschränken.

In diesem Zusammenhang ist allerdings der besondere Aspekt des *Versandhandels* zu berücksichtigen. Mit dem Gesetz zur Modernisierung der Gesetzlichen Krankenversicherung wurde in Deutschland zum 1. Januar 2004 der Versandhandel mit Arzneimitteln zugelassen. Dies erfolgte in Übereinstimmung mit einem Urteil des Europäischen Gerichtshofs vom 11. Dezember 2003 (C-322/01), der im Sinne der Binnenmarktfreiheiten den (grenzüberschreitenden) Arzneimittel-Versandhandel unterstützt hat. Seitdem haben zwar viele Krankenkassen für die Versorgung ihrer chronischen Kranken Versorgungsverträge mit Versandhändlern abgeschlossen, der Markt ist jedoch nicht boomartig gewachsen. Im Hintergrund stehen die Interessen der deutschen Offizin-Apotheker, die die Zulassung des Versandhandels wieder rückgängig machen wollen. Dabei haben sie mit den Staatsregierungen Bayern und Sachsen einflussreiche Verbündete bzw. Fürsprecher gefunden. Beide Freistaaten haben sich in einem Gesetzesantrag (Bundesrats-Drucksache 538/08) für die „Rückführung des Versandhandels mit Arzneimitteln auf das europarechtlich gebotene Maß" eingesetzt. Dabei greifen sie

---

11 Das Arzneimittelrecht ist durch die europäische Zulassung (Richtlinie 2001/83/EG) weitgehend vereinheitlicht.

ebenfalls auf das genannte Urteil des EuGH zurück, das den einzelnen Mitgliedsstaaten immerhin die Möglichkeit einräumt, aus „Gründen des Schutzes der Gesundheit" die Grundfreiheiten (in diesem Falle der Versandapotheker) einzuschränken. Die bayerische Initiative läuft auf ein erneutes Verbot des Versandhandels mit Arzneimitteln in Deutschland hinaus. Das Schicksal der Gesetzesinitiative ist derzeit offen.

5.6 Vorsorge- und Rehabilitationsmaßnahmen

Vorsorge- und Rehabilitationsmaßnahmen im EWR-Ausland sind wie im Inland vorher zu beantragen und durch die Krankenkasse ggf. nach vorheriger Einschaltung des Medizinischen Dienstes zu entscheiden. Die Krankenkasse bestimmt nach den medizinischen Erfordernissen des Einzelfalls Art, Dauer, Umfang, Beginn und Durchführung der Leistungen sowie die Einrichtung nach pflichtgemäßem Ermessen. Eine Kostenerstattung setzt im Übrigen voraus, dass der in Anspruch genommene Leistungserbringer auch im jeweiligen nationalen System der Krankenversicherung zur Versorgung der Versicherten berechtigt ist.

Einige Krankenkassen haben in den vergangenen Jahren - z.Z. jedoch wieder eher mit abnehmender Tendenz - besondere Beziehungen zu entsprechenden Einrichtungen im Ausland (z.B. in Tschechien oder Italien) angeknüpft und ihren Versicherten entsprechende Leistungen vermittelt. Die Nutzung hält sich jedoch in einem äußerst bescheidenen Umfang.

5.7 Zahnersatz

Eine besondere Rolle spielt der Zahnersatz, der als eine der wenigen Leistungen der GKV gelten muss, die im Rahmen eines Auslandaufenthaltes ohne größere Unannehmlichkeiten „konsumiert" werden könnte. Es ist also plausibel, dass eine entsprechende Behandlung mit „Urlaub" verbunden werden kann. Dabei ist Zahnersatz in jedem Falle eine von der Kasse genehmigungspflichtige Leistung, so dass die im Inland vorgesehenen Antragsverfahren einzuhalten sind. Vor Behandlungsbeginn ist ein Heil- und Kostenplan zur Genehmigung vorzulegen. Aus diesem Plan müssen beispielsweise Art und Umfang des geplanten Zahnersatzes einschließlich der Kosten einwandfrei erkennbar sein. Eine detaillierte Übersetzung des Heil- und Kostenplanes ist daher unverzichtbar. Ist eine Klärung im Vorfeld möglich (z.B. bei sogenannten Langzeiturlaubern, die regelmäßig zwischen Wohn- und Urlaubsort pendeln), sollte die Begutachtung über den Medizinischen Dienst der Krankenkassen erfolgen, da das vertragliche Gutachterverfahren für die Anfertigung von Zahnersatz im Ausland keine Anwendung findet.

5.8 Pflegeleistungen

Bei Pflegeleistungen findet dagegen grundsätzlich kein grenzüberschreitender Transfer statt. Nur bei Auslandsaufenthalten eines Pflegebedürftigen bis zu 6 Wochen im Kalenderjahr wird weiter Pflegegeld gezahlt bzw. läuft die Pflegesachleistung weiter, wenn die Pflegekraft den Pflegebedürftigen auf der Auslandsreise begleitet. Im Übrigen gilt nach § 34 SGB XI, dass die Leistungsansprüche ruhen, solange sich der Versicherte im Ausland aufhält. Es ist allerdings fraglich, wie lange sich diese Abschottungsregeln des deutschen Rechts noch aufrechterhalten lassen.

5.9 Private Krankenversicherung (PKV)

Für privat Krankenversicherte sind die Regelungen ihres jeweiligen Versicherungsvertrages maßgeblich. Die Vollversicherung der PKV schließt normalerweise die Leistungsinanspruchnahme im Ausland nicht aus; welche Honorarsätze dann jedoch erstattet werden, ist eine andere Frage. Da die Vollversicherung in der privaten Krankenversicherung (PKV) grundsätzlich nur das Kostenerstattungsprinzip kennt, gelten die zu den einzelnen Leistungsbereichen für die GKV-Versicherten getroffenen Feststellungen über die Gründe und Motive einer grenzüberschreitenden Leistungsinanspruchnahme mutatis mutandis auch für die PKV-Versicherten. Im Allgemeinen dürften bei Ihnen die Genehmigungspflichten etc. geringer sein als in der GKV; das Nähere hängt jedoch vom jeweiligen Vertrag bzw. dem Versicherungsunternehmen ab.

5.10 Inanspruchnahme durch Ausländer in Deutschland

Interessant ist auch, dass sich die umgekehrte Richtung, d.h. die Inanspruchnahme von Gesundheitsdienstleistungen durch Ausländer in Deutschland wenig dynamisch entwickelt. Über einige wenige systematische Ansätze von Verträgen über die schnellere Behandlung von Wartelistenpatienten aus Norwegen oder Großbritannien auf Kosten der dortigen Sozialleistungssysteme wird zwar immer wieder gesprochen, doch offenbar geschieht wenig. Auch die Anwerbung arabischer Privatpatienten für deutsche Kliniken macht nur geringe Fortschritte. Hier geht die Entwicklung des Gesundheitswesens der Länder des Vorderen Orients und Asiens andere Wege: Deutsche Klinikkonzerne und Medizintechnik-Hersteller exportieren ihr Know-how verstärkt in diese Länder und beteiligen sich an Management- und Betriebsgesellschaften. Zur Klärung der Situation hat das Bundesministerium für Wirtschaft und Technologie gerade im Frühjahr 2009 eine Expertise zur Frage der grenzüberschreitenden Aktivitäten der Gesundheitswirtschaft in Auftrag gegeben.

6 Dienstleistungsfreiheit für die Erbringer von Gesundheitsdienstleistungen?

Schon die grenzüberschreitende Inanspruchnahme von Gesundheitsdienstleistungen durch Patienten ist eher selten und nicht ohne Komplikationen. Noch ungewöhnlicher dürfte (bisher) der umgekehrte Fall sein, wenn Gesundheitsdienstleister aus anderen Ländern in Deutschland tätig werden wollen. Hier unterliegen sie nämlich den Regeln für die jeweils ortsgebundene Ausübung der entsprechenden Tätigkeiten und dem Zulassungsrecht der deutschen gesetzlichen Krankenversicherung. Dabei spielt die Tatsache, dass es z.B. ausländische Eigentümer bzw. Betreibergesellschaften für deutsche Krankenhäuser gibt, keine Rolle. Die Vorschriften für den Betrieb eines Krankenhauses in Deutschland bleiben davon grundsätzlich unberührt. Auch die Krankenhausplanung, die vor allem für die Zulassung eines Hauses für die Abrechnung mit den Krankenkassen bedeutsam ist, berücksichtigt nicht die Frage, ob der Betreiber seinen Sitz im Ausland hat. Da die Leistungen von Ärzten, Apothekern und z.B. auch Physiotherapeuten an den Betrieb einer entsprechenden Einrichtung, d.h. einer Praxis, einer Apotheke etc. gebunden ist, ist die Einhaltung der deutschen Qualitätsmaßstäbe gesichert. „Wandernde Ärzte" verbietet die Berufsordnung, ambulante Arzneimittelverkäufer verbietet die Apothekenbetriebsordnung etc. Durch die Regelungen zur Niederlassung und erst recht der Kassenzulassung ist die Einhaltung der nationalen Qualitätsregeln gesichert.

Auch die Richtlinie Patientenrechte würde an dieser Rechtslage nichts ändern. Selbst bei der Einführung des Herkunftslandprinzips würden Probleme nur in bestimmten Ausnahmefällen auftreten: Denkbar wäre z.B. der Fall, dass ausländische ambulante Pflegedienste in Deutschland tätig werden wollen, aber einem Berufsrecht unterliegen, das ihnen z.B. mehr Kompetenzen einräumt, als das deutsche (z.B. in Bezug auf den Arztvorbehalt für bestimmte medizinische Leistungen oder die Verordnung von Hilfsmitteln wie z.B. Inkontinenzartikel, Dekubitusmatrazen oder Rollatoren). Unter den gegenwärtigen Regeln des deutschen GKV-Rechts wäre jedenfalls davon auszugehen, dass die GKV auch im angenommenen Fall nur zur Finanzierung solcher Leistungen verpflichtet wäre, die entsprechend dem deutschem Berufsrecht erbracht (bzw. verordnet) worden wären. Gegebenenfalls würde eine solche Restriktion durch die Bedingungen des GKV-Vertragsrechts vorgeschrieben werden.

Selbst wenn man sich daher eine Ausweitung des internationalen Dienstleistungsaustauschs auch im Gesundheitswesen wünscht, sind dem enge Grenzen gesetzt. Denn für die Inanspruchnahme/Erbringung solcher Leistungen gelten Ortsgebundenheit und Zeitgleichheit. Einer besonderen Betrachtung müssen daher Fälle unterzogen werden, bei denen ein räumliches und zeitliches *Splitting der Dienstleistung* möglich ist. Vor allem dort könnten Probleme (z.b. der Qualitätssicherung in Anbetracht der Qualifikation der Berufe, der Vorschriften über die Einrichtungen der Leistungserbringer etc.) durch das „Herkunftslandprinzip" entstehen, dessen Geltung allerdings noch in relativ weiter Ferne liegt.

Das räumliche Splitten der Dienstleistung ist insbesondere bei solchen Gesundheitsleistungen möglich, bei denen ein erheblicher Anteil aus gegenständlicher Produktion besteht. Das gilt vor allem beim Zahnersatz und bei bestimmten Hilfsmitteln, die auf der Grundlage der individuellen Abmessung (ggf. zur Nutzung von Differenzen der Produktionskosten) an anderen Orten als „Rohling" hergestellt werden können und erst zur endgültigen Anwendung nach Deutschland importiert werden. Auch dafür gelten die Qualitätsanforderungen der GKV, wenn der abschließende Konsum dieser Dienstleistungen, also z.B. die Eingliederung des Zahnersatzes oder die Anpassung des Hilfsmittels im Inland erfolgt. Ein anderes Beispiel sind die Apotheken, bei denen nicht umsonst der Dienstleistungscharakter ihrer Tätigkeit (im Sinne einer pharmakotherapeutisch qualifizierten Beratung) immer wieder in Frage gestellt wird. Dementsprechend sieht nicht nur die deutsche Apothekenbetriebsordnung vor, dass auch eine *Versandapotheke* eine Offizin, d.h. eine Präsenzapotheke betreiben muss, - eine Regelung, die einer allzu großen Auseinanderentwicklung von lokalem und überregionalem Betrieb entgegenwirken soll.

Ein weiterer Aspekt ist in diesem Zusammenhang die Entwicklung der *Telemedizin*. Gerade im Bereich der Hochleistungsmedizin wächst die europäische und internationale Zusammenarbeit v.a. von Kliniken. Dabei ermöglichen neue Technologien auch neue Formen der Kooperation. Diese Entwicklung wirft bei grenzüberschreitender Zusammenarbeit sofort verschiedene Fragen der Qualitätssicherung, des Datenschutzes aber z.B. auch der Haftung auf. Schon im nationalen Rahmen hält die Rechtsentwicklung mit dem Fortschritt der Medizin in diesem Bereich nicht Schritt (vgl. dazu etwa Voigt 2008 : 30f.). Mit der Veralltäglichung der telematischen Möglichkeiten in der Medizin werden die entsprechenden Probleme aber auch die „Normalversorgung" erreichen. Ärztliche Beratung (z.B. über Callcenter), Telediagnostik oder auch Telemonitoring sind bereits heute grenzübergreifend möglich und werden sich weiter verbreiten. Die Richtlinie Patientenrechte sieht dazu in Artikel 16 („Gesundheitstelematik") u.a. vor, dass im Bereich der Informationstechnologie und Kommunikation durch die Kommission einheitliche Normen erlassen werden, „um eine sichere, hochwertige und effiziente Erbringung grenzüberschreitender Gesundheitsdienstleistungen sicherzustellen." Dass in diesem Bereich Regelungsbedarf besteht, wird nicht bestritten, auch wenn die Bundesregierung die vorgesehene Ermächtigungsnorm für die Kommission als zu weitreichend kritisiert (Caspers-Merk 2008: 3).

7 Zusammenfassende Thesen und Fazit

Mit der wachsenden ökonomischen Bedeutung von Dienstleistungen geht jedenfalls nicht im gleichen Maße einher, dass diese Leistungen auch grenzüberschreitend erbracht bzw. konsumiert werden können. Und das gilt - im Gegensatz etwa zu Transportleistungen, den Leistungen von Werbeagenturen, Unternehmensberatern, Anwälten und Wirtschaftsprüfern etc. – insbesondere für Gesundheitsleistungen.

Relativ zur Debatte über die Gefahren und Chancen eines integrierten europäischen „Gesundheitsmarktes" bewegen sich die entsprechenden *tatsächlichen* Phänomene alle (noch) auf einem quantitativ sehr bescheidenen Niveau. Das gilt trotz der gewachsenen Mobilität der Versicherten, der (potentiellen) Patienten und der Gesundheitsberufe. Die Bedingungen der Gesundheitsversorgung sprechen auch dagegen, dass grenzüberschreitende Versorgungsleistungen bzw. deren Inanspruchnahme *schnell* wachsen werden.

Das langsame Wachstum wird allerdings gefördert einerseits durch die zunehmende Mobilität (auch kranker und behinderter Menschen), andererseits durch die forcierte Suche der Krankenkassen nach kostengünstigen Leistungen unter den sehr restriktiven Finanzierungsbedingungen des Gesundheitsfonds. Daher ist zumindest denkbar, dass die Kassen künftig in vermehrtem Umfang im Wege der Einzelverträge nach kostengünstigen Behandlungsmöglichkeiten im Ausland suchen werden und ihre Versicherten entsprechend steuern wollen. Bis ein derartiger internationaler Leistungsaustausch aber eine ökonomisch nennenswerte Größenordnung erreicht, dürfte noch viel Zeit vergehen.

Die dabei oft befürchteten *Qualitätsprobleme* sind beherrschbar, weniger durch die europäischen Regelungen, als durch die Aufsicht und die Regulierungen vor Ort für die *Einrichtungen*, in denen Gesundheitsdienstleistungen erbracht werden. Insoweit kann sich auch die gesetzliche Krankenversicherung mit relativ großer Gelassenheit auf die *Chancen* des Binnenmarkts für die Gesundheitswirtschaft konzentrieren. Dabei ist mehr Mut und Kreativität bei der Suche nach Möglichkeiten des internationalen Leistungsaustauschs gefordert. Bedenken bestehen allerdings im Hinblick auf einige der neuen EU-Mitglieder, bei denen die Qualifikationsniveaus und die staatlichen Regulierungs- und Aufsichts-Standards (noch) nicht mit den entsprechenden Regelungen in Westeuropa vergleichbar sind. Hier gibt es ein echtes Vertrauensproblem und die Gefahren des Qualitätsdumpings müssen ernst genommen werden.

Literatur

Caspers-Merk, M (2008): Bericht zur Richtlinie Patientenrechte an den Gesundheitsausschuss des Deutschen Bundestages (Ausschussdrucksache 16(14)0412).

FAZ (18.11.2008): Euro Health Consumer Index 2008.

Paquet, R/Schroeder, W (2009): Gesundheitsreform 2007 - Akteure, Interessen und Prozesse. In Schroder, Wolfgang/Paquet, Robert (Hrsg.): Gesundheitsreform 2007. Wiesbaden, 11–29.

Schmidt, SK (2008): „Der Binnenmarkt für Dienstleistungen im europäischen Integrationsprojekt", Vortrag beim Symposium „Gesundheitsdienstleistungen im europäischen Binnenmarkt" am 24. November 2008 in Frankfurt am Main.

Sozialversicherungslexikon (2005). Münster, LexisNexis Verlag.

Voigt, P-U (2008): Rechtsgutachten Telemedizin - Rechtliche Problemfelder sowie Lösungsvorschläge. Erstellt im Auftrag des Initiative Gesundheitswirtschaft e.V. (iGW), Hamburg. Fundstelle: www.initiative-gesundheitswirtschaft.org (Abfrage vom 12.03.2009).

Wismar, M (2008): „Möglichkeiten und Grenzen europäischer Qualitätssicherung", Vortrag beim Symposium „Gesundheitsdienstleistungen im europäischen Binnenmarkt" am 24. November 2008 in Frankfurt am Main.

Felix Welti

Rechtliche Aspekte der Gesundheitsdienstleistungen im europäischen Binnenmarkt

1 Einleitung

„Gesundheit ist keine Ware" – das ist ein Satz, dem viele intuitiv zustimmen. Der Volksentscheid über eine so betitelte Volksinitiative gegen die Privatisierung öffentlicher Krankenhäuser wurde in Hamburg am 29. Februar 2004 von 76,8 Prozent der abstimmenden Bürgerinnen und Bürger unterstützt (Hamburgisches VerfG vom 15.12.2004, Az. 6/04). Aber Arzneimittel und Medizinprodukte sind Waren. Ärztliche und pflegerische Leistungen werden für Entgelt erbracht. Der Austausch von Gütern und Leistungen gegen Geld ist in vielen Situationen eine wesentliche Bedingung, um gefährdete oder verlorene Gesundheit zu erhalten oder wiederzugewinnen.

„Gesundheit ist keine Ware" – dahinter steht etwas Normatives: Gesundheit als eine wichtige Voraussetzung menschlichen Lebens und menschlicher Teilhabe soll nach dieser Norm möglichst wenig von Kaufkraft, Angebot und Nachfrage abhängen, sondern die Chance, gesund zu bleiben oder werden soll möglichst gleich verteilt sein. Nicht nur die Chance auf Gesundheit ist ein solches für Individuen und Gesellschaft wichtiges Grundgut (Rawls 1998: 111), sondern auch die Chance auf Arbeit. Arbeitskraft und Gesundheit sind zwei wesentliche Aspekte menschlicher Persönlichkeitsentfaltung. In der Entwicklung der europäischen Sozialstaaten stand im Mittelpunkt, dass Arbeitskraft und Gesundheit nicht als schlichte Waren gelten sollten – die Sozialwissenschaft spricht von Dekommodifizierung (Esping-Andersen, 1990) –, sondern sich in besonders regulierten Zusammenhängen entfalten können.

Beim Arbeitsmarkt geht es um die Beschränkung eines Wettbewerbs um Arbeitskosten durch Tarif- und Sozialsystem und um möglichst allgemeinen Zugang zur Erwerbsarbeit, um zugleich den Wettbewerb um produktive Verfahren und hochwertige Arbeitsergebnisse in den Vordergrund zu stellen. Beim Gesundheitsmarkt geht es um allgemeinen Zugang zu Gesundheitsgütern und -leistungen, wobei zugleich die individuelle Artikulation von Bedürfnissen und der Wettbewerb um ihre Befriedigung möglich sein sollen.

Die europäische Gemeinschaft konstituiert einen gemeinsamen Markt, der sich seit den 1990er Jahren umfassender zu einer europäischen Gesellschaft und immer engeren Union (Art. 1 EUV) der Staaten entwickeln soll. In allen Mitgliedstaaten hat die Gemeinschaft ein sozialstaatlich reguliertes Gesundheitssystem vorgefunden, sei es durch Krankenversicherung, sei es durch staatliche Gesundheitsdienste, in dem staatliche, gemeinwirtschaftliche und privatwirtschaftliche Elemente unterschiedlich zusammengefügt sind. Mit der Entwicklung der Gemeinschaft wurde immer deutlicher, dass ihr Verhältnis zu den nationalen Gesundheitssystemen klärungsbedürftig ist. Dies war dort weniger problematisch, wo privatwirtschaftliche Elemente zusammenzufügen waren, etwa bei Arzneimitteln (u.a. RL 2001/83/EG; EuGH vom 11.3.2003, Rs C-322/01, *Doc Morris*; dazu: Eichenhofer 2007: 329) oder der Freizügigkeit der Gesundheitsberufe (u.a. RL 83/42/EWG). Auch dort haben aber unterschiedliche nationale Traditionen und Praxen, Sicherheitsstandards und in die Strukturen eingeschriebene Protektionismen einen jahrzehntelangen Prozess der Annäherung erforderlich gemacht. Bei den Gesundheitsdienstleistungen der Krankenhäuser, Pflegeheime, Rehabilitationseinrichtungen, niedergelassenen Ärzte und anderen Gesundheitsberufe werden Kernbereiche der je nationalen Regulierung des Gesundheitswesens und der Sozialstaatlichkeit berührt. Gerade hier wird Spannung deutlich: Während die Kräfte auf einem Markt nach Wachstum streben, ist sozial- und gesundheitspolitische Regulierung von dem Streben geprägt, Gesundheitsleistungen auf das notwendige Maß zu beschränken, um einen allgemeinen Zugang finanzieren zu können. Auch insoweit werden Gesundheitsleistungen vom herkömmlichen Bild einer Ware abgehoben.

Der Europäische Gerichtshof hat seit 1998 mit mehreren Entscheidungen erkannt, dass die Binnenmarktregeln grundsätzlich auf diesen Bereich anzuwenden sind. Zugleich haben die Vertragsrevisionen von Maastricht, Amsterdam und Nizza sowie der weitere Prozess der Erweiterung und Unionsbildung bis zum Lissabonner Reformvertrag den rechtlichen Rahmen verändert. Die Diskussionen darum spiegeln die politische Diskussion um das Verhältnis von transnationalem Markt und Sozialstaat.

In dieser Situation ist der Vorschlag einer Richtlinie des Europäischen Parlaments und des Rates über die Ausübung der Patientenrechte in der grenzüberschreitenden Gesundheitsversorgung (2008/0142; Tiemann 2007: 411) der Versuch der Kommission, den Stand des europäischen Rechts (Schlegel 2007: 700) festzuschreiben und weiterzuentwickeln und zugleich ein guter Anlass, die rechtliche und politische Diskussion hierüber zu führen.

2 Die Kompetenz der Gemeinschaft für Gesundheitsdienstleistungen und ihre Schranken

Zunächst ist zu klären, ob die Gemeinschaft eine Kompetenz hat auf diesem Feld regelnd tätig zu werden. Der EuGH hat dies durch seine Urteile der letzten zehn Jahre bejaht, doch sind auch die anderen Organe und die Mitgliedstaaten in der Pflicht, diese Frage zu prüfen. Wird die Kompetenz bejaht, so ist zu klären, in welchen Schranken die Gemeinschaft sie ausüben kann. Das Mehr-Ebenen-System der europäischen Rechtsetzung funktioniert nur, wenn jede Ebene gemeinsame Grundsätze beachtet und die Kompetenzen der anderen Ebenen respektiert.

2.1 Binnenmarktkompetenz (Art. 95 EGV) und Verantwortung der Mitgliedstaaten für die Organisation des Gesundheitswesens (Art. 152 Abs. 5 EGV)

Die Kommission stützt ihren Vorschlag für eine Richtlinie auf die Kompetenz der Gemeinschaft, diejenigen Rechts- und Verwaltungsvorschriften anzugleichen, die sich unmittelbar auf die Errichtung oder das Funktionieren des gemeinsamen Marktes auswirken. Indem die Mitgliedstaaten vereinbart haben, auch die Verwirklichung des Marktes für Waren, Personen, Dienstleistungen und Kapital der Gemeinschaft zu übertragen (Art. 14 EGV), können sie nicht einwenden, für diese Leistungen habe bisher kein Markt bestanden. Die Gemeinschaft sieht sich insofern mit der Kompetenz versehen, Märkte nicht nur zusammenzuführen, sondern zu schaffen. Diese überschießende Tendenz ist denn auch bisher Anlass für die Kritik gewesen, dass die Gemeinschaft nicht nur Gesellschaften verbindet, sondern auch verändert und dabei die Balance von Markt und Wettbewerb, Staat und Planung, von privaten und öffentlichen Angelegenheiten verändere (Deckwirth 2008: 534; Fisahn/Viotto 2007: 198). Zudem ist eine final ausgerichtete Kompetenz schwerer zu begrenzen als eine gegenständliche Kompetenz, die zum Beispiel das Gesundheitswesen der europäischen oder der nationalen Ebene zuordnen würde.

Der Gerichtshof hat für die Gesundheitsleistungen zuerst in den Entscheidungen *Kohll* (EuGH vom 28.4.1998, Rs C-158/96) und *Decker* (EuGH vom 28.4.1998, RS C-120/95) festgehalten, dass weder die im Marktkapitel des Vertrages vorgesehenen Beschränkungen im Interesse der öffentlichen Gesundheit noch die sozialstaatliche Einbettung der Gesundheitsleistungen diese aus dem gemeinsamen Markt ausnehmen. Zwar wird vom Gerichtshof immer wieder die nationale Kompetenz für die Sozialpolitik und die Gesundheitspolitik betont, doch sieht er die Gemeinschaft nicht gehindert, in diesen Bereichen einen Markt zu regeln oder zu schaffen.

Somit verstehen Gerichtshof und Kommission den Vorbehalt der Mitgliedstaaten so, dass die Gemeinschaft nicht an die Stelle ihrer staatlich-politischen Regulierung in diesen Bereichen treten soll, wohl aber durch die Schaffung eines Marktes diese Regulierung beeinflussen darf. Dies kann gezeigt werden am unterschiedlichen Verständnis der Regelung in Art. 152 Abs. 5 EGV (Sander 2005: 447). Dort wird im Kontext der Gemeinschaftskompetenz zur Ergänzung und Unterstützung der mitgliedstaatlichen Gesundheitspolitik festgehalten, dass bei der Tätigkeit der Gemeinschaft die Verantwortung der Mitgliedstaaten für die Organisation des Gesundheitswesens und die medizinische Versorgung in vollem Umfang gewahrt wird. Könnte man darin auch eine spezielle Vorbehaltsnorm sehen, die auch bei der Ausübung der Kompetenz zur Marktschaffung in Art. 95 EGV anzuwenden ist (Dettling 2006: 522), wird sie von den Gemeinschaftsorganen allein auf den in Art. 152 geregelten Bereich bezogen. Dies könnte dadurch bestätigt werden, dass nach Art. 95 Abs. 3 EGV für die Binnenmarktkompetenz ein hohes Schutzniveau im Bereich der Gesundheit zu berücksichtigen ist.

Das muss nicht abschließend überzeugen, weil in kaum einem anderen Bereich Markt und öffentliche Regulierung so eng verflochten sind wie im Gesundheitswesen. Solange aber der EuGH die Kompetenz hat, die Kompetenz der Gemeinschaft zu beurteilen (Wunder 2007: 27), ist mit dieser Grundentscheidung zu rechnen.

Entsprechend ist Art. 152 Abs. 5 EGV nach heutigem Stand keine Spezialnorm zur Binnenmarktkompetenz der Gemeinschaft. Wohl aber kann verlangt werden, dass die Gemeinschaft im Rahmen ihrer Binnenmarktkompetenz deren Schranken beachtet, die durch Sozialstaatlichkeit, Subsidiarität, die Achtung der Dienstleistungen von allgemeinem wirtschaftlichem Interesse und die Grundrechte gezogen sind.

2.2 Sozialstaatlichkeit der Mitgliedstaaten und der Union

In Deutschland ist der soziale Charakter des Staates ein unabänderlicher Staatsgrundsatz. Ein Teil von Sozialstaatlichkeit ist ein sozialrechtlich verfasster Zugang zu Gesundheitsleistungen (BVerfG vom 6.12.2005, Az. 1 BvR 347/98, BVerfGE 115, 25). In Art. 23 Abs. 1 GG hat die Bundesrepublik Deutschland ihre Beteiligung an der Europäischen Union daran geknüpft, dass diese sozialen Grundsätzen verpflichtet ist. Eine solche Verpflichtung lässt sich an mehreren

Normen des Unions- und des Gemeinschaftsvertrages ablesen. Es fällt jedoch auf, dass die soziale Verpflichtung nicht zu den Grundsätzen der Union auf höchster Ebene nach Art. 6 Abs. 1 EUV zählt. Dies kann damit erklärt werden, dass zum Zeitpunkt des Maastricht-Vertrages ein entsprechender Konsens der Mitgliedstaaten, namentlich mit Großbritannien, nicht vorhanden war. Erst von den späten 1990er Jahren an wurde das europäische Sozialmodell zu einem wichtigen Thema der Gemeinschaft (Schulte 2005: 235; Münch 200: 2854; Zacher 2002: 147) und es wurde stärker akzentuiert, dass sie eine Gemeinschaft von sozialen Staaten ist. Der Unionsvertrag in der Fassung des Lissabon-Vertrages reflektiert dies in Art. 2, wo Solidarität als grundlegender Wert aller Mitgliedstaaten anders als in der heutigen Fassung aufgeführt wird und in Art. 3, wo der Kampf gegen soziale Ausgrenzung und Diskriminierung und die Förderung von sozialer Gerechtigkeit und sozialem Schutz gleichrangig mit der Errichtung eines Binnenmarkts genannt sind.

Der deutsche Sozialstaatsgrundsatz ist jedoch auch heute nicht bedeutungslos für die Union: Er ist als Teil der nationalen Identität der Bundesrepublik durch die Union zu achten und ist insoweit Schranke der Binnenmarktkompetenz.

2.3 Subsidiarität der Gemeinschaftsrechtsetzung

Die Gemeinschaft darf in Bereichen, die nicht in ihre ausschließliche Zuständigkeit fallen, nach dem im Vertrag und im Grundgesetz verankerten Subsidiaritätsprinzip nur tätig werden, sofern und soweit die Ziele der in Betracht gezogenen Maßnahmen auf Ebene der Mitgliedstaaten nicht ausreichend erreicht werden können und daher wegen ihres Umfangs oder ihrer Wirkungen besser auf Gemeinschaftsebene erreicht werden können (Art. 5 EGV). Die Begründungslast liegt damit bei der Gemeinschaftsrechtsetzung.

Für die vorgeschlagene Richtlinie wird angeführt, dass sie grenzüberschreitende Gesundheitsleistungen mit mehr Rechtssicherheit regelt als die Gemeinschaftsrechtsprechung. Dieser Hinweis macht deutlich, dass es gegenwärtig nicht um das „ob" einer europäischen Regelung geht – denn diese ergibt sich schon aus der Rechtsprechung -, sondern dass nach Form und Inhalt das „wie" dieser europäischen Regelung in Rede steht. Der Gerichtshof ist hier Motor der Integration gewesen, denn er kann durch Rechtsprechung Fakten schaffen, ohne dass ein anderes Organ oder die Mitgliedstaaten überprüfen könnten, ob diese Rechtsprechung ihrerseits die Subsidiarität beachtet.

Aus ökonomischer Sicht wird geltend gemacht, dass die Gesundheitsversorgung in den Mitgliedstaaten durch Größen- und Spezialisierungsvorteile verbessert werden kann. Ein solcher Effekt des gemeinsamen Marktes kann durch nationale Regelungen nicht ebenso gut erreicht werden. Somit zeigt sich die Dynamik von Rechts- und Wirtschaftseinheit nicht anders als im föderalen System Deutschlands (Art. 72 Abs. 2 GG) als Antrieb für weitere Integration.

2.4 Dienstleistungen von allgemeinem wirtschaftlichem Interesse

Dienste und Einrichtungen der Gesundheitsversorgung sind in Deutschland ganz überwiegend in rechtliche Strukturen eingebunden, die sie als Erbringer von Dienstleistungen von allgemeinem wirtschaftlichem Interesse ausweisen. Diesem Begriff entspricht der französische „service public" oder die deutsche Daseinsvorsorge. Er kennzeichnet nicht die Rechtsform, sondern die besondere Regulierung für öffentliche Zwecke, wie sie etwa in der Krankenhausplanung oder im Vertragsrecht der Leistungserbringer mit den öffentlich-rechtlichen Sozialversicherungsträgern zum Ausdruck kommt (Schulte 2006: 719; Krajewski 2005: 665; Welti 2005: 529). Dienste von allgemeinem wirtschaftlichem Interesse sind von den europäischen Wettbewerbsregeln ausgenommen, soweit deren Anwendung die Erfüllung ihrer Aufgaben rechtlich oder tatsächlich verhindern würde (EuGH vom 24.7.2003, Rs C-280/00, *Altmark Trans*; Kämmerer 2004: 28). Diese Regelung sichert die europarechtliche Zulässigkeit von Subventionen, ohne aber die Mitgliedstaaten von der Prüfung ihrer Verhältnismäßigkeit und von der diskriminierungsfreien Vergabe zu befreien.

Durch den Vertrag von Amsterdam sind die Gemeinschaften und die Mitgliedstaaten nach Art. 16 EGV verpflichtet worden, in ihren jeweiligen Kompetenzbereichen dafür Sorge zu tragen, dass diese Dienste ihren Aufgaben nachkommen können. Damit ist eine weitere Kompetenzschranke für die Regeln des Binnenmarktes aufgestellt (Schulz-Nieswandt 2005: 19; Knauff 2004: 296). Nach dem Reformvertrag in der Lissabonner Fassung (Art. 14 Satz 2; Krajewski 2005: 668; Welti 2005: 529) soll diese Pflicht durch Verordnungen der Union konkretisiert werden. Dies wäre ein Schritt zu mehr regelnden europäischen Kompetenzen im sozialen Bereich.

2.5 Charta der Grundrechte

Grundrechte sind schon seit längerer Zeit in der Rechtsprechung des EuGH als Bestandteil der Gemeinschaftsrechtsordnung anerkannt. Sie können auch als Schranken der Grundfreiheiten und damit der Schaffung des gemeinsamen Marktes herangezogen werden (EuGH vom 12.6.2003, Rs C-112/00, *Schmidberger*), so wie die wirtschaftlichen Grundrechte der Berufsausübung und des

Eigentums auch in der deutschen Rechtsordnung im Interesse des Grundrechtsschutzes anderer eingeschränkt werden können. Gerade im Gesundheitswesen hat das BVerfG ausdrücklich anerkannt, dass die gesetzliche Krankenversicherung Leben und Gesundheit schützt und dass ihre Funktionsfähigkeit deshalb ein hochrangiges Gemeinschaftsgut ist (BVerfG vom 17.12.2002, Az. 1 BvL 28/95, 1 BvL 29/95, 1 BvL 30/95 - Arzneimittelfestbeträge – BVerfGE 106, 275).

Die Charta der Grundrechte der Europäischen Union ist zwar 2000 in Nizza proklamiert worden, hat jedoch noch immer nicht den rechtlichen Status der Verträge. Erst mit dem Lissabon-Vertrag soll sie ihnen gleichgestellt werden. Die Charta enthält auch soziale Grundrechte. Danach anerkennt und achtet die Union das Recht auf Zugang zu den Leistungen der sozialen Sicherheit und den sozialen Diensten auch in Fällen von Krankheit (Art. 34). Diese Formulierung bezeichnet ausdrücklich den gebotenen Respekt vor den mitgliedstaatlichen Regeln des sozialen Gesundheitsschutzes. Noch klarer unionsgerichtet ist die Formulierung, wonach jede Person das Recht auf Zugang zur Gesundheitsvorsorge nach Maßgabe der einzelstaatlichen Vorschriften und Gepflogenheiten hat, bei der Festlegung der Politiken der Union zugleich ein hohes Gesundheitsschutzniveau sicherzustellen ist (Art. 35). Aus dem Zusammenhang wird deutlich, dass jede Gesundheitspolitik Grundrechte schützt.

3 Einzelne Aspekte

Im Folgenden sollen einzelne Aspekte der vorgeschlagenen Richtlinie und der deutschen Gesundheitspolitik im Lichte dieser Grundsätze vorgestellt werden.

3.1 Gesundheitsdienstleistungen als Gegenstand der Koordinierung der Mitgliedstaaten

Die Gemeinschaft kann die Gesundheitspolitik der Mitgliedstaaten koordinieren und ergänzen, insbesondere auf den Gebieten der weit verbreiteten schweren Krankheiten. Die vorgeschlagene Richtlinie hat zwar ihren Schwerpunkt in der Förderung des Marktes an Gesundheitsdienstleistungen. Der Aufbau von Europäischen Referenznetzen für Gesundheitsdienstleister (Art. 15 RL), mit denen die Potenziale eines erweiterten Marktes genutzt werden sollen, die Koordination von Gesundheitstelematik (Art. 16 RL) und die Zusammenarbeit bei der Technologiefolgenabschätzung (Art. 17 RL) sind aber auch Ansätze für eine vertiefte Koordination im öffentlichen Bereich. So könnten Referenznetze den deutschen Krankenkassen Vertragsschlüsse mit Leistungserbringern im Ausland für die Integrierte Versorgung erleichtern, wäre die elektronische Gesundheitskarte (§ 291a SGB V) in die koordinierte Gesundheitstelematik einzubeziehen.

Ein Netz, das die für Technologiefolgenabschätzung im Gesundheitswesen zuständigen Stellen verbindet, müsste in Deutschland vor allem den gemeinsamen Bundesausschuss (§ 91 SGB V) und das Institut für Qualität und Wirtschaftlichkeit im Gesundheitswesen (§ 139a SGB V) einbeziehen.

3.2 Gesundheitsdienstleistungen und die Freizügigkeit der Unionsbürger

Die Koordinierung der Systeme der sozialen Sicherheit schützt seit Beginn der Gemeinschaft die Mobilität der Arbeitskräfte auch durch den Zugang zum jeweiligen Gesundheitswesen (Eichenhofer 2004: 200). Dieses koordinierende Sozialrecht soll durch die neue Richtlinie erweitert und ergänzt, aber nicht ersetzt werden.

Die europäische Sozialbürgerschaft wurde schon in den letzten Jahren durch Rechtsprechung des EuGH etwa in den Fällen *Martinez Sala* (EuGH vom 12.5.1998, Rs C-85/96) und *Grzelczyk* (EuGH vom 20.9.2001, Rs C-184/99) auf alle Unionsbürgerinnen und -bürger erweitert. Sie müssen frei von Diskriminierungen beim Zugang zu sozialen Leistungen von ihrer Freizügigkeit Gebrauch machen können (Kingreen 2007: 43; Eichenhofer 2003: 404).

Die bisherigen Grenzen dieses Ansatzes wurden in der Entscheidung *Trojani* (EuGH vom 7.9.2004, Rs C-456/02) deutlich. Der Kläger, französischer Staatsangehöriger und Gast in einem therapeutischen Heim in Brüssel, hatte eine belgische Mindestsicherung beantragt. Diese wurde ihm verweigert, da er keinen dauerhaften Aufenthaltsstatus in Belgien hatte. Dies entspricht der sekundärrechtlichen Regel, dass eigenes Bestreiten des Lebensunterhalts und Krankenversicherungsschutz Bedingung des Aufenthaltsrechts über mehr als drei Monate sein darf (Art. 7 Abs. 1 lit. c RL 2004/38/EG). Hierdurch wird die Mobilität jedenfalls behinderter und pflegebedürftiger Menschen in der Union auch im Hinblick auf die Inanspruchnahme von Gesundheitsdienstleistungen beschränkt. Doch ist diese Beschränkung nach der *Baumbast*-Entscheidung des EuGH nur in den Grenzen der Verhältnismäßigkeit zulässig (EuGH vom 17.9.2002, Rs C-413/99).

Der vorgelegte Richtlinienentwurf bezieht sich konsequent nicht auf den Bereich der Langzeitpflege. Ob der freie Zugang zu Gesundheits- und Pflegeleistungen in Europa in Zukunft auch denen möglich sein soll, die dauerhaft und schwerwiegend auf sie angewiesen sind, wird eine Probe darauf, ob die Freiheit des Marktes auch die Freiheit der kranken und behinderten Menschen sein soll. Wenn die Gemeinschaft ihr eigenes Diskriminierungsverbot wegen einer Behinderung (Art. 21 Charta der Grundrechte; Art. 10 AEUV in der Fassung des Lissabonner Vertrags) ernst nimmt, müsste sie auch dauerhaft behinderten Menschen Mobilität ermöglichen.

3.3 Gesundheitsdienstleistungen und die Dienstleistungsfreiheit ihrer Leistungserbringer

Der EuGH hat mit den Entscheidungen *Kohll* und *Decker* 1998 die Freiheit statuiert, Gesundheitsdienstleistungen auch im Rahmen von Sozialleistungssystemen in einem anderen Mitgliedstaat als dem eigenen in Anspruch zu nehmen. Dieser Anspruch ist, wie die Entscheidung *Vanbraekel* (EuGH vom 12.7.2001, Rs C-368/98) klar gestellt hat, beschränkt, aber auch garantiert in Höhe der Kosten, die das nationale Sozialsystem trägt.

Ein wissenschaftlicher medizinischer Standard kann als Voraussetzung verlangt werden, muss aber international anerkannt sein, wie ebenfalls 2001 in der Entscheidung *Smits und Peerbooms* (EuGH vom 12.7.2001, Rs C-157/99) festgestellt wurde. Dies ist wichtig, weil so nationale Standards etwa des Gemeinsamen Bundesausschusses nach § 91 SGB V (G-BA) nicht aus schlichter Tradition, aus protektionistischen oder sparpolitischen Gründen gegen die internationale Entwicklung abgeschottet werden dürfen. Auf Probleme stoßen strikt internationale Standards jedoch, sobald die Versorgungssysteme nicht vergleichbar oder in einen spezifischen gesellschaftlichen Kontext eingebettet sind, etwa in Rehabilitation und Pflege.

Der EuGH hat in der Entscheidung *Müller-Fauré und van Riet* (EuGH vom 13.5.2003, Rs C-385/99) akzeptiert, dass bei mitgliedstaatlichen Krankenversicherungsträgern erst eine Genehmigung für Auslandsbehandlungen eingeholt werden muss, soweit es um Krankenhausleistungen geht. Planbarkeit und Rationalisierung der jeweiligen Systeme rechtfertigen diese Einschränkung des Binnenmarktes für Gesundheitsdienstleistungen. Die grenzüberschreitende Krankenhausversorgung ist im deutschen Recht entsprechend geregelt (§ 13 Abs. 5 SGB V; Hermann 2004: 370; Becker/Walser 2005: 449). Hier wurde, ohne dass die Norm namentlich genannt wurde, der Schutz von Diensten von allgemeinem wirtschaftlichem Interesse als Binnenmarktschranke angewandt. Ob diese Gesichtspunkte unter keinen Umständen für die ambulante Versorgung zutreffen, ist bezweifelt worden (Schlegel 2007: 705).

In der vorgeschlagenen Richtlinie werden diese Grundsätze (zusammenfassend: Sander 2004: 460) für die ambulante Behandlung übernommen (Art. 7 RL). Für die Krankenhaus- und Spezialbehandlung soll ein Genehmigungserfordernis möglich bleiben (Art. 8 RL). Dies gilt für Behandlungen, die eine Übernachtung erfordern, sowie für weitere Behandlungen, die in eine Liste der Kommission aufgenommen werden sollen. Kriterien sind der erforderliche Einsatz einer hoch spezialisierten und kostenintensiven medizinischen Infrastruktur oder medizinischen Ausrüstung oder ein besonderes Risiko für Patienten oder Gesundheit. Durch diese Regelungen soll die Verantwortlichkeit der Mitgliedstaaten für Planung und Gestaltung ihres Gesundheitswesens gewahrt werden. Sie ist der Versuch, den Vorbehalt mitgliedstaatlicher Gesundheits- und Sozialpolitik im Binnenmarktrecht zu operationalisieren. Über die Genehmigung muss jedoch diskriminierungsfrei und innerhalb von fünfzehn Tagen entschieden werden.

Als problematischer Eingriff in die Verantwortung der Mitgliedstaaten wurde die Entscheidung des EuGH in der Sache der britischen Patientin *Watts* (EuGH vom 16.5.2006, Rs C-372/04) angesehen, wonach ein Patient eine Behandlung in einem anderen Mitgliedstaat an einer nationalen Warteliste vorbei auf Kosten seines Herkunftsstaats in Anspruch nehmen kann, wenn die Behandlung medizinisch notwendig ist (Wunder 2007: 21; Schlegel 2007: 705; Dettling 2006: 519). Diese Entscheidung erschwert den Mitgliedstaaten eine eigenständige Priorisierung von Gesundheitsleistungen, denn in der Warteliste kommen politische Wertungen zum Ausdruck, die nun europäischer Kontrolle unterstehen. Sie birgt die Gefahr, mobile und gut informierte Patienten gegenüber anderen zu bevorzugen, denn wenn die verfügbaren Mittel gleich bleiben, wird ein anderer Patient auf der Liste nach hinten rücken. Insoweit kann die *Watts*-Entscheidung als Statuierung originärer Rechte statt nur abgeleiteter Rechte verstanden werden. Man kann sie aber auch anders lesen: Durch die *Watts*-Entscheidung wird über den Binnenmarkt politischer Druck auf die Mitgliedstaaten ausgeübt, das im EGV und der Charta der Grundrechte statuierte hohe Gesundheitsschutzniveau sicherzustellen. Dies wäre konsequent, denn das europäische Konzept der Patientenmobilität setzt ein gleichwertiges Schutzniveau voraus. Dies bringt die Kommission zum Ausdruck, wenn sie in der zwölften Begründungserwägung ausführt, die Mitgliedstaaten müssten dafür Sorge tragen, dass alle Patienten gleich in Abhängigkeit von ihrem Bedarf und nicht von ihrem Herkunftsland behandelt würden.

Ein wichtiger Gegenstand nationaler gesundheitspolitischer Regulierung sind die Kriterien für die Kostenübernahme von Arzneimitteln. In dem Entwurf der Richtlinie ist vorgesehen, dass zur Sicherung der Dienstleistungsfreiheit in einem Mitgliedstaat ausgestellte Verschreibungen von Arzneimitteln in einem anderen akzeptiert werden müssen, auch wenn diese Arzneimittel nicht von der Leistungspflicht des anderen Mitgliedstaats umfasst sind (Art. 14). Der Richtlinienentwurf und seine Begründung lassen offen, ob dieses Akzeptieren einer

Verschreibung auch die Pflicht zur Kostenerstattung umfassen soll, zumal zwar der Vorbehalt der je eigenen Bedingungen, Anspruchskriterien, regulatorischen und administrativen Verfahren festgeschrieben ist, diese sich jedoch auf eine „gleiche oder ähnliche" Gesundheitsversorgung beziehen.

Würden Verschreibungen nicht zur grenzüberschreitenden Leistungspflicht führen, würde nur ein bescheidener Effekt für die Patientenmobilität erzielt. Könnte aber die Verschreibung in einem Mitgliedstaat die Leistungspflicht in einem anderen auslösen, so könnten mitgliedstaatliche Regulierungen, etwa die Kosten-Nutzen-Bewertung durch den Gemeinsamen Bundesausschuss (§ 35b SGB V), untergraben werden und es könnte zu einer pharmazeutisch induzierten Mobilität kommen. Die Folge wäre mindestens ein politischer Druck zur Vereinheitlichung nicht mehr nur der Arzneimittelzulassung, sondern auch der Regeln zur Kostenübernahme von Arzneimitteln in Europa.

Im Übrigen stellt der Richtlinienentwurf klar, dass für jede Gesundheitsdienstleistung in Bezug auf Qualitäts- und Sicherheitsstandards die Regeln des Staates gelten, in dem die Dienstleistung erbracht wird (Art. 5 Ziffer 1). Das vor einigen Jahren viel diskutierte Herkunftslandprinzip ist hier nicht vorgesehen. Durch Leitlinien, einen im Europarecht eigentlich nicht bekannten Normtypus, sollen die Kommission und die Mitgliedstaaten in diesem Bereich einschließlich Information, Haftung und Datenschutz die Erbringung grenzüberschreitender Dienstleistungen erleichtern (Art. 5 Ziffer 3). Dies ist ein Schritt zu mehr europäischer Regulierung von Gesundheitsleistungen.

3.4 Gesundheitsdienstleistungen und die Dienstleistungsfreiheit und Wettbewerbsgleichheit von Versicherungsunternehmen

Adressaten der EuGH-Rechtsprechung und des Richtlinienentwurfs sind die Versicherten und die Leistungserbringer in den Mitgliedstaaten, Ziel ist die Ausgestaltung ihrer Dienstleistungsfreiheit und Freizügigkeit. Außerhalb der Binnenmarktregulierung steht damit noch die Freiheit, Krankenversicherungsschutz als Dienstleistung anzubieten. In Ländern mit öffentlichen Gesundheitsdiensten sind diese nicht nur Hindernis für einen Binnenmarkt von Gesundheitsleistungen, sondern auch von Versicherungen. Die Pflichtversicherung in der Bundesrepublik Deutschland ist ebenfalls eine Ausnahme vom (gedachten) freien Versicherungsmarkt. Mit der Integrierten Versorgung verschwimmen zudem auch in Deutschland die Grenzen zwischen Versicherungsschutz und Leistungsangebot.

Die deutschen Krankenkassen stellen sich nach außen vielfach als Unternehmen im Wettbewerb auf einem Gesundheitsmarkt dar, und immer mehr Versicherte und Politiker glauben auch, dass sie dies sind. In der rechtlichen Wirklichkeit sind sie jedoch öffentlich-rechtliche Körperschaften (§ 4 Abs. 1 SGB V) und keine Unternehmen, die Versicherungsschutz und Gesundheitsdienstleistungen anbieten. Dies ist auch vom EuGH in der Entscheidung zu den Festbeträgen (EuGH vom 16.3.2004, Rs C-264/01, C-306/01, C-354/01, C-355/01) unter Hinweis auf die Funktion der Krankenkassen bei der nationalen Solidarität, ihre gesetzlich vorgeschriebene Kooperation und ihren Finanzausgleich akzeptiert worden. Der vom Gesetzgeber veranstaltete Wettbewerb zwischen den Krankenkassen steht dem nicht entgegen. Die Krankenkassen sind daher bislang keine Subjekte der Marktfreiheiten und keine Adressaten des europäischen Wettbewerbsrechts. Wären sie dies, hätte es einschneidende Folgen nicht nur im Verhältnis zu den Leistungserbringern, denen sie als Kartell gegenüberstehen, sondern auch im Verhältnis zu privaten Versicherungsunternehmen, die Marktzugang verlangen könnten. Doch wie lange wird dies nach dem GKV-Wettbewerbs-Stärkungsgesetz noch der Fall sein?

Je mehr die deutsche Gesundheitspolitik den Wettbewerb zwischen den gesetzlichen Krankenkassen so ausgestaltet, dass er durch selektive Vertragssysteme auch die Leistungserbringer betrifft, desto eher wird das europäische Wettbewerbsrecht im Verhältnis zu den Leistungserbringern anzuwenden sein. In der Integrierten Versorgung könnten die Grenzen zwischen Leistungserbringern und Krankenkassen so verwischt werden, dass auch private Unternehmen, z.B. private Versicherungsunternehmen, als Anbieter von „Managed Care"-Dienstleistungen einen gleichen Marktzugang begehren könnten (bislang begrenzt durch § 147 Abs. 4 SGB V).

Die neuerdings vorgesehenen Wahltarife, bei denen Versicherte eine Prämie bekommen, wenn sie keine Leistungen in Anspruch nehmen (§ 53 Abs. 2 SGB V), entsprechen nicht dem Grundsatz der Solidarität zwischen Armen und Reichen, Kranken und Gesunden. Sie begünstigen Versicherte, die gesund sind oder die Leistungen selbst bezahlen können. Sie sind ein Instrument des Wettbewerbs um freiwillig Versicherte im Verhältnis zur privaten Krankenversicherung und um Pflichtversicherte im Verhältnis zwischen den Krankenkassen. Daher sind sie verfassungsrechtlich und europarechtlich zweifelhaft (Thüsing 2008: 449). Wahltarife mit Prämienzahlungen bei Inanspruchnahme Integrierter Versorgung (§ 53 Abs. 3 SGB V) können sich als Instrument im Wettbewerb auch zwischen Leistungserbringern darstellen.

4 Schluss

Ob die deutschen Krankenkassen angesichts der neuen Rechtslage noch vom europäischen Markt- und Wettbewerbsrecht ausgenommen bleiben, ist unklar. Die Kommission hätte hier nach Art. 86 Abs. 3 EGV die Kompetenz, durch Richtlinien – ohne Beteiligung von Rat und Parlament - oder Entscheidungen eine Klärung voranzutreiben. Das wäre wahrscheinlich ein Beispiel europäischer Marktöffnung gegen mitgliedstaatliche Sozial- und Gesundheitspolitik.

Doch wäre es sinnvoll, wenn die deutsche Gesundheitspolitik rechtzeitig zur Kenntnis nähme, dass mit Wettbewerbselementen nicht beliebig hantiert werden kann. Ein Staat, der ein System der solidarischen Sicherung gegen Krankheit unterhält, hat einen im europäischen Recht verankerten Anspruch auf Achtung dieses Systems durch die europäische Rechtsetzung, wie er auch im Entwurf der Richtlinie zur Patientenmobilität zum Ausdruck kommt. Wer aber einen echten Markt für solidarische und unsolidarische Sicherung gegen Krankheit eröffnen will, muss sich gefallen lassen, dass dessen Akteure dem europäischen Wettbewerbsrecht unterliegen und dass dieser Markt europaweit sein muss (Lamping/ Sohns 2007: 368).

Gesundheit ist keine Ware, manche ihrer Voraussetzungen sind es schon. Für diese Güter und Dienste können wir die Vorteile des größeren europäischen Marktes in Anspruch nehmen, ohne die Nutzer für den Zugang dazu auf den Markt verweisen zu müssen. Dies scheint umso einfacher, wenn der universelle und solidarische Zugang zur Gesundheitsversorgung gemeinsamer Grundsatz der Staaten Europas ist. Das europäische Recht hat die Tür für eine Union der Sozialstaaten weiter geöffnet als noch vor einigen Jahren. Ob unser System solidarisch bleibt, entscheiden wir in Deutschland zuerst selbst.

Literatur

Becker, U/Walser, C (2005): Stationäre und ambulante Krankenhausleistungen im grenzüberschreitenden Dienstleistungsverkehr – von Entgrenzungen und neuen Grenzen in der EU. In: Neue Zeitschrift für Sozialrecht (NZS), 449-456.
Deckwirth, C (2008): Die Europäische Union als Triebkraft der Privatisierung. In: WSI-Mitteilungen, 534-540.
Dettling, HU (2006): Ethisches Leitbild und EuGH-Kompetenz für die Gesundheitssysteme. In: Europäische Zeitschrift für Wirtschaftsrecht (EuZW), 519-524.

Eichenhofer, E (2007): Auswirkungen europäischen Rechts auf das deutsche Gesundheitswesen. In: Medizinrecht (MedR), 329-335.

Eichenhofer, E (2004): Europäisierung sozialer Sicherung. In: Deutsche Rentenversicherung (DRV), 200-210.

Eichenhofer, E (2003): Unionsbürgerschaft – Sozialbürgerschaft? In: Zeitschrift für Internationales und Ausländisches Sozialrecht (ZIAS), 404-417.

Esping-Andersen, G (1990): The three Worlds of Welfare Capitalism. Princeton.

Fisahn, A/Viotto, R (2007): Anforderungen an eine demokratische Europäische Union. In: Zeitschrift für Rechtspolitik (ZRP), 198-201.

Heinze, C (2004): Daseinsvorsorge im Umbruch. In: Bayerische Verwaltungsblätter (BayVBl.), 33-40.

Hermann, C (2004): Grenzüberschreitende Inanspruchnahme von Krankenhausleistungen. In: Zeitschrift für Europäisches Sozial- und Arbeitsrecht (ZESAR), 370-374.

Kämmerer, JA (2004): Strategien zur Daseinsvorsorge – Dienste im allgemeinen Interesse nach der „Altmark"-Entscheidung des EuGH. In: Neue Zeitschrift für Verwaltungsrecht (NVwZ), 28-34.

Kingreen, T (2007): Die Universalisierung sozialer Rechte im europäischen Gemeinschaftsrecht. In: Europarecht (EuR) 2007, Beiheft 1, 43-74.

Knauff, M (2004): Die Daseinsvorsorge im Visier Europas. In: Verwaltungsrundschau (VR), 296-302.

Krajewski, M (2005): Öffentliche Dienstleistungen im europäischen Verfassungsrecht. In: Die Öffentliche Verwaltung (DÖV), 665-674.

Lamping, W/Sohns, A (2007): Die GKV in Europa – Von der Ökonomisierung in die Wettbewerbsfalle? In: Die Krankenversicherung (KrV), 368-371.

Münch, R (2004): Perspektiven der sozialen Einigung Europas. In: Gewerkschaftliche Monatshefte 2004, 285-291.

Rawls, J (1998): Eine Theorie der Gerechtigkeit. Frankfurt am Main.

Sander, GG (2005): Europäische Gesundheitspolitik und nationale Gesundheitswesen. In: Vierteljahresschrift für Sozialrecht (VSSR), 447-468.

Schlegel, R (2007): Gesetzliche Krankenversicherung im Europäischen Kontext – ein Überblick. In: Die Sozialgerichtsbarkeit (SGb), 700-712.

Schulte, B (2005): Das ‚soziale Europa'. Eine europäische Leitidee und ihre Konjunkturen im europäischen Einigungsprozess. In: Jahrbuch für Christliche Sozialwissenschaften 46, 235-253.

Schulte, B (2006/2007): Soziale Daseinsvorsorge und Europäisches Gemeinschaftsrecht. In: ZfSH/SGB - Zeitschrift für Sozialrecht in Deutschland und Europa 2006/ 2007, 719-732; 13-27.

Schulz-Nieswandt, F (2005): Soziale Daseinsvorsorge im Lichte der neueren EU-Rechts- und EU-Politikentwicklungen. In: Zeitschrift für öffentliche und gemeinwirtschaftliche Unternehmen (ZÖGU), 19-34.

Thüsing, G (2008): Wahltarife nach § 53 Abs. 4 bis 6 n.F. im Lichte des Verfassungsrechts. In: Neue Zeitschrift für Sozialrecht (NZS), 449-455; 510-518.

Tiemann, B (2007): Das Vorhaben einer EU-Richtlinie für Gesundheitsdienstleistungen im Licht des europäischen Gemeinschaftsrechts. In: Ulrich, Volker/ Ried, Walter (Hrsg.): Effizienz, Qualität und Nachhaltigkeit im Gesundheitswesen – Theorie und Politik öffentlichen Handelns, insbesondere in der Krankenversicherung – Festschrift zum 65. Geburtstag von Eberhard Wille. Baden-Baden, 411-436.

Welti, F (2005): Die kommunale Daseinsvorsorge und der Vertrag über eine Verfassung für Europa. In: Archiv des öffentlichen Rechts (AöR), 529-569.

Wunder, A (2007): Zur Vereinbarkeit von Wartelisten mit den Grundfreiheiten. In: Medizinrecht (MedR), 21-28.

Zacher, HF (2002): Wird es einen europäischen Sozialstaat geben? In: Europarecht (EuR), 147-164.

Markus Krajewski

Der Entwurf einer Richtlinie zur grenzüberschreitenden Gesundheitsversorgung:
Schlussstrich unter die Rechtsprechung zur Patientenmobilität oder Auftakt einer Binnenmarktharmonisierung im Gesundheitswesen?

1 Einleitung

Die grenzüberschreitende Gesundheitsversorgung gehört seit gut zehn Jahren zu den kontroversen Themen im Spannungsfeld zwischen den Anforderungen des europäischen Binnenmarkts und der Autonomie der Mitgliedstaaten bei der Organisation ihrer Gesundheitssysteme. Bislang wurden die europarechtlichen Vorgaben inkrementell durch die Rechtsprechung des EuGH entwickelt. Am 2. Juli 2008 hat die Europäische Kommission jedoch einen Entwurf für eine Richtlinie über die Ausübung der Patientenrechte in der grenzüberschreitenden Gesundheitsversorgung veröffentlicht (Kommission der Europäischen Gemeinschaften 2008a). Dieser Entwurf wird im Folgenden mit Blick auf die Frage analysiert, in welchem Umfang es sich bei den vorgeschlagenen Regelungen lediglich um eine Kodifizierung und Klarstellung der Grundsätze, die sich aus den EuGH-Urteilen ergeben, handelt, die allenfalls behutsam fortgeschrieben werden und inwieweit die vorgeschlagenen Regeln darüber hinausgehen und neue Verpflichtungen enthalten, die zu einer weitergehenden Harmonisierung des Gesundheitsrechts führen würden.

Der Beitrag gliedert sich wie folgt: Zunächst wird die Rechtsprechung des EuGH zur Dienstleistungsfreiheit für Patienten rekonstruiert und kritisch gewürdigt, um sie für die Analyse des Richtlinienentwurfs vergleichend heranziehen zu können (2). Anschließend wird kurz die Entstehungsgeschichte des Entwurfs und sein wesentlicher Inhalt vorgestellt (3). Danach werden die in dem Entwurf niedergelegten Verpflichtungen zur Inanspruchnahme der Gesundheitsversorgung in einem anderen Mitgliedstaat mit der EuGH-Rechtsprechung verglichen (4). Anschließend werden die im Richtlinienentwurf vorgesehenen Regeln über die Zusammenarbeit bei der Gesundheitsversorgung daraufhin untersucht, ob sie Ansätze weitergehender Harmonisierung enthalten (5). Schließlich wird die umfassende Konzeption des Begriffs der „grenzüberschreitenden Gesundheitsversorgung" im Richtlinienentwurf erörtert (6).

2 Die Rechtsprechung des EuGH zur Auslandskrankenbehandlung

Im Zentrum der Auseinandersetzungen um die grenzüberschreitende Patientenmobilität steht die Frage, unter welchen Umständen EU-Bürger auf Kosten eines nationalen Gesundheitssystems im Ausland behandelt werden können. In diesem Kontext sind mehrere Konstellationen zu unterscheiden. Lebt ein EU-Bürger dauerhaft im Ausland, hat er grundsätzlich die gleichen Zugangsrechte zu nationalen Gesundheitssystemen wie Inländer. Für Arbeitnehmer und ihre Familienangehörige wurde dieser Grundsatz bereits in der Verordnung 1408/71 über die Koordinierung der Systeme der sozialen Sicherheit sekundärrechtlich verankert. Inzwischen gilt er nach der Verordnung 883/2004 auch für alle anderen EU-Bürger, die sich dauerhaft im Ausland aufhalten. Ebenfalls sekundärrechtlich geregelt ist die Inanspruchnahme von notfallbedingten Gesundheitsleistungen im Ausland, deren Kosten von dem Träger des zuständigen nationalen Gesundheitssystems übernommen werden.

In den Auslandsbehandlungsfällen, die der EuGH auf der Grundlage der Dienstleistungsfreiheit zu entscheiden hatte, ging es dagegen um die zielgerichtete Reise eines EU-Bürgers bzw. einer EU-Bürgerin in einen anderen Staat, um dort eine Gesundheitsleistung in Anspruch zu nehmen, deren Kosten durch das jeweils zuständige nationale Gesundheitssystem des Heimats- oder Aufenthaltsstaates übernommen werden sollten. Eine derartige Übernahme ist im Rahmen des sekundärrechtlichen Koordinierungsrechts möglich, jedoch an die Erteilung einer vorherigen Genehmigung geknüpft, die nur dann nicht verweigert werden darf, wenn die notwendige Behandlung im Inland nicht zur Verfügung steht. Es stellt sich jedoch die Frage, ob über die sekundärrechtliche Ebene hinaus, ein weitergehender primärrechtlicher Anspruch besteht.

Ausgangspunkt der EuGH-Rechtsprechung zu Auslandskrankenbehandlungen ist der Dienstleistungsbegriff des EG-Vertrages. Nach Art. 49 EGV sind Dienstleistungen Leistungen, die typischerweise gegen Entgelt erbracht werden. Dabei ist nicht entscheidend, von wem das Entgelt geleistet wird. Die Leistungen können vom Leistungsempfänger oder von einem Dritten bezahlt werden. Rein steuerfinanzierte Leistungen werden dagegen nicht als Dienstleistung angesehen. Hieraus ergibt sich die Grundprämisse des EuGH, dass medizinische Leistungen gleich welcher Art als Dienstleistungen im Sinne des Art. 49 EGV anzusehen sind, da es sich typischerweise um entgeltliche Leistungen handelt. Für den EuGH ist dabei weder die Art der Leistung noch ihre Besonderheit aufgrund des nationalen Systems der sozialen Sicherheit entscheidend. Zwar stellte der EuGH im ersten Auslandskrankenbehandlungsfall noch darauf ab, dass eine zahnärztliche Behandlung eine freiberufliche Tätigkeit ist, die von Art. 50 EGV ausdrücklich als Beispiel für Dienstleistungen genannt wird (Rs. C-158/96, *Kohll*, Slg. 1998, I-1931, Rn. 29.). Im Urteil *Smits und Peerbooms* machte der Gerichtshof jedoch deutlich, dass es ausschließlich darauf ankommt, ob die konkrete Leistung gegen Entgelt erbracht wird (Rs. C-157/99, *Smits und Peerbooms,* Slg. 2001, I-5473, Rn. 54.). Da in den Auslandskrankenfällen der ausländische Patient grundsätzlich zunächst auf eigene Rechnung behandelt wurde und die Leistung selbst bezahlte, lag stets eine entgeltliche Leistung vor.

Nach Auffassung des EuGH bedeutet die Nichtübernahme der Kosten einer Krankenbehandlung im Ausland durch das gesetzliche System der sozialen Sicherung eine Beschränkung der Dienstleistungsfreiheit, da sie die Patienten faktisch davon abhält, die Dienstleistungsfreiheit in Anspruch zu nehmen, oder diese Inanspruchnahme der Dienstleistungsfreiheit jedenfalls deutlich erschwert. Aus diesem Grund hat der EuGH auch das Erfordernis einer vorherigen Genehmigung durch den jeweiligen Kostenträger als Beschränkung der Dienstleistungsfreiheit angesehen (*Kohll* (Fn. 2), Rn. 35.).

Der Gerichtshof hält diese Beschränkungen nur dann für zulässig, wenn sie aus Gründen des Allgemeinwohls objektiv gerechtfertigt werden können. Als Rechtfertigungsgrund ist u. a. das finanzielle Gleichgewicht des Systems der sozialen Sicherheit anerkannt (Rs. C-385/99, *Müller-Fauré und van Riet*, Slg. 2003, I-4509, Rn. 67 ff.). Dabei geht der Gerichtshof von einem ganzheitlichen Ansatz aus und betrachtet nicht die Einzelbehandlung, deren Kosten „niemals bedeutende Auswirkungen auf die Finanzierung des Systems der sozialen Sicherheit haben" (*Müller-Fauré und van Riet* (Fn. 5), Rn. 74.). Zur Beantwortung der Frage, wann eine vorherige Genehmigungspflicht vor diesem Hintergrund gerechtfertigt ist, unterscheidet der Gerichtshof grundsätzlich zwischen stationären und ambulanten Behandlungen (Hatzopoulos 2005: 139; Sauter 2008: 16 f.).

Für stationäre Behandlungen ist der EuGH der Auffassung, dass eine vorherige Genehmigungspflicht gerechtfertigt werden kann und begründet dies mit den besonderen Anforderungen der Krankenhausplanung und –finanzierung (*Smits und Peerbooms* (Fn. 3), Rn. 80.). Allerdings ist die Zulässigkeit der vorherigen Genehmigungspflicht im Einzelfall an strikte Voraussetzungen geknüpft. So müssen die Bedingungen, nach denen die Genehmigung erteilt bzw. versagt wird, objektiv und transparent und im Voraus bekannt sein (*Smits und Peerbooms* (Fn. 3), Rn. 90.). Weiterhin darf die Genehmigung nur versagt werden, wenn eine mit der geplanten Behandlung im Ausland vergleichbare und ebenso wirksame Behandlung im Inland rechtzeitig („without undue delay") zur Verfügung steht (*Smits und Peerbooms* (Fn. 3), Rn. 103.). Zur Beurteilung der Wirksamkeit einer Behandlung ist nicht auf nationale, sondern auf internationale Standards abzustellen (*Smits und Peerbooms* (Fn. 3), Rn. 94.). Bei der Frage, ob eine vergleichbare Behandlung rechtzeitig geleistet worden wäre, sind sämtliche Umstände des Einzelfalls einzubeziehen. Maßgeblich ist die objektive medizinische Beurteilung des klinischen Bedarfs des Betroffenen im Hinblick auf seinen Gesundheitszustand, seine Vorgeschichte, die voraussichtliche Entwicklung seiner Krankheit und das Ausmaß seiner Schmerzen (Rs. C-372/04, *Watts*, Slg. 2006, I-4325, Rn. 68.).

Zahlreiche Fragen bestehen im Zusammenhang mit der Höhe des Erstattungsanspruchs. Grundsätzlich ist der Anspruch auf die Höhe der Kosten beschränkt, die bei einer Behandlung im Inland aufgewendet oder erstattet worden wären (Hatzopoulos 2002: 696). Reise- und Aufenthaltskosten sind nach der Rechtsprechung des EuGH nicht erstattungsfähig. Die Kostenerstattung ist ausgeschlossen, wenn die entsprechende Behandlung im Inland nicht zu den Leistungen des nationalen Gesundheitsversorgungssystems gehört und daher auch im Inland nicht geleistet oder erstattet worden wäre. Ist der im Inland erstattungsfähige Betrag jedoch höher als die tatsächlichen Kosten, kann die Differenz nach Art. 49 EGV geltend gemacht werden, da eine beschränkte Erstattung nach Auffassung des Gerichtshofs eine abschreckende Wirkung auf die Ausübung der Dienstleistungsfreiheit hätte (van de Gronden 2009) (Rs. C-368/98, *Vanbraekel u.a.*, Slg. 2001, I-5363, Rn. 45, 53.). Damit wird das Problem der Berechnung von Behandlungskosten aufgeworfen, das sich deshalb stellt, da in vielen nationalen Gesundheitssystemen kein Marktpreis für Gesundheitsleistungen oder ein sonst objektiver Maßstab zur konkreten Festsetzung der tatsächlichen Kosten einer einzelnen Behandlung besteht. Für das deutsche Recht ist z. B. fraglich, ob die tatsächlichen Kosten einer Behandlung in diesem Sinne die nach dem System der kassenärztlichen Vergütung festgelegten Fallpauschalen sind oder die nach der Gebührenordnung für die Ärzte (GOÄ) abrechnungsfähigen Sätze.

Für ambulante Behandlungen hielt der Gerichtshof die Auswirkungen auf die Finanzierbarkeit eines Systems der sozialen Sicherheit in den ihm unterbreiteten Fällen für so gering, dass eine vorherige Genehmigung nicht gerechtfertigt werden könne (*Kohll* (Fn. 2), Rn. 52.). Er stellte dabei vor allem darauf ab, dass hinreichend kulturelle und sprachliche Schranken einer umfassenden Nachfrage nach ambulanten Leistungen im Ausland im Wege stünden (*Müller-Fauré und van Riet* (Fn. 5), Rn. 96.). Patienten können sich somit ohne vorherige Genehmigung ambulant im Ausland behandeln lassen und sich die entsprechenden Kosten erstatten lassen, sofern die Behandlung medizinisch notwendig war. Der Umfang ist auch hier auf Art und Höhe der nach inländischem Recht erstattungsfähigen Kosten oder erbrachten Leistungen beschränkt.

Die Rechtsprechung des Gerichtshofs führt im Ergebnis dazu, dass sich ein Patient im Ausland grundsätzlich gegen Kostenerstattung durch das System der Gesundheitsversorgung seines Heimatstaates behandeln lassen darf. Für ambulante Leistungen gilt dies uneingeschränkt. Für stationäre Leistungen kann der Anspruch eingeschränkt werden, wenn für den Betroffenen vergleichbare Leistungen im Inland zur Verfügung stehen, auf die er nicht überlang warten muss (Davies 2007: 160 f.). Die EuGH-Rechtsprechung lässt sich in verschiedene Richtungen interpretieren.

Zunächst kann man die individualrechtliche Seite der Rechtsprechung betonen. Das Recht auf Auslandsbehandlung kann als spezifische Ausprägung eines Grund- oder Menschenrechts auf Gesundheit angesehen werden. So statuiert die Charta der Europäischen Grundrechte in Art. 35 S. 1, dass jeder Mensch das Recht auf Zugang zu Gesundheitsvorsorge und auf ärztliche Versorgung nach Maßgabe der einzelstaatlichen Rechtsvorschriften und Gepflogenheiten hat. Das Recht auf Auslandsbehandlung stellt eine individuelle Rechtsposition dar, welche die sozialen Rechte der mitgliedstaatlichen Rechtsordnungen erweitert (Kingreen 2001: 3385). Es enthält ein originäres Leistungsrecht und nicht nur ein Wahlrecht, soweit die Möglichkeit der Auslandsbehandlung für die Patienten eine Ausdehnung der Leistungen und nicht bloß eine Leistungsalternative darstellt (Welti 2009).

Allerdings ist auch zu bedenken, dass das Recht auf Auslandsbehandlung dazu führt, dass einzelne Patienten die Solidargemeinschaft eines nationalen Krankenversicherungssystems verlassen können, was den Grundsatz der solidarischen Finanzierung gefährden kann (Cygan 2008: 560; Tacconi 2008: 205 f.). Insofern wird ein zunehmender Patiententourismus befürchtet, der die Grundlagen der Planung und Finanzierung der Systeme der nationalen Gesundheitsversorgung bedroht (Hatzopoulos 2002: 695). Aus gesundheitsökonomischer Sicht sind Auslandsbehandlungen gegen Kostenerstattung deshalb problematisch, weil sie die Steuerungsinstrumente der nationalen Gesundheitssysteme beeinträchtigen (Udsching/Harich 2006: 808). Das Recht auf eine Behandlung im Ausland führt zu einer Angebotserweiterung, die zu Versorgungsüberkapazitäten im Inland führen kann oder Planungsgrundlagen beeinträchtigt. Man wird allerdings abwarten müssen, ob und in welchen Umfang die grenzüberschreitende Patientenbewegung tatsächlich zunehmen wird. Die Kommission geht davon aus, dass die Zahl der Patienten, die Leistungen im Ausland in Anspruch nehmen, in den kommenden Jahren steigen wird (Kommission der Europäischen Gemeinschaften 2008b: 11).

Integrationstheoretisch lässt sich die Rechtsprechung des EuGH als typisches Beispiel von negativer Integration verstehen (Sauter 2008: 50; Rothgang/Götze 2009). Der Gerichtshof verlangt von den Mitgliedstaaten den Abbau von Beschränkungen der grenzüberschreitenden Inanspruchnahme von Dienstleistungen, ohne dass an die Stelle der mitgliedstaatlichen Regelungen neue gemeinschaftsweite Regelungen treten würden. Die Rechtsprechung des EuGH kann in der Folge auch zu der Problematik der Inländerdiskriminierung führen, die mittelfristig zu einem Systemwandel der nationalen Gesundheitssysteme führen kann. Sieht ein System intern keine freie Wahl der Leistungserbringer durch den Patienten vor, werden diejenigen Patienten, die im Ausland eine Gesundheitsleistung nachfragen, gegenüber den im Inland verbleibenden Patienten privilegiert. Für die im Ausland behandelten Patienten besteht nämlich eine freie Anbieterwahl. Dies lässt sich plastisch am Sachverhalt des Watts-Urteils zeigen: Frau Watts konnte sich für Hüftoperation nach Calais, Oostende oder Dublin begeben, nicht jedoch nach Manchester oder London (Davies 2004: 105).

3 Der Entwurf der Patientenmobilitätsrichtlinie

Bereits 2003 riefen die Europäischen Gesundheitsminister die Kommission dazu auf, Vorschläge für eine Kodifizierung der grenzüberschreitenden Gesundheitsversorgung zu unterbreiten. Die Kommission hatte hierzu ursprünglich vorgeschlagen, dass Gesundheits- und Sozialdienstleistungen von der sektorübergreifenden Dienstleistungsrichtlinie erfasst werden sollten. Im Zuge der politischen Kontroversen um diese Richtlinie gab die Kommission diese Idee jedoch auf, so dass Gesundheitsdienstleistungen in der endgültigen Fassung der Dienstleistungsrichtlinie ausdrücklich von deren Anwendungsbereich ausgenommen sind. Seitdem verfolgte die Kommission einen auf die grenzüberschreitende Gesundheitsversorgung beschränkten sektorspezifischen Ansatz. Die grundsätzlichen Probleme, die mit einem Recht auf Auslandskrankenbehandlung zusammenhängen, wurden dadurch jedoch nicht weniger. Aus diesem Grund verzögerte sich die Vorlage eines ursprünglich für das Jahr 2007 angekündigten Entwurfs der Kommission mehrfach (Martinsen 2009).

Der am 2. Juli 2008 vorgelegte Entwurf ist bislang auf unterschiedliche Reaktionen gestoßen. Während er von Verbraucher-, Patienten- und Berufsverbänden sowie von der Fraktion der Liberalen und Demokraten im Europäischen Parlament (ALDE) begrüßt wurde, haben sich Vertreter der Fraktion der Grünen/Freien Europäischen Allianz und der Konföderalen Fraktion der Vereinigten Europäischen Linken/Nordische Grüne Linke ablehnend geäußert. Die Stellungnahme des Wirtschafts- und Sozialausschuss vom 4. Dezember 2008 enthält ebenfalls eine Reihe von kritischen Anmerkungen (Wirtschafts- und Sozialausschuss 2008).

Auf seiner Sitzung im Dezember 2008 konnte sich der Rat der Gesundheitsminister noch auf keine klare Position einigen. Das Europäische Parlament hat am 23. April 2009 seine Stellungnahme abgeben und zahlreiche Änderungsvorschläge gemacht, denen die Kommission allerdings nur teilweise zustimmen will. Eine weitere Befassung im Rat war für Juni 2009 geplant. Angesichts der weiterhin bestehenden Kontroversen ist nicht davon auszugehen, dass die Richtlinie noch vor den Wahlen zum Europäischen Parlament im Juni 2009 in Kraft treten kann. Der Legislativprozess im Parlament dürfte nach den Wahlen daher noch einmal von vorne beginnen.

Der Richtlinienentwurf gliedert sich in fünf Kapitel: Kapitel I enthält allgemeine Bestimmungen über das Ziel und den Geltungsbereich der Richtlinie, ihr Verhältnis zu anderen Gemeinschaftsvorschriften und wichtige Begriffsbestimmungen. In Kapitel II des Richtlinienentwurfs findet sich der Grundsatz der Zuständigkeit des Behandlungsmitgliedstaates, dessen Behörden für die Organisation und Bereitstellung der Gesundheitsversorgung und die Qualitätssicherung zuständig sind. Weitere Verpflichtungen betreffen die Gewährleistung von Informationen durch die Gesundheitsdienstleister und von Rechtsbehelfen im Schadensfall. Kern des Richtlinienentwurfs sind die Vorschriften des Kapitels III. Diese enthalten den Grundsatz, dass die Mitgliedstaaten die Versicherten nicht daran hindern dürfen, eine Gesundheitsversorgung in einem anderen Mitgliedstaat zu erhalten, sofern die entsprechende Behandlung zum Leistungskatalog des Gesundheitssystems des Versicherungsstaats gehört. Der Richtlinienentwurf regelt auch die Voraussetzungen der Kostenerstattung bei einer Auslandskrankenbehandlung. Dazu greift er die Unterscheidung zwischen ambulanten und stationären Leistungen auf: Während die Erstattungsfähigkeit von Kosten bei einer ambulanten Behandlung im Ausland nicht von einer Vorabgenehmigung abhängig gemacht werden darf, ist eine Vorabgenehmigung bei Krankenhausaufenthalten unter bestimmten Voraussetzungen zulässig. Darüber hinaus enthält der Richtlinienentwurf die Verpflichtung des Versicherungsmitgliedstaates, die Patienten über die Bedingungen der Kostenerstattung bei Auslandskrankenbehandlungen zu informieren. Kapitel IV trägt die unscheinbare Überschrift „Zusammenarbeit bei der Gesundheitsversorgung" und enthält Kooperationsverpflichtungen der Mitgliedstaaten und Vorschriften über die Anerkennung von im Ausland ausgestellten Verschreibungen, den Aufbau europäischer Referenznetze für hochspezialisierte Dienstleistungen, sowie eine Ermächtigung der Kommission zum Erlass von Harmonisierungsvorschriften für die Interoperabilität von

Systemen der Gesundheitstelematik. Durchführungs- und Schlussvorschriften finden sich in Kapitel V des Richtlinienentwurfs.

4 Die Bestimmungen über die grenzüberschreitende Gesundheitsversorgung im Richtlinienentwurf: Kodifikation der Rechtsprechung

Wie bereits erwähnt, stellen die Vorschriften über die Inanspruchnahme der Gesundheitsversorgung in einem anderen Mitgliedstaat, die sich in Kapitel III des Richtlinienentwurfs befinden, das Herzstück des Entwurfs dar. Nach Art. 6 Abs. 1 des Richtlinienentwurfs trägt der Versicherungsmitgliedstaat dafür Sorge, dass Versicherte, die sich in einen anderen Mitgliedstaat zur Gesundheitsversorgung begeben, nicht an der Inanspruchnahme der Leistungen gehindert werden dürfen. Dies gilt jedoch nur, sofern der Versicherte auf die entsprechende Behandlung nach dem Recht des Versicherungsmitgliedstaats einen Anspruch hätte. Der Versicherungsmitgliedstaat hat die Kosten der Behandlung zu tragen, soweit die Versicherten einen Anspruch auf die gleiche oder eine vergleichbare Leistung nach dem Recht des Versicherungsmitgliedstaates gehabt hätten. Dabei bleibt es Sache des Versicherungsmitgliedstaates, den genauen Umfang der erstattungsfähigen Leistungen festzulegen. Art. 6 Abs. 2 des Richtlinienentwurfs sieht vor, dass die Höhe der erstattungsfähigen Kosten in doppelter Hinsicht beschränkt ist: Einerseits müssen die Kosten nur bis zu der Höhe erstattet werden, die abgedeckt wäre, wenn die gleiche oder eine vergleichbare Leistung im Inland erbracht würde. Andererseits dürfen auch die tatsächlichen Kosten nicht überschritten werden. Dadurch weicht der Richtlinienentwurf von der Rechtsprechung des EuGH ab, durch die unter bestimmten Umständen auch eine Erstattung in einer über die tatsächlich entstandenen Kosten hinausgehenden Höhe ermöglicht wird.[1]

Eine besondere Regelung findet sich in Art. 6 Abs. 4 des Richtlinienentwurfs. Dieser verpflichtet die Mitgliedstaaten zur Schaffung eines Mechanismus zur Berechnung der erstattungsfähigen Kosten. Dadurch wird die Bezifferung der Kosten jeder einzelnen Behandlung erforderlich, da nur so der Erstattungsanspruch berechnet werden kann. Der Richtlinienentwurf geht damit auf die oben skizzierte Problematik der Bestimmung der Kosten einer Behandlung ein, ohne hierfür ein konkretes Berechnungsmodell vorzugeben. Gleichwohl kann die Bezifferung der Leistungskosten steuerfinanzierte nationale Gesundheitssysteme vor erhebliche administrative Herausforderungen stellen und kann auch bei Sys-

---

1 Siehe oben Abschnitt 2.

temen, die auf dem Sachleistungsprinzip beruhen, zu Schwierigkeiten führen, wenn mit Globalbudgets o.ä. gearbeitet wird und keine Fallpauschalen für einzelne Leistungen festgelegt werden.

Nach Art. 7 des Richtlinienentwurfs ist die Erstattung der Kosten einer Behandlung außerhalb eines Krankenhauses genehmigungsfrei. Damit geht der Richtlinienentwurf über die Erfordernisse der EuGH-Rechtsprechung hinaus. Dieser hatte in den einschlägigen Verfahren lediglich festgestellt, dass die Mitgliedstaaten „keine konkreten Angaben" darüber gemacht hätten, wieso die Genehmigung ambulanter Behandlungen zum Schutz des finanziellen Gleichgewichts der Systeme der sozialen Sicherheit, beitragen könne. Damit hat er jedoch nicht ausgeschlossen, dass ein derartiger Nachweis ggf. gelingen kann. Der Richtlinienentwurf macht dies nunmehr unmöglich und stellt insoweit eine Erweiterung der bisherigen Rechtsprechung dar (Sauter 2008: 47; Röbke 2009; Rothgang/Götze 2009).

Die Frage der Genehmigung von Krankenhaus- und Spezialbehandlungen wird in Art. 8 des Richtlinienentwurfs behandelt. Als Krankenhausbehandlungen werden Behandlungen angesehen, die mindestens eine Übernachtung erfordern und Behandlungen, die zwar keine Übernachtung erfordern, aber hochspezialisierte und kostenintensive Maßnahmen notwendig machen oder die besonders risikoreich sind. Welche Behandlungen hierunter zu verstehen sind, soll die Kommission im Rahmen des Komitologieverfahrens mit Kontrolle nach Art. 19 Abs. 3 des Richtlinienentwurfs festlegen. Die Differenzierung zwischen stationären und ambulanten Behandlungen gehört zu den kontroversen Aspekten der EuGH-Rechtsprechung und hat auch zu erheblicher Rechtsunsicherheit geführt (Becker/Walser 2004: 228; Fuchs 2004: 228). So können Behandlungen eines bestimmten Typus in einigen Mitgliedstaaten grundsätzlich stationär erfolgen, während die gleichen Behandlungen in anderen Mitgliedstaaten grundsätzlich ambulant vorgenommen werden. Die durch den Richtlinienentwurf vorgenommene Differenzierung könnte zu größerer Rechtssicherheit führen. Sie würde jedoch auch zu einer Harmonisierung des Begriffs Krankenhausbehandlung auf europäischer Ebene führen. Der Wirtschafts- und Sozialausschuss (2008) hat daher vorgeschlagen, die Abgrenzung zwischen stationären und ambulanten Behandlungen der Autonomie der Mitgliedstaaten zu überlassen.

Art. 8 Abs. 3 des Richtlinienentwurfs gestattet dem Versicherungsmitgliedstaat ein System der Vorabgenehmigung bei Krankenhaus- und Spezialbehandlungen einzurichten. Voraussetzung hierfür ist, dass der Zweck des Systems in der Bewältigung der Abwanderung von Patienten besteht, um die ernsthafte Untergrabung des finanziellen Gleichgewichts des Sozialversicherungssystems bzw. die

Planung und Rationalisierung im Krankenhaussektor oder die Gefahr einer solchen Untergrabung zu verhindern. Dabei muss das Genehmigungssystem auf ein notwendiges und angemessenes Maß beschränkt sein und darf kein Mittel willkürlicher Diskriminierungen darstellen. Der Richtlinienentwurf schränkt durch diese Konkretisierung der Anforderungen an das Genehmigungssystem in Art. 8 Abs. 3 die Autonomie der Mitgliedstaaten weiter ein, als dies nach der EuGH-Rechtsprechung der Fall ist. Nach dem Richtlinienentwurf muss ein konkreter Zusammenhang zwischen der Abwanderung von Patienten und der Gefährdung des finanziellen Gleichgewichts bzw. der Planungsanforderungen nachgewiesen werden. Eine derartige Anforderung hat der EuGH dagegen nicht aufgestellt. Er hat sich vielmehr damit begnügt, die generelle Plausibilität des Rechtfertigungsarguments zu prüfen und dann die Verhältnismäßigkeit der Verweigerung der Kostenerstattung detailliert untersucht. Indem der Mitgliedstaat nach dem Richtlinienentwurf nun den konkreten Zusammenhang zwischen der Patientenmobilität und der Gefährdung des finanziellen Gleichgewichts oder der Planbarkeit darlegen und beweisen muss, erfolgt eine Beweislastumkehr gegenüber der Rechtsprechung (Sauter 2008: 48; Martinsen 2009; Rothgang/Götze 2009).

Art. 9 des Richtlinienentwurfs enthält weitere Verfahrensanforderungen an das System der Vorabgenehmigung nach Art. 8 Abs. 3. Die Kriterien der Genehmigung müssen objektiv und transparent sein und vorab festgelegt werden. Die Anträge sollen innerhalb angemessener Fristen bearbeitet werden, deren Länge sich an den Bedürfnissen der Patienten orientieren soll. Mit diesen Anforderungen greift der Richtlinienentwurf einige Anforderungen, die sich aus der Rechtsprechung des EuGH ergeben, auf. Allerdings werden nicht alle Aspekte der Rechtsprechung kodifiziert. So fehlt im Richtlinienentwurf das Erfordernis, dass eine Genehmigung nicht versagt werden kann, wenn keine vergleichbare Behandlung im Inland zeitnah möglich ist. Angesichts der Bedeutung, die der EuGH diesem Kriterium zumisst, ist das Schweigen des Richtlinienentwurfs hierzu bemerkenswert.

Im Ergebnis lassen sich die zentralen Vorschriften des Teils III des Richtlinienentwurfs über die Kostenerstattung überwiegend als Kodifizierung und Präzisierung der Rechtsprechung zu Art. 49 EGV interpretieren. Teilweise ist der Richtlinienentwurf restriktiver als die Rechtsprechung und teilweise fehlen Aspekte der Rechtsprechung. In diesen Fällen stellt sich die Frage nach dem Verhältnis zwischen Art. 49 EGV und der vorgeschlagenen Richtlinie. Grundsätzlich kann das Sekundärrecht Primärrecht nicht einschränken. Die im Vergleich zur Rechtsprechung restriktiveren Elemente des Richtlinienentwurfs können daher nur dann wirksam werden, wenn der EuGH sie als Interpretationshinweise bei der Auslegung von Art. 49 EGV zukünftig berücksichtigt. Soweit der Richtlinienentwurf Aspekte der Rechtsprechung nicht aufnimmt, kann der EuGH diese jedoch im Rahmen seiner Interpretation der Richtlinie aufnehmen.

Eine inhaltliche Erweiterung der Rechtsprechung zur Patientenmobilität findet sich in den umfangreichen Informationspflichten sowohl des Versicherungsstaates (Art. 5 des Richtlinienentwurfs) als auch des Behandlungsstaates (Art. 10 des Richtlinienentwurfs), mit denen die Versicherten über die Rahmenbedingungen der grenzüberschreitenden Gesundheitsversorgung informiert werden sollen. Diese Verpflichtungen stellen eine praktisch wichtige Ergänzung der materiellen Patientenrechte dar und schaffen die wesentlichen Voraussetzungen für deren effektive Wahrnehmung. Aus diesem Grunde tragen diese Ansätze auch nicht zu einer Positivintegration bei, sie zielen vielmehr auf eine Ausdehnung der negativen Integration hin.

5 Die Bestimmungen über die Zusammenarbeit bei der Gesundheitsversorgung: Elemente der Binnenmarktharmonisierung

Ähnlich wie die Dienstleistungsrichtlinie enthält der Entwurf der Patientenmobilitätsrichtlinie auch Vorschriften, die über die Kodifizierung der Rechtsprechung hinausgehen. Diese sind in Kapitel IV des Richtlinienentwurfs niedergelegt. Neben einer allgemeinen Zusammenarbeitspflicht in Art. 13 des Entwurfs findet sich in Art. 14 die Pflicht zur Anerkennung im Ausland ausgestellter Verschreibungen. Einschränkungen sind nur zum Schutz der Gesundheit oder zur Kontrolle der Echtheit der Verschreibung zulässig. Diese Pflicht stellt im Zusammenhang mit Auslandskrankenbehandlungen eine notwendige Annexregel dar, da der ausländische behandelnde Arzt regelmäßig nicht darauf beschränkt werden kann, nur solche Medikamente und Hilfsmittel zu verschreiben, die im Versicherungsstaat für die Versorgung zugelassen sind. Mit der Verpflichtung zur Anerkennung ausländischer Verschreibungen können nationale Zulassungsvorschriften allerdings faktisch ausgehebelt werden. Um sicherzustellen, dass Verschreibungen nur von autorisierten Personen erstellt werden und dass der die Verschreibung einlösende Apotheker dies auch prüfen kann, soll die Kommission zur Ausarbeitung eines gemeinschaftlichen Verschreibungsmusters ermächtigt werden. Damit zeigt sich ein erster Ansatz positiver Integration und Harmonisierung, der allerdings auf verfahrensrechtliche Aspekte beschränkt ist.

Noch weiter geht dagegen die Ermächtigung der Kommission, Maßnahmen zum Ausschluss von Arzneimitteln zum Schutz der öffentlichen Gesundheit zu erarbeiten gem. Art. 14 Abs. 2 lit. c) des Richtlinienentwurfs. Durch die Erarbeitung einer Liste von Medikamenten, deren Anerkennung ausgeschlossen ist, könnte das Zulassungsrecht über die bestehenden Vorschriften zur Arzneimittelsicherheit weiter harmonisiert werden. Allerdings ist der Zweck dieser Möglichkeit unklar, da nicht ersichtlich ist, warum ein gemeinschaftsweit zugelassenes Medikament aus Gründen des Gesundheitsschutzes von der grundsätzlichen Anerkennungspflicht ausgeschlossen werden sollte.

Ein weiterer Aspekt des Richtlinienentwurfs, der Elemente positiver Integration enthält, betrifft die Vorgaben für die Errichtung europäischer Referenznetze für die Zusammenarbeit bei hochspezialisierten Gesundheitsleistungen nach Art. 15 des Richtlinienentwurfs. Diese Netze sollen durch verstärkte Konzentration von Fachwissen und Ressourcen zu einer erschwinglichen, hochwertigen und kostengünstigen Versorgung mit hochspezialisierten Leistungen führen. Zwar entscheiden die Mitgliedstaaten grundsätzlich selbst, ob sie derartige Zentren begründen wollen. Die Kommission wird jedoch in Art. 15 Abs. 3 ermächtigt, spezifische Kriterien und Bedingungen für europäische Netzwerke aufzustellen und das Verfahren für den Aufbau von Referenznetzen zu definieren. Hierfür stellt die Vorschrift selbst bereits einige Vorgaben auf. So müssen die europäischen Netze nicht nur über hinreichendes Fachwissen und die erforderlichen Kapazitäten verfügen, sondern z. B. auch einen multidisziplinären Ansatz verfolgen, einen deutlichen Beitrag zur Forschung leisten, an der epidemiologischen Überwachung beteiligt sein und eng mit Patientenvereinigungen zusammenarbeiten. Insofern enthält Art. 15 Abs. 3 des Richtlinienentwurfs bereits die Grundsätze der von der Kommission vorzunehmenden Harmonisierung der Anforderungen an derartige Netze. Eine weitere Kompetenz wird der Kommission für den Aufbau und den Betrieb eines Netzes für die Technologiefolgenabschätzung im Gesundheitswesen in Art. 17 Abs. 4 des Richtlinienentwurfs übertragen. Hier verzichtet die Richtlinie jedoch auf weitere inhaltliche Vorgaben.

Schließlich sieht Art. 16 des Richtlinienentwurfs vor, dass die Kommission im Wege des Komitologieverfahrens mit Kontrolle die erforderlichen Maßnahmen zur Verwirklichung der Interoperabilität der Informations- und Kommunikationstechnologiesysteme im Gesundheitsbereich (Gesundheitstelematik) erlassen soll. Unter dem Begriff „Gesundheitstelematik" (bzw. „e-Health") versteht die Kommission den Gebrauch von Informations- und Kommunikationstechnologien bei der grenzüberschreitenden Gesundheitsversorgung (Kommission der Europäischen Gemeinschaften 2008a: 23). Zwar verbleibt die Entscheidung über die Errichtung von Gesundheitstelematiksystemen bei den Mitgliedstaaten. Wenn ein Mitgliedstaat ein derartiges System einrichtet, ist er jedoch an die technischen Spezifizierungen, die die Kommission festgelegt hat, gebunden. Diese Kompetenzübertragung steht in einem Zusammenhang mit weiteren Vorschlägen und Maßnahmen der Kommission im Bereich Telemedizin.

Die genannten Ansätze positiver Integration durch Harmonisierung in dem Entwurf der Patientenmobilitätsrichtlinie zeichnen sich durch drei Elemente aus: Erstens sind sie überwiegend auf Verfahrensvorschriften und institutionelle Vorgaben beschränkt, die sich im Einzelfall jedoch auch auf die materielle Rechtslage auswirken und insofern zu einer substantiellen Harmonisierung führen können. Zweitens handelt es sich um Sachfragen, die nur teilweise einen Bezug zur Patientenmobilität haben. Ein solcher Bezug besteht bei der Anerkennung von Verschreibungen. Er lässt sich auch für die Errichtung von Netzen für hochspezialisierte Leistungen begründen. Die Kompetenz zur Festsetzung des Rahmens für ein Netz für Technologiefolgenabschätzung oder zur Normierung der technischen Standards für Gesundheitstelematik steht dagegen nicht in einem direkten Zusammenhang mit der Patientenmobilität. Schließlich ist zu sehen, dass die genannten Vorschriften die Kompetenz zur Harmonisierung im Einzelnen überwiegend der Kommission übertragen. Der Richtlinienentwurf enthält nur in wenigen Bereichen inhaltliche Vorgaben. Insofern ermöglicht der Richtlinienentwurf eine weiterreichende Binnenmarktharmonisierung, führt aber ohne weitere Zwischenschritte nicht unmittelbar zu einer umfassenden Binnenmarktintegration im Bereich des Gesundheitswesens.

Im Ergebnis ist festzuhalten, dass die genannten Ansätze positiver Integration nicht den Bereich betreffen, in dem nationale Vorschriften durch die EuGH-Rechtsprechung bzw. das Kapitel III der Richtlinie zuvor eingeschränkt bzw. abgeschafft wurden. Die Harmonisierungsansätze des Kapitels IV beziehen sich größtenteils gerade nicht auf die Patientenmobilität. Damit handelt es sich um Elemente losgelöster oder „entkoppelter" positiver Integration.

6 Das Konzept der „grenzüberschreitenden Gesundheitsversorgung" als Grundlage für weitere Harmonisierungsmaßnahmen?

Betrachtet man die integrationspolitische Bilanz des Richtlinienentwurfs vor dem Hintergrund der oben dargestellten Vorschriften der Kapitel III und IV des Entwurfs, muss man zunächst eine bescheidene Bilanz ziehen. Die Vorschriften zur grenzüberschreitenden Patientenmobilität kodifizieren überwiegend die Rechtsprechung des EuGH, wenn auch mit einigen Modifikationen, die jedoch insgesamt nicht zu einem erweiterten Integrationsniveau führen als dies in der Rechtsprechung ohnehin bereits angelegt ist. Zwar kann mit dem Instrument der Richtlinie eine gleichmäßigere gemeinschaftsweite Durchsetzung der Grundsätze besser erreicht werden als durch das fallweise Vorgehen des EuGH (Kommission der Europäischen Gemeinschaften 2008a: 7). Dies betrifft jedoch die

Ebene der Umsetzung des Rechts und nicht die Frage der Setzung neuer Standards. Die nicht nur auf die Kooperation der Mitgliedstaaten abstellenden Vorschriften des vierten Teils ermöglichen zwar in einigen Bereichen Harmonisierungsmaßnahmen der Kommission. Hierbei handelt es sich – mit Blick auf das Gesamtsystem der Gesundheitsversorgung – jedoch um Bereiche von vergleichsweiser geringer Bedeutung.

Mit dem Konzept der „grenzüberschreitenden Gesundheitsversorgung" legt der Richtlinienentwurf jedoch den Grundstein für eine Dynamik, die erheblich weiter reichen kann als die Vorschriften der Kapitel III und IV des Entwurfs. So definiert Art. 4 lit. b) des Entwurfs „grenzüberschreitende Gesundheitsversorgung" als „eine Gesundheitsdienstleistung, die in einem anderen Mitgliedstaat als dem erbracht wird, in dem der Patient versichert ist, oder eine Gesundheitsdienstleistung, die in einem anderen Mitgliedstaat als dem erbracht wird, in dem der Dienstleister wohnhaft, registriert oder niedergelassen ist". Bereits aus dieser Definition wird ersichtlich, dass grenzüberschreitende Gesundheitsversorgung im Sinne des Richtlinienentwurfs über die grenzüberschreitende Patientenmobilität hinausgeht. Noch deutlicher wird dies in Erwägungsgrund 10 des Entwurfs, der den Begriff ebenfalls, allerdings ausführlicher, definiert. Danach erfasst die grenzüberschreitende Gesundheitsversorgung vier Arten der Erbringung von Gesundheitsdienstleistungen: Erstens, die Inanspruchnahme von Gesundheitsdienstleistungen im Ausland. Dies wird als „Patientenmobilität" bezeichnet. Es handelt sich um die Fallkonstellation der EuGH-Urteile, d.h. ein Patient begibt sich zwecks Behandlung zu einem Gesundheitsdienstleister in einem anderen Mitgliedstaat. Zweitens, die grenzüberschreitende Erbringung von Gesundheitsdienstleistungen. Erklärend wird hinzugefügt „etwa vom Hoheitsgebiet eines Mitgliedstaates in das Hoheitsgebiet eines anderen". Als Beispiele werden telemedizinische Dienstleistungen, Ferndiagnose, Fernverschreibung oder Laborleistungen genannt. Drittens, der ständige Aufenthalt eines Gesundheitsdienstleisters. Es handelt sich folglich um die Niederlassung eines Gesundheitsdienstleisters in einem anderen Mitgliedstaat. Viertens, der vorübergehende Aufenthalt von Personen. Damit ist die Freizügigkeit von Angehörigen der Gesundheitsberufe, die sich beispielsweise vorübergehend in dem Mitgliedstaat des Patienten aufhalten, um dort ihre Dienstleistung zu erbringen, gemeint.

Das Konzept der grenzüberschreitenden Gesundheitsversorgung erfasst also nicht nur die passive Dienstleistungsfreiheit, sondern auch die anderen Formen der Dienstleistungsfreiheit (aktive Dienstleistungsfreiheit und Korrespondenzdienstleistungen) und die Niederlassungsfreiheit von Dienstleistern. In grundfreiheitlicher Sicht entspricht das Konzept der grenzüberschreitenden Gesundheitsversorgung somit dem Anwendungsbereich der Dienstleistungsrichtlinie, der ebenfalls die Dienstleistungs- und die Niederlassungsfreiheit erfasst. Bemerkenswert ist auch, dass die vier in Präambelerwägung 10 genannten Erbringungsweisen den vier Erbringungsarten des GATS entsprechen, mit denen in Art. I:3 GATS der Begriff Handel mit Dienstleistungen definiert wird.

Obwohl Art. 1 des Richtlinienentwurfs als Ziel der Richtlinie die Schaffung eines allgemeinen Rahmens für eine sichere, hochwertige und effiziente grenzüberschreitende Gesundheitsversorgung nennt, befasst sich der Kern des Richtlinienentwurfs nur mit einer Form der grenzüberschreitenden Gesundheitsversorgung, nämlich der Patientenmobilität. Lediglich die in Art. 16 des Entwurfs festgelegte Kompetenz der Kommission zur Harmonisierung der technischen Normen für telemedizinische Leistungen betrifft eine weitere Form der grenzüberschreitenden Gesundheitsversorgung, nämlich die grenzüberschreitende Erbringung von Gesundheitsdienstleistungen. Auf Fragen der Niederlassungsfreiheit oder der Freizügigkeit von Gesundheitsdienstleistern geht der Richtlinienentwurf dagegen nicht weiter ein.

Vor diesem Hintergrund ist die betont weite Definition des Begriffs der grenzüberschreitenden Gesundheitsversorgung rechtlich nicht erforderlich. Dadurch wird sie politisch brisant. Sie kann als „agenda setting" verstanden werden. Indem die Kommission den Begriff der grenzüberschreitenden Gesundheitsversorgung umfassend definiert, schafft sie sich selbst die Legitimationsgrundlage für weitere Maßnahmen der Binnenmarktliberalisierung im Gesundheitsbereich, die sich auf die Steuerungsinstrumente der nationalen Systeme der Gesundheitsversorgung auswirken können. Damit stellt sich aber die Frage nach der Kompetenz der Gemeinschaft in diesem Bereich. Der Richtlinienentwurf ist auf Art. 95 EGV, die allgemeine Kompetenzgrundlage zur Rechtsangleichung im Binnenmarkt, gestützt. Zu beachten ist jedoch die Kompetenzgrenze des Art. 152 Abs. 4 lit. c) EGV, der die Harmonisierung von Rechtsvorschriften im Gesundheitssektor ausdrücklich ausschließt. Nach allgemeiner Ansicht kann aber jede Rechtsmaterie, die sich auf den Gemeinsamen Markt auswirken kann (Umweltschutz, Verbraucherschutz, Arbeitsschutz, kulturelle Entfaltung), von Art. 95 EGV erfasst werden. Art. 95 EGV kann daher auch für Maßnahmen herangezogen werden, mit denen neben der Beseitigung von Hindernissen der Grundfreiheiten auch sozialregulative Interessen (Gesundheitsschutz, Umweltschutz, Verbraucherschutz, Universaldienst) verfolgt werden. Im *Tabakwerbung I*-Urteil hat der EuGH klar gestellt, dass der Gemeinschaftsrechtsgeber auf der Grundlage von Art. 95 EGV auch Ziele wie den Gesundheitsschutz verfolgen darf, soweit hierfür eine Gemeinschaftskompetenz besteht (Rs. C-376/98, *Deutschland/Rat (Tabakwerbung I)*, Slg. 2000, I-8423, Rn. 88.). Da die Gemeinschaft hierfür jedenfalls eine – mindestens ergänzende – Kompetenz besitzt (Art. 152 EGV), können auch Maßnahmen mit Bezug zum Gesundheitssystem auf Art. 95 EGV gestützt werden. Damit ist das Spannungsverhältnis jedoch nicht aufgelöst, sondern verlagert sich nur auf die konkrete Ebene einzelner Maßnahmen, für die jeweils im Einzelfall festgestellt werden muss, ob die Grenze des Art. 152 Abs. 4 lit. c) EGV bereits überschritten wurde. Für die Patientenrichtlinie kann man von einer derartigen Überschreitung noch nicht ausgehen.

7 Fazit und Ausblick

Betrachtet man die verschiedenen Elemente des Entwurfs für die Patientenmobilitätsrichtlinie zusammenfassend, stellt man fest, dass es sich um ein hybrides Instrument handelt. Einerseits steht die Kodifizierung der EuGH-Rechtsprechung zur Patientenmobilität im Mittelpunkt. Andererseits enthält der Richtlinienentwurf jedoch auch Rechtsgrundlagen für eine weitergehende Binnenmarktharmonisierung. Allerdings finden sich in dem Entwurf keine Ansätze einer gemeinschaftsrechtlichen Harmonisierung der Gesundheitssysteme. Für eine derart weitreichende Umgestaltung der Gesundheitspolitik in Europa fehlt es derzeit und wohl auch auf absehbare Zeit bereits am politischen Konsens. Dabei würde dies der Logik der Binnenmarktintegration entsprechen. Auf die Verwerfungen, die mit der Einführung systemfremder Erstattungsregeln in Systeme, die auf dem Sachleistungsprinzip beruhen, einhergehen, könnte durch gemeinsame Regeln zur Kostenerstattung von Gesundheitsleistungen reagiert werden. Denkbar wäre auch ein Ausgleichsmechanismus, für den Fall, dass die grenzüberschreitende Patientenmobilität einzelne Gesundheitssysteme tatsächlich negativ beeinträchtigt. Bislang sieht der Richtlinienentwurf in einem derartigen Fall lediglich vor, dass die Kostenerstattung abgelehnt wird. Derzeit ist noch völlig offen, ob der Richtlinienentwurf im Wesentlichen wie von der Kommission vorgeschlagen in Kraft treten kann oder ob im weiteren Verlauf des Gesetzgebungsprozesses noch substantielle Veränderungen vorgenommen werden. Noch offener ist darüber hinaus, ob der Patientenrichtlinie weitere Ansätze in anderen Bereichen folgen werden. Im Ergebnis hat sie sowohl das Potential einer kodifizierenden Ergänzung der Rechtsprechung zur Patientenmobilität als auch eines Auftaktes für eine weiterreichende Binnenmarktharmonisierung im Gesundheitswesen.

Literatur

Becker, U/Walser, C (2005): Stationäre und ambulante Krankenhausleistungen im grenzüberschreitenden Dienstleistungsverkehr - von Entgrenzungen und neuen Grenzen in der EU. In: Neue Zeitschrift für Sozialrecht, 449-456.

Cygan, A (2008): Public Healthcare in the European Union: Still a Service of General Interest? In: International and Comparative Law Quarterly, 529-560.

Fuchs, M (2004): Das neue Recht auf Auslandskrankenbehandlung. In: Neue Zeitschrift für Sozialrecht, 225-230.

Davies, G (2004): Health and Efficiency: Community Law and National Health Systems in the Light of Müller-Fauré. In: Modern Law Review, 98-105.

Davies, G (2007): The Effects of Mrs Watts' Trip to France on the National Health Service. In: King's Law Journal, 158-167.

Hatzopoulos, V (2002): Killing national health and insurance systems but healing patients? The European market for health care services after the judgements of the ECJ in Vanbraekel and Peerbooms. In: Common Market Law Review, 683-729.

Hatzopoulos, V (2005): Health Law and Policy – The Impact of the EU. In: Gráinne de Búrca (Hrsg.), EU Law and the Welfare State – In Search of Solidarity. Oxford, 111-168.

Kommission der Europäischen Gemeinschaften (2008a): Vorschlag für eine Richtlinie des Europäischen Parlaments und des Rates über die Ausübung der Patientenrechte in der grenzüberschreitenden Gesundheitsversorgung, KOM (2008) 414 endg.

Kommission der Europäischen Gemeinschaften (2008b): Commission Staff Working Document Accompanying document to the Proposal for a Directive of the European Parliament and of the Council on the application of patients' rights in cross-border healthcare, Impact Assessment, SEC(2008) 2163.

Kingreen, T (2001): Zur Inanspruchnahme von Gesundheitsleistungen im europäischen Binnenmarkt. In: Neue Juristische Wochenschrift, 3382-3385.

Martinsen, D (2009): Conflict and Conflict Management in the Cross-border Provision of Healthcare Services. In: W. Schelkle/D. Mabbett (eds), Managing conflicts of interests in EU regulatory processes, West European Politics Special Issue, Vol. 32, No. 4, 792-809.

Röbke, M (2009): Grenzüberschreitende Gesundheitsleistungen in der Europäischen Union. In: Medizinrecht, *(im Erscheinen).*

Rothgang, H/Götze, R (2009): Von negativer zu positiver Integration? Veränderungen in der europäischen Gesundheitspolitik am Beispiel der Patientenmobilität. In: Herbert Obinger, H/Rieger, E. (Hrsg.): Wohlfahrtsstaatlichkeit in entwickelten Demokratien. Frankfurt/New York, 517-544.

Sauter, W (2006): The Proposed Patient Mobility Directive and the Reform of Cross-Border Healthcare in the EU, TILEC Discussion Paper DP 2008-034, University of Tilburg, http://ssrn.com/abstract=1277110.

Tacconi, F (2008): Freedom of Health and Medical Care within the European Union Recent Jurisprudence of the European Court of Justice, with Particular Reference to Case C-372/04, Yvonne Watts, 16 May 2006. In: Zeitschrift für ausländisches öffentliches Recht und Völkerrecht, 195-207.

Udsching, P/Harich, B (2006): Die Zukunft des Sachleistungsprinzips im Binnenmarkt. In: Europarecht, 794-812.

van de Gronden, J (2009): Cross-border health care in the EU and the organization of the national health care systems of the Member States. In: Wisconsin Int. Law Journal, *(im Erscheinen)*.

Welti, F (2008): Rechtliche Aspekte der Gesundheitsdienstleistungen im europäischen Binnenmarkt, Vortrag auf dem Symposium Gesundheitsdienstleistungen im europäischen Binnenmarkt, 24./25. November, Frankfurt am Main.

Wirtschafts- und Sozialausschuss (2008): Opinion of the European Economic and Social Committee on the Proposal for a Directive of the European Parliament and of the Council on the application of patients rights in cross-border healthcare vom 4.12.08, im Internet unter http://www.eesc.europa.eu/sections/soc/public_health.htm (Abfrage vom 08.01.2009).

Matthias Wismar

Möglichkeiten und Grenzen europäischer Qualitätsverbesserung in der Gesundheitsversorgung

1 Einleitung

Was kümmert uns die Qualität der Gesundheitsversorgung[1] in anderen Mitgliedstaaten der Europäischen Union (EU)? Warum sollten EU-Länder verpflichtet sein klare Qualitäts- und Sicherheitsstandards einzuführen? Und wieso sollen die Institutionen der Europäischen Gemeinschaft (EG) in Zukunft nationale Gesundheitspolitik mitbestimmen?

Diese Fragen stellen sich auf Grund eines Vorschlags für eine Richtlinie des Europäischen Parlaments und des Rates über die Ausübung der Patientenrechte in der grenzüberschreitenden Gesundheitsversorgung (Kommission der Europäischen Gemeinschaften 2008). Der Vorschlag war von Androulla Vassiliou, der EU-Kommissarin für Öffentliche Gesundheit und Verbraucherschutz, erarbeitet worden. Er wurde vom Kollegium der EU-Kommissare unter Leitung des Kommissionspräsidenten Barroso im Juli 2008 verabschiedet.

Anlass des Richtlinienvorschlags ist die Schaffung von Rechtssicherheit in der grenzüberschreitenden Gesundheitsversorgung. So hat der Europäische Gerichtshof mit den Entscheidungen zu den verbundenen Rechtssachen Kohll/Decker (Wismar/ Busse 1998) und zahlreichen folgenden Entscheidungen die Anwendbarkeit der Binnenmarktregeln auf die Gesundheitswesen der Mitgliedsstaaten bestätigt. Der Freie Waren-, Dienstleistungs-, Personen- und Kapitalverkehr ist grundsätzlich auch auf die Gesundheitsversorgung anwendbar. In den Entscheidungen ging es insbesondere um Fragen des Zugangs und der Vergütung in der grenzüberschreitenden Patientenversorgung.

Im folgenden Abschnitt wird zunächst der Teil des Richtlinienvorschlags dargestellt, der die einschlägigen Bestimmungen zur Qualität der gesundheitlichen Versorgung enthält. Darauf folgt eine kurze Zusammenfassung der wesentlichen politischen Stationen des Gesetzgebungsprozesses. Danach werden die Alternativen zum Richtlinienvorschlag vorgestellt. In einem vierten Schritt wird die Di-

---

1 Der Begriff „Gesundheitsversorgung" ist im Richtlinienvorschlag definiert als „[...] eine Gesundheitsdienstleistung, die von Angehörigen der Gesundheitsberufe in Ausübung ihres Berufs oder unter ihrer Aufsicht erbracht wird, unabhängig davon, in welcher Weise diese Dienstleistung auf nationaler Ebene organisiert, bereitgestellt und finanziert wird oder ob sie öffentlich oder privat erfolgt".

versität von Gesundheit und Gesundheitswesen in der EU dargelegt. Dazu werden Daten und Studien zur Bevölkerungsgesundheit, Versorgungsqualität und zu den Politiken und Maßnahmen der Qualitätsverbesserung in Europa vorgestellt. Abschließend wird argumentiert, dass dem Richtlinienvorschlag große Bedeutung bei der Ausgestaltung des europäischen Sozialmodells zukommt.

2 Qualität im Richtlinienvorschlag: Freizügigkeit bei hohem Schutzniveau

Die wesentlichen Bestimmungen zur Qualität finden sich in Artikel 5 und 12 des Richtlinienvorschlags. Artikel 5 klärt die Zuständigkeit und Verpflichtung der Mitgliedstaaten. Die Mitgliedstaaten haben für „klare Qualitäts- und Sicherheitsstandards der Gesundheitsversorgung auf ihrem Territorium zu sorgen. Des Weiteren müssen Mechanismen vorhanden sein, die gewährleisten, dass die Standards auch erfüllt werden. Artikel 12 regelt die Etablierung nationaler Kontaktstellen, die einerseits für die Kommission aber andererseits auch für die Patienten notwendige Informationen zu Qualität und Sicherheit der gesundheitlichen Versorgung bereitstellen.[2]

Box 1: Artikel 5, Zuständigkeit der Behörden des Behandlungsmitgliedstaats, Auszug
1. Die Behandlungsmitgliedstaaten sind zuständig für die Organisation und Bereitstellung der Gesundheitsversorgung. Dazu legen sie unter Beachtung der Grundsätze Universalität, Zugang zu hochwertiger Versorgung, Gleichbehandlung und Solidarität klare Qualitäts- und Sicherheitsstandards für die Gesundheitsversorgung in ihrem Hoheitsgebiet fest und tragen gleichzeitig dafür Sorge, dass
a) Mechanismen verfügbar sind, die gewährleisten, dass Gesundheitsdienstleister diese Normen erfüllen können, unter Berücksichtigung der internationalen Medizinwissenschaft und allgemein anerkannter medizinischer Praxis;
b) die praktische Anwendung solcher Standards durch die Gesundheitsdienstleister regelmäßig überwacht wird und Abhilfemaßnahmen getroffen werden, wenn einschlägige Normen nicht eingehalten werden, unter Berücksichtigung der Entwicklung des ärztlichen Kenntnisstandes und der Medizintechnik;
c) Gesundheitsdienstleister alle einschlägigen Informationen bereitstellen, damit Patienten eine fundierte Entscheidung, insbesondere in Bezug auf Verfügbarkeit, Preise und Ergebnisse der Gesundheitsversorgung, treffen können, sowie Angaben zu ihrem Versicherungsschutz oder anderen Formen des persönlichen oder kollektiven Schutzes in Bezug auf die Berufshaftpflicht;

---

2 Es gibt im Richtlinienvorschlag noch weitere Bestimmungen zur Qualitätssicherung, die hier nicht weiter betrachtet werden. Diese beziehen sich bspw. auf die sogenannten Referenznetzwerke. Auch kann in diesem Beitrag die Verbindung zwischen Qualität, Patienteninformation und Patientenrechten nicht weiterverfolgt werden.

Die Urteile des Europäischen Gerichtshofs (EuGH), die Anlass für den Richtlinienvorschlag gegeben hatten, bezogen sich allerdings nicht auf die Qualität der gesundheitlichen Versorgung. Vielmehr standen Fragen des Zugangs zur stationären Behandlung und der Kostenerstattung im Zentrum der Begründungen. Für den EuGH stellte die Qualität der Gesundheitsversorgung kein Problem dar. Unterstellt wurden vergleichbare Qualitätsniveaus zwischen den Ländern. Als Begründung wurde angeführt, dass Dank der Richtlinie zur wechselseitigen Anerkennung der Diplome (Europäisches Parlament/Rat der Europäischen Union 2005) von einer gleichwertigen Ausbildung der Gesundheitsberufe in der EU auszugehen sei. Daher dürfte auch die Qualität der gesundheitlichen Versorgung gleichwertig sein.

Box 2: Artikel 12, Nationale Kontaktstellen, Auszug
[…]
2. Die nationale Kontaktstelle im Versicherungsmitgliedstaat übernimmt, in enger Zusammenarbeit mit anderen zuständigen nationalen Behörden und mit den nationalen Kontaktstellen in anderen Mitgliedstaaten, insbesondere im Behandlungsmitgliedstaat, sowie mit der Kommission, folgende Aufgaben:
a) sie stellt Informationen für Patienten bereit, insbesondere zu ihren Rechten in Bezug auf die grenzüberschreitende Gesundheitsversorgung und zu den Garantien für Qualität und Sicherheit […]

Die Kommission geht hingegen von Unterschieden und Intransparenzen in der Qualität der gesundheitlichen Versorgung aus. Patienten, die Behandlung in einem anderen Mitgliedsstaat suchten, könnten somit nicht sicher sein, die qualitative Versorgung zu erhalten, die sie erwarten. Der Mangel an Qualität oder die Intransparenz hinsichtlich derselben, mag auch viele Patienten davon abhalten, ihr Recht auf Teilnahme am Binnenmarkt wahrzunehmen. Hinzu kommt, dass die zuständigen Kostenträger auf Grund nationaler Gesetzgebung die Rückerstattung von Behandlungskosten nicht übernehmen können, wenn sie nicht sicher sein können ob die Qualitätsstandards den heimischen Vorgaben entsprechen.

Die Kommission hat deshalb als Rechtsgrundlage für den Richtlinienentwurf Artikel 95 des EG-Vertrags gewählt. Dieser erlaubt die Anpassung der nationalen Rechtsvorschriften, die sich unmittelbar auf die Errichtung und das Funktionieren des Binnenmarktes beziehen. Allerdings verpflichtet Artikel 95 den Gesetzgeber bei der Umsetzung die Einhaltung eines hohen Schutzniveaus in den Bereichen Gesundheit, Sicherheit und Verbraucherrechte. Und so enthält der

Richtlinienvorschlag zahlreiche flankierende Maßnahmen, die über eine reine Kodifizierung des Richterrechts hinausgehen.

Qualität ist natürlich nur ein Element des Richtlinienvorschlags. Neben allgemeinen Bestimmungen und der Definition von Begriffen, klärt der Richtlinienvorschlag die behördliche Zuständigkeit für die Einhaltung der allgemeinen Grundsätze der Gesundheitsversorgung, die Inanspruchnahme von Gesundheitsdienstleistungen in einem anderen Land, sowie die Zusammenarbeit bei der Gesundheitsversorgung.

3 Der Ursprung des Richtlinienvorschlags

Der Richtlinienvorschlag kommt keineswegs aus heiterem Himmel und die Vorschläge zur Rolle der EU in der Qualitätsverbesserung sind, obwohl weitreichend, ebenfalls nicht völlig überraschend. Die Versorgungsqualität bei der grenzüberschreitenden Versorgung war stets ein Gegenstand der politischen Debatte über die Vereinbarkeit von Europäischem Binnenmarkt und nationaler Gesundheitsversorgung, auch wenn der EuGH in seinen Entscheidungen dazu keine Stellung bezogen hat.

Der Entscheidung des EuGH zu den verbundenen Rechtssachen Kohll/Decker von 1998 folgte eine Reihe weiterer Entscheidungen. Diese betrafen die Gründe, den Zugang zur Versorgung in anderen EU Mitgliedsstaaten einzuschränken, Fragen der Kostenübernahme, des Leistungsanspruchs im Ausland, die Klassifizierung der gesundheitlichen Versorgung als Dienstleistung im Sinne des EG-Vertrags sowie Elemente einer Definition von Solidarität (Palm/ Glinos 2009).

Die Entscheidungen haben bei den Mitgliedstaaten Sorge um die zukünftige Entwicklung und Steuerbarkeit der Gesundheitsversorgung hervorgerufen (Gobrecht 1999). Um den politischen Prozess auf europäischer Ebene zu kanalisieren, initiierte der damalige EU Kommissar für Gesundheit und Verbraucherschutz, David Byrne, einen hochrangigen Reflexionsprozess zur grenzüberschreitenden Patientenversorgung. Zwischen 2002 und Dezember 2003 arbeiteten hohe Ministerialbeamte der Mitgliedstaten und europäische Interessenvertreter an dem Thema. Die Arbeit endete mit einem Bericht der in fünf Themenbereiche gegliedert war und weitgehend die Themen des vorliegenden Richtlinienvorschlags vorwegnahm (Europäische Kommission Generaldirektion für Gesundheit und Verbraucherschutz 2003).

> **Box 3: Gliederung des Berichts des hochrangigen Reflexionsprozesses**
> - europäische Zusammenarbeit zur besseren Nutzung von Ressourcen,
> - Informationsbedarf von Patienten, Leistungserbringern im Gesundheitswesen und politischen Entscheidungsträgern,
> - Zugang zur Gesundheitsversorgung und Qualität der Gesundheitsversorgung,
> - Abstimmung der innerstaatlichen Gesundheitspolitik mit den europäischen
> - Vorschriften und
> - Gesundheitsfragen und Kohäsions- und Strukturfonds der Union

Aufbauend auf diesem Bericht wurde 2004 unter dem neuen EU Kommissar Kyprianou die hochrangige Gruppe für das Gesundheitswesen und die medizinische Versorgung ins Leben gerufen, um die im Reflexionsprozess geleistete Arbeit weiter zu vertiefen. In Arbeitsgruppen wurden die Themen der grenzüberschreitenden Gesundheitsversorgung bearbeitet (Europäische Kommission Generaldirektion für Gesundheit und Verbraucherschutz 2006).

> **Box 4: Themenfelder der hochrangigen Gruppe für das Gesundheitswesen und die medizinische Versorgung**
> Grenzübergreifende Erbringung und Inanspruchnahme von Gesundheitsdienstleistungen (einschl. Patientenrechte, Information der Patienten über Qualität, Sicherheit und Kontinuität der Versorgung)
> - Leistungserbringer im Gesundheitswesen
> - Europäische Referenznetze
> - Technologiefolgenabschätzung im Gesundheitswesen
> - Information und Gesundheitstelematik
> - Folgenabschätzung und Gesundheitssysteme
> - Patientensicherheit

Der Konsultationsprozess, mit dem der Gesetzgebungsprozess im September 2006 in Gang gesetzt wurde, griff wesentliche Elemente der vorangegangenen Arbeit auf und präsentierte, natürlich in Form von Fragen bereits Eckpunkte des Richtlinienvorschlags (Kommission der Europäischen Gemeinschaften 2006).

Im Verlauf des Konsultationsprozesses kommentierten bis Ende Januar 2007 fast alle Mitgliedstaaten und insgesamt 276 nationale und regionale Regierungen, Behörden sowie zahlreiche Organisationen und Einrichtungen das Konsultationsdokument (Health and Consumer Protection Directorate-General 2007). Im weiteren Verlauf entwickelte die Kommission einen Richtlinienentwurf und führte die obligatorische Gesetzesfolgenabschätzung durch (Commission of the European Communities 2008). Die ursprüngliche Fassung des Richtlinienvorschlags trug im Titel die Worte „on safe, high-quality and efficient cross-border healthcare". Sie wurde vom Kabinett der Kommissare zurückgewiesen. Mit neuem Titel und leicht überarbeitet verabschiedete das Kollegium der Kommissare schließlich den Richtlinienentwurf als Teil eines umfassenden Sozialpakets.

Das Europäische Parlament hatte bereits sehr frühzeitig die Bedeutung dieses Richtlinienentwurfs unterstrichen. So wurde noch lange vor der Veröffentlichung des Entwurfs vom Ausschuss für Wirtschaftsfragen ein Dossier zu den Konsequenzen einer ausbleibenden gesetzlichen Regelung erstellt. Auch gab es im Vorfeld der parlamentarischen Debatten zwischen den Ausschüssen Auseinandersetzungen um die Zuständigkeit in der Behandlung und Federführung des Vorgangs.

4 Die Alternativen: Herkunftslandprinzip, Koordinierung der Sozialsysteme und Verzicht auf politisches Gestalten

Zum Richtlinienvorschlag gab und gibt es drei Alternativen mit erheblichen Konsequenzen für die Qualität der gesundheitlichen Versorgung.

Die erste Alternative basiert auf dem sogenannten Herkunftslandprinzip. Das Herkunftslandprinzip besagt, dass eine Ware, die in einem EU-Mitgliedsstaat rechtens ist, in einem anderen EU-Mitgliedsstaat nicht unrecht sein kann. Das Herkunftslandprinzip ist – obgleich nicht unmittelbar im EG-Vertrag verankert – ein Kernprinzip des freien Warenverkehrs.[3]

Dies hat weitreichende Konsequenzen für die Qualität der Gesundheitsleistungen in der grenzüberschreitenden Versorgung. Zunächst wird im Grundsatz unterstellt, dass die Qualitätsunterschiede der Versorgung zwischen den Ländern kein Problem darstellen. Entweder gibt es keine, oder es ist der Patient, der entscheiden kann wie die Qualität seiner gesundheitlichen Versorgung beschaffen sein soll.

---

3 Das Herkunftslandprinzip hat seinen unmittelbarsten Ausdruck in der Entscheidung des EuGH zur Rechtssache Cassis-de-Dijon gefunden. Eine deutsche Handelsgruppe importierte aus Frankreich für den Verkauf einen Johannisbeerlikör, einen sogenannten Cassis. Die Bundesmonopolverwaltung für Branntwein verbot der Handelsgruppe jedoch den weiteren Import und Verkauf der Ware, da der Cassis mit seinem Alkoholgehalt von 16 bis 22 Vol.% nicht dem vom deutschen Branntweinmonopolgesetz geforderten Alkoholgehalt von 25 Vol.% für Liköre entsprach. Der EuGH entschied, dass Hemmnisse des freien Warenverkehrs, die sich aus nationalen Regelungen ergeben, grundsätzlich hingenommen werden müssen, sofern sie zwingend notwendig für die wirksame steuerliche Kontrolle, den Schutz der öffentlichen Gesundheit, die Lauterkeit des Handelsverkehrs und den Verbraucherschutzes sind. Im Fall Cassis-de-Dijon lagen solche zwingenden Gründe allerdings nicht vor, weshalb der EuGH entschied, dass die deutschen Bestimmungen unvereinbar mit der Binnenmarktfreiheit seien.

Für existierende Qualitätsmaßnahmen hätte das Herkunftslandprinzip weitreichende Folgen. Ein Arzt, der in einem anderen Mitgliedstaat niedergelassen ist, könnte in Deutschland unter fremden Regeln behandeln. Das bedeutet dass die Zuständigkeit nicht beim Behandlungs- sondern beim Niederlassungsland liegt. Fragen der Fachaufsicht, der Gebührenordnung, der Kapazitätsplanung, der Qualitätsentwicklung, Qualitätskontrolle und der Sicherheit könnten somit nicht vom Behandlungsland bearbeitet werden. Auch wenn dies für die Gesundheitsversorgung merkwürdig erscheinen mag, macht es für den Binnenmarkt Sinn. Denn ob der Patient oder der Dienstleister die Grenze überschreitet, gibt sich wenig.

Tatsächlich war das Herkunftslandprinzip Dreh- und Angelpunkt des ursprünglichen Vorschlags für eine Dienstleistungsrichtlinie. Sie wurde vom damaligem EU-Binnenmarktkommissar Frits Bolkestein im Jahr 2004 vorgelegt. Der Richtlinienvorschlag hatte die Herstellung eines gemeinsamen Marktes für Dienstleistungen zum Ziel. Der Anwendungsbereich umfasste alle Dienstleistungserbringer einschließlich der sogenannten Daseinsvorsorge, zu der auch die gesundheitliche Versorgung zählt, ganz gleich ob öffentlich oder privat finanziert und erbracht. Das Einschlusskriterium war die Entgeltlichkeit der Dienstleistung. Aufgrund der Proteste aus den Mitgliedstaaten wurde die gesundheitliche Versorgung aus der Dienstleistungsrichtlinie herausgenommen.

Eine weitere Alternative ist die Kodifizierung des Richterrechts durch Integration in das bestehende System der Koordinierung der Sozialsysteme. Schon bald nach der Gründung der Europäischen Wirtschaftsgemeinschaft wurde ein System der Koordinierung der Sozialsysteme ins Leben gerufen. Der ursprüngliche Zweck des Systems war den Erfordernissen des Binnenmarktes untergeordnet. Die Koordinierung der Sozialsysteme sollte als flankierende Maßnahme zur Schaffung eines gemeinsamen Arbeitsmarktes beitragen. Arbeitnehmer, die in einem anderen EU-Mitgliedsstaat Beschäftigung aufnahmen, sollten Sozialversicherungsschutz genießen. Auch Ansprüche, die in einem Land erworben wurden, sollten in ein anderes Land übertragbar sein. Vom ursprünglichen Zweck entfernte sich das System durch die Ausdehnung des Personenkreises und den Einschluss neuer Leistungsarten immer weiter. Für die gesundheitliche Versorgung wurde die Europäische Krankenversicherungskarte sowie ein System von Genehmigungs- und Erstattungsverfahren für grenzüberschreitende Leistungen entwickelt.

Für flankierende Qualitätsmaßnahmen bietet das System allerdings kaum Platz. Die Grundannahme auf der die einschlägigen Richtlinien basieren ist die Koordinierung. Die Rechtsnormen in den Mitgliedstaaten sollen unangetastet bleiben.

Für die verpflichtende Einführung von Qualitätsstandards sowie deren Umsetzung und Überwachung ist somit kein Platz.

Allerdings gibt es zahlreiche bilaterale grenzüberschreitende Verträge, die das System der Koordinierung als Rahmen genutzt haben. So wurden zwischen einzelnen Ländern Verträge abgeschlossen, die Volumen, Qualität und Preise der grenzüberschreitenden Versorgung detailliert regeln. Berichte zu Deutschland (Nebling/Schemken 2006), Malta und dem Vereinigten Königreich (Azzopardi Muscat et al. 2006) sowie Belgien (Glinos et al. 2006) und Frankreich (Harant 2006) liegen vor.

Seit 1999 wird das System der Koordinierung der Sozialsysteme überarbeitet. Im Jahre 2004 wurde die neue Richtlinie 883/04/EG angenommen. Zusammen mit der Umsetzungsrichtlinie 574/72/EWG ersetzt sie die Richtlinie 1408/71/EWG. Versuche, die Rechtsprechung des EuGH in die Neufassung zu integrieren scheiterten auch daran, dass die Kapitel zu Krankheit und Mutterschutz bereits unter der dänischen Ratspräsidentschaft während des zweiten Halbjahrs 2002 abgeschlossen waren (Palm/Glinos 2009).

Schließlich gibt es noch eine dritte Alternative, nämlich das „Durchwursteln". Ob der Richtlinienvorschlag in der Kommissionsfassung in Kraft treten wird erscheint unwahrscheinlich. Das Europäische Parlament hat bereits weitreichende Änderungen vorgeschlagen. Parallel dazu, haben die für Gesundheit zuständigen Ministerien außerhalb des Gesetzgebungsverfahrens an dem Richtlinienentwurf gearbeitet. So wurden bereits unter der französischen, gefolgt von der tschechischen Ratspräsidentschaft weitreichende Änderungsvorschläge unterbreitet. Ob dies zu einem Kompromiss zwischen dem Parlament und dem Rat in zweiter Lesung führen wird ist ungewiss. Denn es ist zu vermuten, dass die Positionen weit auseinander liegen. Außerdem hat sich die Zusammensetzung des Europäischen Parlaments nach den Wahlen vom Juni 2009 erheblich verändert. Viele neue Abgeordnete werden sich mit der Materie befassen müssen und erfahrene Parlamentarier, wie beispielsweise der Berichterstatter zum Richtlinienvorschlag, haben das Parlament verlassen Somit ist letztlich auch ein Scheitern des Richtlinienentwurfs denkbar. Dies würde dem EuGH wieder die Initiative bei der Gestaltung des Europäischen Sozialmodells im Bereich der gesundheitlichen Versorgung überlassen.

5 Bevölkerungsgesundheit, Qualität und Politiken und Maßnahmen der Qualitätsverbesserung

Die Kommission stützt sich in ihrem Richtlinienvorschlag auf Art. 95 des EG-Vertrags. Dieser erlaubt die Angleichung von nationalen Vorschriften und Normen, die der Vollendung des Binnenmarktes entgegenstehen. Gleichzeitig wird allerdings ein hohes Schutzniveau der öffentlichen Gesundheit, des Verbraucherschutzes und der Sicherheit vorgeschrieben. Genau diese Bestimmungen sind es, durch die sich die Kommission ermächtigt sieht, Maßnahmen zur Qualität in den Richtlinienvorschlag einzuführen. Dies wirft natürlich die Frage auf, wie es denn tatsächlich um die Bevölkerungsgesundheit, die Versorgungsqualität und Politiken und Maßnahmen der Qualitätsverbesserung steht. Außerdem soll ein Blick auf die spezifischen Qualitätsanforderungen der grenzüberschreitenden Versorgung geworfen werden.

5.1 Unterschiede in der Bevölkerungsgesundheit

Zur Demonstration der Unterschiede zwischen den EU-Mitgliedsstaaten wird der Indikator Lebenserwartung bei Geburt herangezogen worden (vgl. WHO 2009). Mit annähernd 80 Lebensjahren im Jahre 2006 hatten Männer in Schweden die höchste Lebenserwartung in der EU. In Litauen hingegen lag die Lebenserwartung im gleichen Jahr bei gut 65 Jahren und fiel im darauf folgenden Jahr unter diese Marke.

Werden alle Länder der EU in die Betrachtung einbezogen, zeigt sich eine große Streuung der Lebenserwartung für Männer. Unter dem Durchschnitt der EU-Mitgliedsstaaten die seit 2004 oder 2007 der EU beigetreten sind, liegen in aufsteigender Reihenfolge Lettland, Estland, Bulgarien und Rumänien. Die Slowakei und Polen liegen über dem Durchschnitt der Beitrittsländer. Tschechien und Slowenien haben schon weitgehend aufgeschlossen und liegen fast auf dem Niveau Portugals.

Die Lebenserwartung für Männer folgt in den meisten Ländern, die vor Mai 2004 Mitglied der EU waren, einer linearen Entwicklung. Die Entwicklung in anderen Ländern ist hingegen durch erhebliche Schwankungen und Brüche gekennzeichnet, die besonders stark bei den baltischen Staaten ausgeprägt sind, und weitgehend typisch für alle Teilrepubliken der ehemaligen Sowjetunion waren.

Wesentlich ist, dass die Schere weiter auseinander geht. So hat sich der Abstand in der Lebenserwartung zwischen Schweden und Litauen von 1970 bis 2006 mehr als verdoppelt. Die Differenz wuchs von 5.8 auf 13,6 Jahre.

Für eine Demonstration der Divergenzen in der Bevölkerungsgesundheit eignet sich die Lebenserwartung bei Geburt, da sie holzschnittartig die Unterschiede aufzeigt. Die Lebenserwartung bei Geburt ist insofern ein nützlicher Indikator, da kumulativ alle Lebensbedingungen, die Einfluss auf die Bevölkerungsgesundheit haben, mit einbezogen sind. Allerdings kann Bevölkerungsgesundheit nicht mit einem einzelnen Indikator umfassend dargestellt werden. Die Grenzen des Indikators liegen in der Ausklammerung der Lebensqualität. Außerdem erlaubt das Aggregationsniveau nicht, die Verteilung der Lebenserwartung innerhalb der Länder darzustellen.

5.2 Unterschiede in der Versorgungsqualität

Wesentliche Faktoren, die Krankheit und Gesundheit beeinflussen, liegen außerhalb der medizinischen Versorgung. Alter, Geschlecht, Genetik, Lebensstile, soziales Umfeld, Arbeitsbedingungen und das allgemeine kulturelle und sozioökonomische Umfeld haben große gesundheitliche Bedeutung (Wismar et al. 2006). Die Skepsis der älteren Epidemiologie und Medizinsoziologie (McKeown 1976) gegenüber dem Beitrag der medizinischen Versorgung zur Bevölkerungsgesundheit ist heute jedoch überwiegend differenzierten Modellrechnungen gewichen.

Es gibt Indikatoren, die Unterschiede in der Leistungsfähigkeit der gesundheitlichen Versorgung hinsichtlich der Qualität darstellen können und somit die Analyse von Trends und Ländervergleichen ermöglichen (Papanicolas et al. 2008). Einer diese Indikatoren ist die „beeinflussbare Sterblichkeit"[4], der bereits in den 70er Jahren entwickelt wurde. Die beeinflussbare Sterblichkeit wurde auf Grundlage von Daten der Weltgesundheitsorganisation berechnet. Dazu wurden 34 Indikationen ausgewählt, die prinzipiell behandelbar oder durch präventive Interventionen im weitesten Sinne beeinflusst werden können (Nolte/McKee 2005).

Tabelle 1 demonstriert die erheblichen Unterschiede in der Leistungsfähigkeit der gesundheitlichen Versorgung zwischen ausgewählten OECD-Ländern. Im Jahre 2002/2003 ist die beeinflussbare Sterblichkeit in den Vereinigten Staaten um fast 70 Prozent höher als in Frankreich. Auch wenn die Zahlen auf 100.000 Personen berechnet sind, so sind es für die Vereinigten Staaten letztlich alleine

---

4   Beinflussbare Sterblichkeit wird in der englischen Fachliteratur als „amenable mortality" bezeichnet und von einigen Autoren dem Begriff „avoidable mortality", also vermeidbare Sterblichkeit vorgezogen, da letzterer bereits eine Wertung enthält.

mehr als 100.000 Menschen deren Tod vermeidbar gewesen wäre (Nolte/McKee 2008).

Alle in der Tabelle geführten Länder haben zwischen 1997/98 und 2002/03 Fortschritte beim Abbau der beeinflussbaren Sterblichkeit erzielt. Allerdings sind diese Fortschritte unterschiedlich groß ausgefallen. Während Länder wie Irland, das Vereinigte Königreich und Österreich die beeinflussbare Sterblichkeit erheblich abbauen konnten, haben beispielsweise die USA im gleichen Zeitraum weniger profitiert. Als Resultat hat sich die Rangfolge der Länder über die Jahre verändert.

Tabelle 1: Vermeidbare Sterblichkeit, Fälle pro 100.000 in 19 ausgewählten OECD Länder 1997/98 und 2002/03

	1997/98	*2002/03*	*Veränderung in Prozent*
Frankreich	76	65	-14.5
Japan	81	71	-12.3
Australien	88	71	-19.3
Spanien	84	74	-11.9
Italien	89	74	-16.9
Kanada	89	77	-13.5
Norwegen	99	80	-19.2
Schweden	88	82	-6.8
Niederlande	97	82	-15.5
Griechenland	97	84	-13.4
Österreich	109	84	-22.9
Deutschland	106	90	-15.1
Finland	116	93	-19.8
Neuseeland	115	96	-16.5
Dänemark	113	101	-10.6
Vereinigtes Königreich	130	103	-20.8
Irland	134	103	-23.1
Portugal	128	104	-18.8
Vereinigte Staaten	115	110	-4.3

Quelle: eigene Darstellung nach Nolte/McKee

Freilich bildet dieser Indikator nur einen Teilbereich ab. Beeinflussbare Sterblichkeit umfasst in der Version von Nolte und McKee insgesamt nur 34 Indikationen, wenngleich auch weitverbreitete Krankheitsbilder, wie z.B. Diabetes Mellitus, Influenza und verschieden Krebserkrankungen dazugehören. Eine weitere Limitation des Indikators ist in der Fixierung auf Todesfälle zu sehen. Die Lebensqualität spielt keine Rolle. Studien zu Europa zeigen außerdem, dass die größten Unterschiede in den 1980er und 1990er Jahren durch einen Rückgang der perinatalen Mortalität abgebaut wurden (Nolte/ McKee 2005).

5.3 Unterschiede und Gemeinsamkeiten in der Definition von Qualität

Anhand der Indikatoren Lebenserwartung bei Geburt und beeinflussbare Sterblichkeit wurden in den vorangegangenen Abschnitten die Unterschiede in Bevölkerungsgesundheit und Qualität der gesundheitlichen Versorgung demonstriert. Nun stellt sich die Frage, ob es Unterschiede in der Umsetzung von Politiken und Maßnahmen zur Qualitätsverbesserung gibt.

Doch zuvor gilt es zu klären, was Qualität eigentlich bedeutet. Eine einheitliche, allgemein akzeptierte Definition von Qualität in der medizinischen Versorgung gibt es nicht. Tabelle 2 gibt einen Überblick über wichtige aktuelle Definitionen. Qualität ist definiert durch verschiedene Dimensionen. Diese korrespondieren mit der großen Anzahl an Indikatoren die zur Messung der Qualität der medizinischen Versorgung herangezogen werden können. Bei allen Unterschieden der Definitionen zeigt die Übersicht, dass es große Gemeinsamkeiten im Verständnis von Qualität gibt.

5.4 Unterschiede in der Qualitätsverbesserung: Systemebene

In diesem Abschnitt sollen kurz die Ergebnisse aktueller Studien zur vergleichenden Qualitätsforschung vorgestellt werden. Die Studien sind allesamt aus EU-geförderten Forschungsprojekten hervorgegangen. Darunter das Europe for Patients Project (Legido-Quigley et al. 2008b; Rosenmöller et al. 2006), das MARQuIS-Projekt (Sunol et al. 2009), S.IM.PAT.IE (Safety improvement for patients in Europe) (www.simpatie.org) und das HealthBasket Projekt (Busse et al. 2008). Einige der Ergebnisse dieser Studien wurden vorab zur Unterstützung der Gesetzesfolgenabschätzung durch die Kommission zusammengefasst (Legido-Quigley et al. 2009).

Tabelle 2: Konzepte der Qualität (Übersicht nach: Legido-Quigley et al. 2008b)

	Donabedian (1988)	Maxwell (1992)	Department of Health UK (1992)	Council of Europe (1998)	Institute of Medicine (2001)	Joint Commission on Accreditation of Healthcare Organizations (2006)
Wirksamkeit	X	X	X	X	X	X
Wirtschaftlichkeit	X	X	X	X	X	X
Zugang	X	X	X	X		X
Sicherheit	X			X		X
Chancen-gleichheit	X	X	(X)		X	
Angemessenheit	X	X		X		X
Rechtzeitigkeit			X		X	X
Akzeptierbarkeit		X		X		
Eingehen auf die nichtmedizinischen Patientenbedürfnisse		Respekt, Auswahl, Information			Respekt, Patientenzentrierung	
Zufriedenheit			(X)	X		
Gesundheitsverbesserung			X			
Kontinuität						
Anderes		Fachliche Kompetenz, Relevanz		Wirksamkeit im konkreten Kontext		Verfügbarkeit, Prävention/ Früherkennung

Insgesamt lässt sich feststellen dass es erhebliche Unterschiede in der Umsetzung von Maßnahmen der Qualitätsverbesserung gibt. Dies trifft auf alle Ebenen der Umsetzung zu. Die Reihenfolge der Darstellung folgt den Schritten System, Organisation und klinische Praxis, sowie Qualitätsbedürfnisse der Patienten in der grenzüberschreitenden Versorgung. Die Darstellung umfasst im Einzelnen die nationale Gesetzgebung, Maßnahmen des Health Technology Assessment (HTA), medizinische Leitlinien, Qualitätsindikatoren, Peer-reviews[5] und Patientensurveys.

Die Forscher des Europe for Patient-Projekts haben mit Hilfe von nationalen Experten die nationale Gesetzgebung und Politiken zur Qualitätsverbesserung für alle 27 EU Mitgliedsstaaten erhoben. Box 5 fasst wesentliche Ergebnisse auf Systemebene zusammen.

Eine Teilstudie des MARQuIS Projekts hat eine Erhebung zu nationalen Qualitätsverbesserungspolitiken und –strategien in der Gesundheitsversorgung von EU-Mitgliedsstaaten erstellt. Die Erhebung wurde von 68 Schlüsselexperten in 24 EU Ländern durchgeführt. Die Studie belegt, dass es wesentliche Unterschiede in der Entwicklung von Qualitätsverbesserungspolitiken sowohl zwischen den als auch innerhalb der Länder der EU gibt, wenngleich die Autoren eine gewisse Konvergenz ausmachen.

Box 5: Systemebene: Nationale Gesetzgebung zur Qualität (Legido-Quigley et al. 2008b)
Keine nationale Gesetzgebung:
- Bulgarien, Zypern, Estland, Griechenland, Ungarn, Malta, Luxemburg, Lettland, Polen, Portugal, Rumänien und Slowakei

Vor kurzem nationale Gesetzgebung eingeführt:
- Tschechien, Litauen, Slowenien und Irland

Etablierte Tradition in der Gesetzgebung:
- Frankreich, Finnland, Deutschland, Italien, Spanien, Schweden, Österreich, Belgien, die Niederlande, Vereinigtes Königreich/England und Dänemark (gegenwärtig weitreichende Reformen)

Gesetzliche Anforderungen haben sich der Erhebung zu Folge als eine treibende Kraft für den Fortschritt in der Entwicklung von Qualitätsverbesserungspolitiken

---

5   Im peer-review System wird die Versorgung durch Ärzte im Krankenhaus durch andere Ärzte vor Ort bewertet. Die Besuche finden alle 3-Jahre statt. Es werden vertrauliche Berichte angelegt. Das peer-review System ist ärztlich geleitet. Das System folgt den Fachgrenzen. Der peer-review wurde in den 80er Jahren in den Niederlanden entwickelt und wird in ähnlicher Form auch im Vereinigten Königreich angewandt (Legido-Quigley et al 2008b).

erwiesen, zusammen mit der aktiven Unterstützung von Seiten der Verwaltung und der Berufs- und Fachverbände und Organisationen im Gesundheitswesen. Patienten und Leistungsnutzer hingegen, scheinen weniger Einfluss auf die Dynamik der Entwicklung der Qualitätsverbesserungspolitiken zu haben. Die grundlegende Infrastruktur für die Verbesserung der Behandlungsqualität ist in vielen Ländern immer noch nicht vorhanden. Das Wachsen der grenzüberschreitenden Patientenmobilität sowie die Leistungserbringung im Europäischen Binnenmarkt schafft die Notwendigkeit der Zusammenarbeit und des wechselseitigen Lernens auf der Politikebene (Spencer/Walshe 2009).

Ein weiteres Thema der Systemebene ist das Health Technology Assessment, dargestellt in Box 6.

Box 6: Systemebene: health technology assessment (Legido-Quigley et al. 2008a)
So gut wie keine Aktivitäten:
- Bulgarien, Tschechien, Estland, Griechenland, Irland, Lettland, Luxemburg, Malta, Portugal, Rumänien, Slowakei und Slowenien

Einige Aktivitäten:
- Ungarn, Polen, Litauen, Zypern,

Systematisch organisierte Aktivitäten (Umfang allerdings unklar):
- Frankreich, Deutschland, Belgien, Österreich

Gut etablierte Aktivitäten:
- Dänemark, Finnland, Spanien (Baskenland-Katalanien), Schweden, Italien, Vereinigtes Königreich

---

5.5 Unterschiede in der Qualitätsverbesserung: Organisationen und klinische Praxis

Dank der EU-geförderten Projekte gibt es mittlerweile eine Reihe von vergleichenden Studien zur Umsetzung von Qualitätsverbesserungsstrategien in Krankenhäusern und der klinischen Praxis.

Box 7: Klinische Praxis (Eigene Darstellung nach: Legido-Quigley et al. 2008b)
Medizinische Leitlinien: • Gegenwärtig Einführung von medizinischen Leitlinien: Österreich, Zypern, Griechenland, Lettland, Polen und Rumänien   • Etablierte Systeme medizinischer Leitlinien: Belgien, Bulgarien, Tschechien, Dänemark, Estland, Finnland, Frankreich, Deutschland, Ungarn, Irland, Italien, die Niederlande, Norwegen, Slowenien, Spanien, Schweden und das Vereinigte Königreich   Qualitätsindikatoren: • Dänemark, Frankreich, Deutschland, Slowenien, Schweden, England   Peer review: • Vereinigtes Königreich, die Niederlande, Belgien, Malta, Polen, Slowenien   Patientensurveys   • Eurobarometer, Spanien, Vereinigtes Königreich, Österreich, Ungarn, Zypern, Irland und vereinzelte Aktivitäten in anderen Ländern

Im Rahmen des MARQuIS-Projekts wurde eine Teilstudie zur Anwendung von Qualitätsverbesserungsstrategien in Krankenhäusern in acht EU-Ländern[6] mittels eines internetgestützten Fragebogens durchgeführt (Lombarts et al. 2009). Untersucht wurden sieben vordefinierte Qualitätsverbesserungsstrategien:

- Organisationsbezogene Qualitätsmanagementprogramme
- Systeme zur Erhebung der Patientensicht
- Patientensicherheitssysteme
- Prüfung und interne Bewertung klinischer Standards
- Leitlinien
- Leistungsindikatoren und Leistungsmessung
- Externe Begutachtung

Es wurde eine Erhebung durchgeführt, an der sich 389 Krankenhäuser aus acht EU-Ländern beteiligt haben. Im Ergebnis stellen die Autoren fest, dass die Umsetzung der Qualitätsverbesserungsstrategien in den untersuchten Krankenhäusern von Land zu Land variieren, und dass bestimmte Länder Vorlieben für bestimmte Strategien haben. Insgesamt stellen die Autoren erhebliches Potenzial für den weiteren Ausbau von Qualitätsverbesserungsstrategien fest.

Eine weitere Teilstudie untersuchte das Vorhandensein von Leitungs- und Steuerungssystemen und -strukturen für Qualität und Sicherheit.[7] Es gibt erhebliche Unterschiede zwischen den und innerhalb der EU-Mitgliedstaaten im Ma-

---

6 Belgien, Frankreich, Irland, die Niederlande, Polen, Spanien, Tschechien und das Vereinigte Königreich.
7 Im Orginal: quality and safety governance systems and structures.

nagement von Qualität und Sicherheit im Krankenhaus. In einigen Krankenhäusern fehlten solche Mechanismen und Strukturen gänzlich, in anderen waren sie zwar vorhanden, funktionierten aber nicht (Shaw et al. 2009).

5.6 Patienten in der grenzüberschreitenden Versorgung

Um zu verstehen wie relevant und angemessen eine rechtliche Kodifizierung von Qualitäts- und Transparenzanforderungen ist, stellt sich die Frage nach den Patienten in der grenzüberschreitenden Versorgung.

Die Richtlinie, wie auch viele andere Publikationen, geht davon aus, dass nicht mehr als 1 Prozent der Gesundheitsbudgets der Mitgliedsländer für die grenzüberschreitende Gesundheitsversorgung aufgewandt werden. Dabei gibt es eine klare Ungleichverteilung. Kleine Binnenländer wie Luxemburg, die die gesundheitliche Versorgung in Eigenregie gar nicht erbringen können, verwenden einen größeren Anteil ihres Gesundheitsbudgets. Ähnliches gilt für Malta und Zypern, wenngleich deren Insellage einschränkend wirkt. Auch haben die sogenannten flüssigen Grenzen Einfluss auf den Umfang der grenzüberschreitenden Gesundheitsversorgung. Das Fehlen sprachlicher Barrieren sowie enge wirtschaftliche und soziale Verflechtungen, wie beispielsweise zwischen der Flämischen Region Belgiens und den Niederlanden, führen zu einer intensiven grenzüberschreitenden Zusammenarbeit. Genaue Zahlen sind, aus verschiedenen Gründen, allerdings nicht verfügbar (Busse/Van Ginneken 2009):

- Bei der Nutzung des Formulars 121 wird ein Pauschbetrag verrechnet.
- Es gibt zwischen einzelnen Mitgliedstaaten Verzichtserklärungen. Die Inanspruchnahme medizinischer Dienstleistungen wird bilateral wechselseitig nicht in Rechnung gestellt.
- Die Europäische Krankenversicherungskarte (E111) wird vom Leistungserbringer nicht akzeptiert oder über ihre Nutzung wird nicht berichtet.
- Patienten erfragen die Rückerstattung von ambulanten Behandlungen bei ihrem Kostenträger.
- Häufig werden auch zusätzliche Reisekrankenversicherungen genutzt.
- Einzelne Mitgliedstaaten stellen die Daten nicht mehr zur Verfügung.

Basierend auf einer Erhebung, die in 200 Krankenhäusern in acht EU-Mitgliedsstaaten im Rahmen des MARQuIS Projekts durchgeführt wurde, ließen sich Patientenvolumen und Diagnosen in der grenzüberschreitenden Gesundheitsversorgung – zumindest im Krankenhaussektor – berechnen. Die wichtigsten Beschwerden, mit denen Patienten aus anderen EU-Mitgliedsstaaten eingeliefert wurden, waren Herzkreislauferkrankungen (ischaemic heart disease), Verletzungen (Frakturen) und Vergiftungen. Patienten in der grenzüberschreitenden Versorgung wurden eher mit akuten Erkrankungen eingeliefert, während die heimischen Patienten eher mit chronischen Erkrankung eingeliefert wurden (Vallejo et al. 2009).

In der Literatur werden fünf Typen von Patienten in der grenzüberschreitenden Gesundheitsversorgung unterschieden (Legido-Quigley et al. 2007; Palm/Glinos 2009):

1) Patienten, die sich im Ausland aufhalten wenn sie die gesundheitliche Versorgung in Anspruch nehmen müssen

- Kurzzeitaufenthalte (Touristen, Dienstreisen)
- Langzeitaufenthalt (Pensionäre, vom Arbeitgeber entsandt)

2) Patienten, die ins Ausland reisen um gesundheitliche Versorgung in Anspruch zu nehmen

- Grenzanrainer
- Patienten, die von ihren Systemen geschickt werden
- Patienten, die auf eigene Initiative Behandlung in einem anderen Land suchen

Es gibt eine lange Reihe von besonderen qualitätsbezogenen Situationen für Patienten in der grenzüberschreitenden Versorgung. Insgesamt benennen die vorliegenden Arbeiten (Groene et al. 2009; Legido-Quigley et al. 2008a; Legido-Quigley et al. 2009; Legido-Quigley et al. 2008b) die folgenden Aspekte:

- Kontinuität der Versorgung
- Vor- und Nachbehandlung
- Patientenakte
- Umstellung Arzneimittel
- Systemkenntnisse, Verwaltungsvorgänge
- Patienteninformation
- Leistungen
- Qualität
- Preise
- Gewährleistung

- Einverständniserklärung
- psychosoziale Betreuung

5.7 Grenzen der Studien

Die hier vorgestellten Studienergebnisse eröffnen neue Perspektiven in der vergleichenden Qualitätsforschung und umspannen Themen der Versorgungs- und Systemforschung. Allerdings hat die Bestandsaufnahme der Politiken und Maßnahmen zur Qualitätssicherung in der medizinischen Versorgung methodische Grenzen. Zunächst handelt es sich um einen Schnappschuss. Er bildet den Stand ca. Ende des Jahres 2007 ab. Das Feld der Qualitätssicherung ist jedoch sehr dynamisch. Allein die Aktivitäten, die in den letzten Jahren in Deutschland in Angriff genommen wurden, demonstrieren dies. Des Weiteren werden Unterschiede innerhalb der Länder nicht erhoben. Große Unterschiede in den Binnen-Politiken der Qualitätsverbesserung werden beispielsweise aus Spanien und Italien berichtet, deren gesundheitliche Versorgung stark dezentralisiert ist (Legido-Quigley et al. 2009). Einige der Teilstudien, die im MARQuIS-Projekt durchgeführt wurden, haben explorativen Charakter. Die meisten Teilstudien sind auf acht Länder begrenzt. Eine Reihe von Teilstudien stützt sich auf Erhebungen, die mit der Beteiligung von bis zu 400 Krankenhäusern in verschiedenen Ländern durchgeführt wurden. Obwohl dies eine eindrucksvolle logistische Leistung darstellt, sind auf Grund der großen Anzahl von Krankenhäusern in Europa Verzerrungen in den Ergebnissen nicht auszuschließen.

6 Die Politik der grenzüberschreitenden Gesundheitsversorgung und das Europäische Sozialmodell

Die europäische Integration der Volkswirtschaften beeinflusst zwangsläufig die nationale Souveränität in der gesundheitlichen Versorgung. EU-Binnenmarkt und Gesundheitsversorgung sind aufs Engste miteinander verwoben, denn die freie Mobilität von Waren, Dienstleistungen, Personen und Kapital ist immer auch die freie Mobilität von Arzneimitteln, Medizintechnik, Diagnosen, Therapien, Pflege, Gesundheitsberufen und Krankenhausinvestitionen. Dieses Verhältnis zwischen europäischem Binnenmarkt und nationaler gesundheitlicher Versorgung wird häufig als konflikthaft dargestellt, was allerdings nicht darüber hinwegtäuschen darf, dass eben solche Konflikte auch im nationalen Rahmen stattfinden, ob es um die Preisgestaltung von Arzneimitteln, Medizintechnik oder Ähnliches geht (Mossialos et al. 2009; Paton et al. 2002).

Eingangs wurde im Zusammenhang mit dem Richtlinienvorschlag die Frage aufgeworfen, ob es denn gute Gründe gäbe, sich um die Qualität der gesundheitlichen Versorgung in anderen EU-Ländern Sorgen zu machen. Denn die Qualität der gesundheitlichen Versorgung, bei allen Einschränkungen der vorliegenden Studien, variiert erheblich. Patienten, die die Dienstleistungsfreiheit in Anspruch nehmen wollen, und sich in einem anderen Land behandeln lassen möchten, werden u.U. nicht die Qualität finden die sie suchen, oder zumindest werden sie keine geeigneten qualitativen Angebote finden. Dies mag bereits die Initiative der Patienten einschränken. Ebenso wird sich die Frage stellen, ob Kostenträger die Behandlungskosten in einem anderen EU-Mitgliedsland übernehmen werden. Ein Mangel an klaren Qualitätsstandards mag für den zuständigen Kostenträger die Kostenübernahme oder Rückerstattung verbieten, wenn die nationale Gesetzgebung die Finanzierbarkeit einer medizinischen Dienstleistung an Qualitätsstandards knüpft.

Das Aufstellen von klaren Qualitäts- und Sicherheitsstandards für die Gesundheitsversorgung kann als probates Mittel gelten. Der Richtlinienentwurf regelt nicht im Einzelnen die Qualitätsstandards und die Umsetzungs- und Aufsichtsmechanismen sondern stellt nur einzelne Kriterien bereit, wie die Beachtung der Grundsätze Universalität, Zugang zu hochwertiger Versorgung, Gleichbehandlung und Solidarität. So ist es jedem Mitgliedsstaat freigestellt, nach den eigenen Erfahrungen, Voraussetzungen und Vermögen Qualitätsstandards zu setzen und für die Umsetzung und Aufsicht zu sorgen.

Allerdings stellt sich die Frage, ob auf Grund der relativ kleinen Anzahl von Patienten in der grenzüberschreitenden Versorgung wirklich so weitreichende Eingriffe gerechtfertigt sind. Geschätzt wird das finanzielle Volumen auf ca. ein Prozent der Gesundheitsausgaben. Die Krankenhausstudien des MARQuIS Projekts legen sogar einen deutlich niedrigeren Anteil von Patienten in der grenzüberschreitenden stationären Versorgung nahe. Zudem erhält ein nicht unbeträchtlicher Teil der grenzüberschreitenden Patienten stationäre Versorgung im Rahmen von Verträgen zwischen Leistungserbringern und Kostenträgern. Qualität spielt hier also kaum eine Rolle.

Tatsächlich muss die Frage gestellt werden, ob die grenzüberschreitende Gesundheitsversorgung der richtige Aufhänger ist. Vielmehr geht es um die Zukunft des europäischen Sozialmodells, die die Möglichkeiten und Grenzen Europäischer Qualitätsverbesserung bestimmt.

Der Richtlinienvorschlag wäre mit Sicherheit ein großer Schritt in Richtung einer stärkeren Ausgewogenheit zwischen wirtschaftlicher und sozialer Integration in Europa. Die EU-weite Verpflichtung, Standards in der Qualitätsverbesserung zu setzen, würde zwar nicht notwendiger Weise auf eine Harmonisierung der gesundheitlichen Versorgung hinauslaufen, da, nach dem gegenwärtigen Vorschlag, die Mitgliedsstaaten frei in der Ausgestaltung der Politiken und Maßnahmen sind. Es würden jedoch starke Konvergenzprozesse ausgelöst werden. Die Wertegrundlage, auf die sich die EU-Gesundheitsminister im Rat verständigt haben, würde somit eine materielle Untermauerung erfahren, denn der Richtlinienvorschlag würde die Universalität, den Zugang zu qualitativ guter Versorgung, Chancengleichheit und Solidarität in Europa stärken (Council of the European Union 2006).

Die Niveauunterschiede in Gesundheit und Gesundheitsversorgung werden kaum von alleine verschwinden. Vielmehr besteht die Gefahr, dass im Zuge der Finanz- und Wirtschaftskrise in einigen Mitgliedstaaten Kürzungen der öffentlichen Budgets vorgenommen werden, die zu Leistungsausgrenzungen und abnehmender Qualität führen werden. So tritt zum Argument der Solidarität die Frage nach dem funktionierenden Binnenmarkt. Wenn sich Qualität und Umfang der Gesundheitsversorgung der Länder weiter auseinander entwickeln, so werden sich Verzerrungen im gemeinsamen Binnenmarkt verstärken. Länder, die deutlich geringere Anteile ihres Bruttoinlandsprodukts für die gesundheitliche Versorgung aufwenden, könnten auf Grund von Wettbewerbsnachteilen in eine Abwärtsspirale der Solidarität geraten. Von daher kann uns die Qualität der Versorgung in den anderen Mitgliedsstaaten nicht egal sein.

Literatur

Azzopardi Muscat, N/Grech, K/Cachia, JM/Xuereb, D (2006): Sharing capacities - Malta and the United Kingdom. In: Rosenmöller, M/McKee, M/Baeten, R (eds.): Patient mobility in the European Union: learning from experience. World Health Organization. Copenhagen, 119-136.

Bertinato, L/Busse, R/Fahy, N/Legido-Quigley, H/Palm, W/Passarani, I/Ronfini, F (2005): Cross-border health care in Europe - policy brief. World Health Organization. Copenhagen.

Busse, R/Schreyogg, J/Smith, PC (2008): Variability in healthcare treatment costs amongst nine EU countries - results from the HealthBASKET project. Health Econ., vol. 17(1 Suppl), 1-8.

Busse, R/Van Ginneken, E (2009): Cross-border healthcare data. In: Wismar, M/Palm, W/Figueras, J/Ernst K/Van Ginneken, E (eds.): Cross-border healthcare: mapping and analysing health systems diversity. Copenhagen, 219-258.

Commission of the European Communities (2008): Accompanying document to the Proposal for a Directive of the European Parliament and the Council on the application of patients' rights in cross-border healthcare: Impact assessment, (COM(2008) 414 final)(SEC(2008) 2164).

Council of the European Union (2006): Council Conclusions on Common values and principles in EU Health Systems. SAN 168.

Das Europäische Parlament/Rat der Europäischen Union (2005): Richtlinie 2005/36/EG des Europäischen Parlaments und des Rates vom 7. Dezember 2005 über die Anerkennung von Berufsqualifikationen. Amtsblatt der Europäischen Union, 22-142.

Europäische Kommission Generaldirektion für Gesundheit und Verbraucherschutz (2003): Reflexionsprozess auf hoher Ebene über Patientenmobilität und die Entwicklungen der gesundheitlichen Versorgung in der Europäischen Union.

Europäische Kommission Generaldirektion für Gesundheit und Verbraucherschutz (2006): Hochrangige Gruppe für das Gesundheitswesen und die medizinische Versorgung. Bericht über die Arbeiten der Hochrangigen Gruppe im Jahr 2006.

Glinos, IA/Baeten, R/Boffin, N (2006): Cross-border contracted care in Belgian hospitals. In: Rosenmöller, M/McKee, M/Baeten, R (eds.): Patient mobility in the European Union. WHO on behalf of the European Observatory on Health Systems and Policies. Copenhagen, 97-118.

Gobrecht, J (1999): National reactions to Kohll and Decker. In: eurohealth. vol. 5(1), 16-17.

Groene, O/Poletti, P/Vallejo, P/Cucic, C/Klazinga, N/Sunol, R (2009): Quality requirements for cross-border care in Europe: a qualitative study of patients', professionals' and healthcare financiers' views. In: Qual.Saf Health Care. vol. 18 Suppl 1, i15-i21.

Harant, P (2006): Hospital cooperation across French borders. In: Rosenmöller, M/McKee, M/Baeten, R (eds.): Patient mobility in the European Union: learning from experience. WHO on behalf of the European Observatory on Health Systems and Policies. Copenhagen, 157-178.

Health and Consumer Protection Directorate-General EC (2007): Summary report of the responses to the consultation regarding "Community action on health services", (SEC (2006) 1195/4 of 26 September 2006).

Kommission der Europäischen Gemeinschaften (2006): Mitteilung der Kommission: Konsultation zu Gemeinschaftsmaßnahmen im Bereich der Gesundheitsdienstleistungen, (SEC (2006) 1195/4).

Kommission der Europäischen Gemeinschaften (2008): Vorschlag für eine Richtlinie des Europäischen Parlaments und des Rates über die Ausübung der Patientenrechte in der grenzüberschreitenden Gesundheitsversorgung, KOM(2008) 414 endgültig. Brüssel.

Legido-Quigley, H/Glinos, I/Baeten, R/McKee, M (2007): Patient mobility in the European Union. In: BMJ, vol. 334(7586), 88-190.

Legido-Quigley, H/Glinos, IA/Walshe, K/Van Beek, B/Cucic, C/McKee, M (2009): Quality and Safety. In: Wismar, M/Palm, W/Figueras, J/Ernst, K/Van Ginneken, E (eds.): Cross-border healthcare: mapping and analysing health systems diversity. Brussels, 84-113.

Legido-Quigley, H/McKee, M/Walshe, K/Sunol, R/Nolte, E/Klazinga, N (2008a): How can quality of health care be safeguarded across the European Union? In: BMJ, vol. 336(7650), 920-923.

Legido-Quigley, H/McKee, M/Nolte, E/Glinos, IA (2008b): Assuring the quality of health care in the European Union. Copenhagen, World Health Organization on behalf of the European Observatory on Health Systems and Policies.

Lombarts, MJ/Rupp, I/Vallejo, P/Sunol, R/Klazinga, NS (2009): Application of quality improvement strategies in 389 European hospitals: results of the MARQuIS project. In: Qual.Saf Health Care. vol. 18 Suppl 1, i28-i37.

McKeown, T (1976): The role of medicine - dream, mirage or nemesis? London.

Mossialos, E/Permanand, G/Baeten, R/Hervey, T (2009): Introduction. In: Mossialos, E/Permanand, G/Baeten, R/ Hervey, T (eds.): Health systems governance in Europe: the role of EU law and policy. Cambridge, 1-2.

Nebling, T/Schemken, HW (2006): Cross-border contracting: the German experience. In: Rosenmöller, M/McKee, M/Baeten, R (eds.): Patient mobility in the European Union: learning from experience. Copenhagen, 137-156.

Nolte, E/McKee, M (2008): Measuring the health of nations: updating an earlier analysis. In: Health Aff., vol. 27(1), 58-71.

Nolte, E/McKee, M (2005): Does health care save lives? Avoidable mortality revisited. London.

Palm, W/Glinos, IA (2009): Enabling patient mobility in the European Union: Between free movement and coordination. In: Mossialos, E/Permanand, G/Baeten, R/Hervey, T (eds.): Health systems governance in Europe: the role of EU law and policy. Cambridge, 224-225.

Papanicolas, I/Smith, PC/Mossialos, E (2008): Principles of performance measurement. In: Euro Observer - Newsletter of the European Observatory on Health Care Systems, vol. 10(1), 1-4.

Paton, C/Berman, PC/Busse, R/Ong, BN/Rehnberg, C/Renck, B/Romo Avilés, N/Silió Villamil, F/Sundh, M/Wismar, M (2002): The European Union and Health Services: Summary. In: Busse, R/Wismar, M/Berman, PC (eds.): The European Union and Health Services. Amsterdam et.al., 1-13.

Rosenmöller, M/McKee, M/Baeten, R (2006): Patient mobility in the European Union. Copenhagen.

Shaw, C/Kutryba, B/Crisp, H/Vallejo, P/Sunol, R (2009): Do European hospitals have quality and safety governance systems and structures in place? In: Qual.Saf Health Care. vol. 18 Suppl 1, i51-i56.

Spencer, E/Walshe, K (2009): National quality improvement policies and strategies in European healthcare systems. In: Qual.Saf Health Care. vol. 18 Suppl 1, i22-i27.

Sunol, R/Garel, P/Jacquerye, A (2009): Cross-border care and healthcare quality improvement in Europe: the MARQuIS research project. In: Qual.Saf Health Care. vol. 18 Suppl 1, i3-i7.

Vallejo, P/Sunol, R/Van, BB/Lombarts, MJ/Bruneau, C/Vlcek, F (2009): Volume and diagnosis: an approach to cross-border care in eight European countries. In: Qual.Saf Health Care. vol. 18 Suppl 1, 8-14.

WHO (2009): WHO-HFA Datenbank, Online-Version, Januar 2009 Update: http://www.euro.who.int/hfadb. (Abfrage vom 09.06.2009)

Wismar, M/Busse, R (1998): Freedom of movement challenges European health care scenery. In: eurohealth. vol. 4(2), 13-15.

Wismar, M/Lahtinen, E/Ståhl, T/Ollia, E/Leppo, K (2006): Introduction. In: Ståhl, T/Wismar, M/Ollia, E/Lahtinen, E/Leppo, K (eds.): Health in all policies: prospects and potentials. Ministry of Social Affairs and Health, Helsinki, XVII-XXX.

Thomas Gerlinger

Die Offene Methode der Koordinierung in der Gesundheitspolitik. Implementationsprobleme und Entwicklungsperspektiven eines neuen Regulationsmodus*

1 Einleitung

Obwohl nach wie vor primär in der Zuständigkeit der Nationalstaaten, wird die Gesundheitspolitik in den Mitgliedstaaten der Europäischen Union (EU) zunehmend in einen europäischen Handlungskontext eingebunden. Diese transnationale Einbindung der Gesundheitspolitik vollzieht sich auf unterschiedlichen Wegen – einer von ihnen ist die Offene Methode der Koordinierung (OMK). Sie stellt insofern ein neues Regulierungsinstrument dar, als sie im Unterschied zur traditionellen Norm- und Regelsetzung in der EU nicht mit hierarchischen Steuerungsinstrumenten operiert, sondern darauf setzt, dass die Mitgliedstaaten auf freiwilliger Grundlage gemeinsam definierte Ziele verfolgen (soft law). Seit dem Beschluss des Europäischen Rates über die Anwendung der OMK auf die Gesundheitspolitik – er wurde auf der Tagung in Lissabon im Jahr 2000 gefasst – ist mittlerweile rund ein Jahrzehnt vergangen, ohne dass bisher substantielle Auswirkungen auf die Gesundheitspolitik der Mitgliedstaaten zu erkennen wären. Der folgende Beitrag fragt nach den Chancen und Risiken dieses neuen Regulierungsmodus und geht den sichtbar gewordenen Implementierungsproblemen nach.

2 Heterogenität der Gesundheitssysteme in der EU

Da die Gesundheitspolitik in erster Linie eine nationalstaatliche Angelegenheit ist, wundert es nicht, dass die Gesundheitssysteme der EU-Mitgliedstaaten nach wie vor erhebliche Unterschiede aufweisen (z.B. Freeman 2000; Blank/Burau 2004; Rothgang et al. 2005; Wendt 2008). Diese Unterschiede betreffen sowohl die makroökonomischen Rahmenbedingungen in den jeweiligen Volkswirtschaften und das Ausgabenniveau im Gesundheitswesen als auch die Finanzierungs-, Versorgungs- und die Regulierungsstrukturen der Gesundheitssysteme selbst. Schlaglichtartig sollen im Folgenden einige dieser Unterschiede am Bei-

---

* Ich danke dem Hanse-Wissenschaftskolleg (HWK) in Delmenhorst, das mir während meines dortigen Aufenthalts als Fellow die Arbeit an diesem Beitrag ermöglicht hat.

spiel von fünf EU-Staaten verdeutlicht werden, die einen eigenen Sozialstaatstypus mit entsprechenden Besonderheiten in der Gesundheitspolitik und in der Gesundheitssystemgestaltung repräsentieren: Deutschland, Schweden, das Vereinigte Königreich, Portugal und Polen.[1] Dabei ist zu beachten, dass die Spannbreite in der EU noch größer ist, wenn man alle Mitgliedstaaten in den Blick nimmt.

Bereits bei der ökonomischen Leistungsfähigkeit und den Gesundheitsausgaben existieren große Unterschiede (Tabelle 1), die mit der Osterweiterung im Jahr 2004 noch einmal stark gewachsen sind. Gemessen in US-$-Kaufkraftparitäten je Einwohner, war das Bruttoinlandsprodukt im Jahr 2007 in Schweden beinahe zweieinhalbmal so hoch wie in Polen. Bei den Gesundheitsausgaben fielen die Unterschiede noch deutlicher aus: Sie waren, ebenfalls in US-$-Kaufkraftparitäten je Einwohner, in Deutschland etwa dreieinhalbmal so hoch wie in Polen. Dabei wichen die Gesundheitsausgaben nicht nur bei den absoluten Zahlen, sondern auch in ihrer volkswirtschaftlichen Bedeutung erheblich voneinander ab: Während Deutschland im Jahr 2007 10,4 Prozent seines Bruttoinlandsprodukts für Gesundheitsausgaben aufwandte, waren es in Polen nur 6,4 Prozent.

Tabelle 1: **Bruttoinlandsprodukt und Gesundheitsausgaben in ausgewählten Mitgliedstaaten der Europäischen Union im Jahr 2007**

	Bruttoinlandsprodukt (US-$-Kaufkraftparitäten, je Einwohner)	*Alle Gesundheitsausgaben (US-$-Kaufkraftparitäten, je Einwohner)*	*Alle Gesundheitsausgaben (% des Bruttoinlandsprodukts)*
Deutschland	33.470	3.588	10,4
Schweden	37.171	3.323	9,1
Vereinigtes Königreich	33.925	2.992	8,4
Portugal	21.918	2.150[a]	9,9[a]
Polen	15.875	1.035	6,4

a - Zahlen für das Jahr 2006   Quelle: OECD 2009a und 2009b

---

1   An dieser Stelle sei darauf hingewiesen, dass die unterschiedlichen Gesundheitssystemtypen nur teilweise deckungsgleich sind mit den in der allgemeinen Wohlfahrtsstaatsdiskussion in Anlehnung an Titmuss und Esping-Andersen identifizierten Wohlfahrtsstaatstypen.

Aber die Heterogenität der Gesundheitssysteme bei den *Finanzierungsstrukturen* beschränkt sich nicht auf die Höhe der Gesundheitsausgaben, sondern erstreckt sich auch auf den Modus der Mittelaufbringung. Manche Gesundheitssysteme werden überwiegend durch Versichertenbeiträge finanziert (z.b. Deutschland, Frankreich), andere überwiegend durch Steuern (z.b. Vereinigtes Königreich, Schweden). Zugleich existieren erhebliche Unterschiede bei den Regeln der Mittelaufbringung, bei der Beteiligung einzelner Gruppen (z.b. Versicherte, Arbeitgeber) an der Finanzierung des Gesundheitswesens und bei der Höhe und Art der Zuzahlungen, die Patienten für die Inspruchnahme von Leistungen zu entrichten haben. Darüber hinaus variiert der Anteil öffentlich und privat getragener Kosten an den gesamten Gesundheitsausgaben erheblich. Im Vereinigten Königreich betrug der Anteil privat getragener Kosten im Jahr 2006 lediglich 12,7 Prozent, in Polen immerhin 30 Prozent (OECD 2008).

Mit Blick auf die *Versorgungsstrukturen* fällt vor allem die höchst unterschiedliche Ressourcenausstattung für die Krankenversorgung auf (Tabelle 2). So ist z.B. die Zahl der praktizierenden Ärzte je 1.000 Einwohner in Deutschland um mehr als fünfzig Prozent höher als in Polen und die Zahl der praktizierenden Krankenpflegekräfte in Schweden mehr als doppelt so hoch wie in Portugal. Die unterschiedlichen Verhältniszahlen von Krankenpflegekräften und Ärzten in den einzelnen Gesundheitssystemen deuten zugleich auf höchst unterschiedliche Formen der Arbeitsteilung zwischen den Gesundheitsberufen hin.

Tabelle 2: Ärzte, Krankenpflegekräfte und Krankenhausbetten je 1000 Einwohner im Jahr 2007

	Praktizierende Ärzte	*Praktizierende Krankenpflegekräfte*	*Krankenhausbetten*
Deutschland	3,50	9,94	8,2
Schweden	3,58[a]	10,83[a]	---
Vereinigtes Königreich	2,48	10,02	3,4
Portugal	3,51	5,11	3,5
Polen	2,19	5,18	6,4

a - Zahlen für das Jahr 2006   Quelle: OECD 2009b

Darüber hinaus existieren in den Mitgliedstaaten je eigene Regeln für den Zugang von Patientinnen und Patienten zum Versorgungssystem. In einigen Ländern ist in der ambulanten Versorgung die Erstinspruchnahme der medizinischen Versorgung nur über den Hausarzt möglich (z.B. Niederlande, Vereinigtes

Königreich), in anderen Ländern können auch Fachärzte direkt aufgesucht werden (z.B. Frankreich, Belgien, Deutschland). Einige Gesundheitssysteme beschränken Krankenhäuser (nahezu) ausschließlich auf die Erbringung stationärer Leistungen (z.B. Deutschland), in anderen können Patienten dort auch ambulant behandelt werden (z.B. Niederlande, Vereinigtes Königreich). Auch die Kataloge der öffentlich finanzierten Leistungen unterscheiden sich von Land zu Land. Erhebliche Unterschiede existieren aber nicht nur in der Krankenversorgung, sondern auch in Prävention und Gesundheitsförderung. Dies betrifft sowohl deren Stellenwert im System der gesundheitlichen Versorgung als auch deren Instrumente und Institutionen.

Schließlich weisen auch die *Regulierungsstrukturen* der Gesundheitssysteme erhebliche Unterschiede auf. In Gesundheitssystemen mit nationalem Gesundheitsdienst bestimmt der Staat stärker direkt die Inhalte und Instrumente gesundheitspolitischer Steuerung, in Krankenversicherungssystemen beschränkt er sich zumeist auf eine Rahmensetzung und delegiert weit reichende Steuerungskompetenzen an Verbände, die auf der Meso-Ebene agieren. Aber auch innerhalb des jeweiligen Gesundheitssystemtypus existieren erhebliche Unterschiede. Obwohl die meisten EU-Mitgliedstaaten verstärkt auf Marktmechanismen bei der Steuerung der Krankenversorgung setzen, variieren die Funktion und die relative Bedeutung staatlicher, korporatistischer und marktorientierter Regulierungselemente in den einzelnen Gesundheitssystemen. Noch vielfältiger wird das Bild mit Blick auf die genannten Merkmale von Gesundheitssystemen, wenn man die 2004 der EU neu beigetretenen Mitgliedstaaten vor allem Ost- und Mitteleuropas in die Betrachtung einbezieht (Schmucker 2003a).

3 Die Bedeutung der Europäischen Union für die Gesundheitspolitik

Die EU lässt sich bekanntlich als ein Mehrebenensystem kennzeichnen, in dem sowohl supranationale Institutionen als auch nationalstaatliche Institutionen über Entscheidungskompetenzen verfügen und sich die Politikentwicklung in der Interaktion dieser Ebenen vollzieht. Die nationalstaatliche Autonomie ist in diesem Mehrebenensystem nicht verschwunden, aber auf zahlreichen Feldern durchaus beschränkt (Pierson/Leibfried 1998; Jachtenfuchs/Kohler-Koch 2003; Wallace/Wallace 2005).

Dabei ist die europäische Integration bis in die Gegenwart im Kern ein ökonomisches Projekt geblieben (z.B. Scharpf 1999; Höpner/Schäfer 2008), d.h. die Integration besteht vor allem in der Beseitigung bisheriger Hindernisse für einen gemeinsamen Markt („negative Integration"). Zwar wurden seit der zweiten

Hälfte der 1980er Jahre die politischen Gestaltungskompetenzen der EU schrittweise ausgebaut („Vertiefung"), aber insgesamt hinkt die Entwicklung politischer Gemeinsamkeiten auf EU-Ebene („positive Integration") der ökonomischen Integration nach wie vor stark hinterher (z.b. Scharpf 1999). Insbesondere auf dem Gebiet der Sozialpolitik sind die Kompetenzen der EU nur schwach ausgeprägt.

Dieser Befund trifft im Grundsatz auch auf das Feld der Gesundheitspolitik zu. Allerdings sind im Zuge der erwähnten Vertiefung auch hier die einschlägigen Aufgaben und Handlungskompetenzen der EU-Institutionen sukzessive erweitert worden. Die Gesundheitspolitik ist mittlerweile auf komplexe Weise in dieses europäische Mehrebenensystem eingebunden. Der Einfluss der supranationalen Ebene erfolgt auf unterschiedlichen Wegen.

Dabei sind zunächst die den europäischen Institutionen durch das europäische Primärrecht explizit zugewiesenen Kompetenzen von Bedeutung. Der EG-Vertrag weist, in der Fassung des Vertrags von Nizza, der EU grundsätzlich die Aufgabe zu, auf allen Politikfeldern ein hohes Niveau des Gesundheitsschutzes sicherzustellen (Art. 152 Abs. 1 EGV). Der Gesundheitsschutz lässt sich somit als eine „Querschnittsaufgabe" charakterisieren, die in allen Ressorts berücksichtigt werden soll. Des Weiteren sieht der EG-Vertrag vor, dass die Tätigkeit der EU „auf die Verbesserung der Gesundheit der Bevölkerung, die Verhütung von Humankrankheiten und die Beseitigung von Ursachen für die Gefährdung der menschlichen Gesundheit gerichtet" sein soll (Art. 152 Abs. 1 EGV). Explizit erwähnt wird in diesem Zusammenhang die Bekämpfung weit verbreiteter Erkrankungen, in deren Zusammenhang die Erforschung der Ursachen, der Übertragung und der Verhütung sowie die Gesundheitsinformation und -erziehung gefördert werden sollen.

Neben diesen allgemeinen Aufgabenbestimmungen werden der EU auf einzelnen präventionspolitisch bedeutsamen Feldern auch explizite Regelungskompetenzen zugewiesen, nämlich beim Gesundheitsschutz in der Arbeitsumwelt (Art. 137 Abs. 1 u. 2 EGV) und beim gesundheitlichen Verbraucherschutz (Art. 153 EGV). Die EU kann auf beiden Feldern durch Richtlinien supranationale Mindeststandards festsetzen, die von den Mitgliedstaaten nicht unterschritten werden dürfen. Die betreffenden Richtlinien werden vom zuständigen Ministerrat, also durch die Mitgliedstaaten, erlassen. Da für eine Entscheidungsfindung lediglich eine qualifizierte Mehrheit notwendig ist (§§ 137 Abs. 2 und 153 Abs. 4 EGV), können einzelne von ihnen überstimmt und damit zu Maßnahmen gezwungen werden, die sie eigentlich missbilligen oder nicht für notwendig halten.[2] Die Europäische Kommission überwacht die Umsetzung dieser Vorschriften durch die Mitgliedstaaten. Werden Richtlinien rechtlich nicht angemessen oder nicht fristgerecht umgesetzt, so kann die Europäische Kommission ein Vertragsverletzungsverfahren einleiten, an dessen Ende den betreffenden Mitgliedstaaten Sanktionen drohen.

Aus diesen Bestimmungen erwächst für die supranationale Handlungsebene in der EU jedoch nicht jenes Maß an Gestaltungskompetenzen, das sich auf den ersten Blick vermuten ließe. Denn zugleich schränkt der EG-Vertrag die Zuständigkeit der EU auf dem Gebiet des Gesundheitsschutzes in vielfältiger Weise ein:

- So sieht er vor, dass die Gemeinschaft die Politik der Mitgliedstaaten lediglich ergänzt, ihre Zusammenarbeit fördert und erforderlichenfalls unterstützt (Art. 152 Abs. 1 u. 2 EGV). Die Mitgliedstaaten der EU behalten also ihre primäre Zuständigkeit und Verantwortung auf diesen Feldern.
- Darüber hinaus gilt für alle Gemeinschaftsaktivitäten das Subsidiaritätsprinzip: Die EU darf demzufolge nur dann und insoweit tätig werden, als die betreffenden Aufgaben auf supranationaler Ebene besser als auf einzelstaatlicher Ebene gelöst werden können (Art. 5 Abs. 2 u. 3 EGV). Dies gilt auch für jene Felder, auf denen die EU über explizite Rechtsetzungskompetenzen verfügt.

Ob europaweite Regelungen zu einzelnen gesundheitsrelevanten Problemfeldern (z.B. der Regelung von Arbeitszeiten) angesichts dieser Einschränkungen jeweils zulässig sind, ist immer wieder Gegenstand politischer Auseinandersetzungen unter den Mitgliedstaaten sowie zwischen Mitgliedstaaten und Kommission – ebenso wie die Frage, wie detailliert derartige Bestimmungen sein sollen und wie hoch das durch sie festgelegte Schutzniveau anzusetzen ist.

Wenn das Politikfeld Gesundheit in Europa auch zu Beginn des 21. Jahrhunderts als eine Domäne der Nationalstaaten bezeichnet werden muss, so ist dies auf die im EG-Vertrag festgeschriebene Begrenzung ihrer Regulierungskompetenzen zurückzuführen. Denn aus den erwähnten Zuständigkeiten erwächst für die EU keine Kompetenz zur Gestaltung der sozialen Sicherung im Krankheitsfall und zur Organisation der gesundheitlichen Versorgung – weder im Bereich der Prävention noch im Bereich der Krankenversorgung. Vielmehr sieht der EG-

---

2 Da es sich bei den Richtlinien um Mindeststandards handelt, können die Mitgliedstaaten für ihr Hoheitsgebiet schärfere Bestimmungen erlassen, allerdings dürfen sie diese dann nicht zum Anlass nehmen, den freien Verkehr von Waren und Dienstleistungen auf dem europäischen Binnenmarkt zu behindern.

Vertrag ausdrücklich vor, dass „die Verantwortung der Mitgliedstaaten für die Organisation des Gesundheitswesens und die medizinische Versorgung in vollem Umfang gewahrt" wird (Art. 152 Abs. 5 EGV). Gleichzeitig darf die „Befugnis der Mitgliedstaaten, die Grundprinzipien ihres Systems der sozialen Sicherheit festzulegen" (Art. 137 Abs. 4 EGV), nicht berührt werden. Generell haben Maßnahmen im Bereich des sozialen Schutzes und des Gesundheitswesens „unter Ausschluss jeglicher Harmonisierung der Rechts- und Verwaltungsvorschriften der Mitgliedsstaaten" stattzufinden und „dürfen das finanzielle Gleichgewicht dieser Systeme nicht erheblich beeinträchtigen" (Art. 137 Abs. 4 EGV).

Die Kompetenz zur Gestaltung ihrer Gesundheitssysteme liegt damit nach wie vor bei den Mitgliedstaaten. Dies betrifft vor allem:

- die Organisation und institutionelle Gestaltung von Prävention und Gesundheitsförderung,
- die Organisation des Krankenversorgungssystems einschließlich der institutionellen Gliederung und der Arbeitsteilung zwischen den Berufsgruppen,
- die Zuweisung von Kompetenzen an individuelle und kollektive Akteure bei der Regulierung der Gesundheitssysteme,
- Art und Umfang der sozialen Sicherung im Falle von Krankheit und Pflegebedürftigkeit, also den Umfang öffentlich finanzierter Leistungen.

Auch der Vertrag von Lissabon hält an dieser Zuständigkeit der Nationalstaaten fest (Art. 168 Abs. 7 Vertrag über die Arbeitsweise der Europäischen Union – AEUV).

Für die gesundheitspolitischen Wechselwirkungen zwischen EU-Ebene und nationalstaatlicher Ebene sind aber nicht nur die absichtsvoll herbeigeführten Entscheidungen über die über die Verteilung der Rechtsetzungskompetenzen von Bedeutung, sondern auch die unbeabsichtigten Wirkungen des Integrationsprojekts (Schmucker 2003b). Diese unbeabsichtigten Wirkungen gehen zurück auf Widersprüche zwischen dem europäischen Wirtschaftsrecht und dem nationalstaatlichen Sozial- bzw. Krankenversorgungsrecht. Der Europäische Gerichtshof (EuGH), dem derartige Probleme vorgelegt werden, hat seine Entscheidungen in der Vergangenheit oftmals am Vorrang der „vier Freiheiten" des europäischen Binnenmarktes orientiert und sich somit auch auf dem Feld der Gesundheitspolitik als ein Motor der Liberalisierung erwiesen. Dies hat dazu geführt, dass die erwähnte Beibehaltung der mitgliedstaatlichen Zuständigkeit für die Gestaltung der Gesundheitssysteme nicht mit einer uneingeschränkten Handlungsfreiheit der Mitgliedstaaten gleichzusetzen ist. Grundsätzlich hat der EuGH in verschiedenen Urteilen klargestellt, dass die Mitgliedstaaten bei der Gestaltung ihrer Gesundheitssysteme die Bestimmungen zum Binnenmarkt so weit wie möglich zu beachten haben – also den freien Verkehr von Personen, Waren, Dienstleistungen und Kapital zwischen den Mitgliedstaaten. Diese können nur außer Kraft gesetzt werden, wenn „zwingende Gründe des Allgemeininteresses" dies erfordern. Solche Gründe seien z.b. gegeben, wenn eine erhebliche Gefahr für das finanzielle Gleichgewicht des sozialen Sicherungssystems oder die öffentliche Gesundheit bzw. den Gesundheitsschutz bestünde. Die Grundsätze des Binnenmarktes finden also grundsätzlich auch auf das Gesundheitswesen Anwendung und schränken insofern die Gestaltungsfreiheit der Mitgliedstaaten ein.

Diese Interpretationslinie hat zum einen Auswirkungen auf die Rechte von Bürgern bei der grenzüberschreitenden Inanspruchnahme von Leistungen der Kranken- und Pflegeversicherung. So hat der EuGH die Rechte der Versicherten bei der Inanspruchnahme und die Erstattungspflichten der Finanzierungsträger bei der grenzüberschreitenden Inanspruchnahme gesundheitlicher Leistungen beträchtlich erweitert (z.B. McKee/Mossialos/Baeten 2002; Busse/Wismar/Berman 2002; Jacobs/Wasem 2003; Schmucker 2003b; Wille 2003). Zum anderen berührt das Spannungsverhältnis zwischen europäischem Wirtschafts- und Wettbewerbsrecht und dem nationalstaatlichen Sozial- und Krankenversorgungsrecht auch die politische Regulierung des Gesundheitssystems. Dieses Spannungsverhältnis ist für Deutschland insbesondere im Hinblick auf die Regulierungsstrukturen in der gesetzlichen Krankenversicherung (GKV) von Bedeutung. Bei der Regulierung in der GKV spielen Kollektivverhandlungen und Kollektivverträge traditionell eine besondere Rolle (z.B. Rosenbrock/Gerlinger 2006). Der Staat reguliert viele Bereiche nicht selbst, sondern beschränkt sich oftmals auf Rahmenregelungen und delegiert die Kompetenz zur konkretisierenden Ausgestaltung dieses Rahmens an die Verbände der Krankenkassen und an die Verbände der Leistungserbringer. Diese Konstellation birgt insofern die Gefahr von Kollisionen mit dem europäischen Wirtschafts- und Wettbewerbsrecht, als dieses u. a. das Verbot „wettbewerbsbeschränkender Vereinbarungen und Verhaltensweisen" (Art. 81 EGV) sowie das Verbot des „Missbrauchs einer marktbeherrschenden Stellung" (Art. 82 EGV) beinhaltet. Zwar hat der EuGH in einem 2004 ergangenen Urteil die Krankenkassen vom Geltungsbereich dieser Bestimmungen ausgenommen, denn – so die Darlegung des Gerichts – sie übten eine soziale Tätigkeit aus und seien daher keine Unternehmen im Sinne des EG-Vertrags (EuGH 2004). Allerdings ist diese Einstufung der Krankenkassen um so stärker in Frage gestellt, je mehr die Gesundheitspolitik die Behandlungskosten privatisiert und die Steuerung der Krankenversorgung an Markt- und Wettbewerbsmechanismen ausrichtet, denn die Krankenkassen als Finanzierungsträger drohen damit ihren sozialen Charakter und damit genau jene Eigenschaften zu verlieren, aus denen sich dem EuGH zufolge der nicht-wirtschaftliche Charakter einer Organisation ergibt (Ebsen 2000; Knispel 2001; Bieback 2002). Insgesamt hat der EuGH mit seiner Rechtsprechung dazu beigetragen, dass die Dynamik der Marktschaffung seit den 1990er Jahren verstärkt die – im Kern staatlich regulierten – Gesundheitssysteme in der EU erfasst hat.

Darüber hinaus beeinflussen nicht nur explizite formelle und inhaltliche Vorgaben für die Rechtsetzung das Verhältnis von europäischer und nationalstaatlicher Handlungsebene, sondern auch der mit dem Binnenmarktprojekt geschaffene stumme Zwang der ökonomischen Verhältnisse (Radaelli 2007). Die Antwort der Nationalstaaten auf den verschärften ökonomischen Wettbewerb besteht darin, die Angebotsbedingungen für Unternehmen zu verbessern. Ein zentrales Element in dieser Strategie ist die Begrenzung der Ausgaben für die soziale Sicherung – eine Strategie, die gerade durch die Schaffung eines gemeinsamen Marktes ohne synchrone Ausweitung gemeinsamer Sozialstandards auf europäischer Ebene erst möglich wird. Auch in der Gesundheitspolitik werden diese Tendenzen sichtbar und bestimmen zunehmend deren Entwicklungsrichtung (Hervey 2008).

4 Harmonisierungsrestriktionen und Konvergenztendenzen in der Gesundheitspolitik

Europäische Harmonisierungsbestrebungen in der Gesundheitspolitik blieben in der Vergangenheit stets schwach. Dies hat eine Reihe von sowohl ökonomischen als auch politischen Ursachen (Urban 2003):

- Es existiert – wie gezeigt – ein erhebliches ökonomisches Gefälle zwischen den Mitgliedstaaten, das wiederum große Unterschiede im Niveau der Absicherung des Krankheitsrisikos zur Folge hat. Zudem weisen die Mitgliedstaaten unterschiedliche Traditionen in der Sozialpolitik auf, in welche die Gesundheitspolitik eingebunden ist. Die Frage nach der sozialen Sicherung im Krankheitsfall berührt die Zuständigkeit der Nationalstaaten und ist im Hinblick auf die Entwicklung der öffentlichen Finanzen bzw. der Arbeitskosten von großer Bedeutung.

- Die nationalstaatlichen institutionellen Arrangements im Politikfeld Gesundheit sind Ausdruck spezifischer Kräfteverhältnissen zwischen den beteiligten Akteuren und konstituieren bei ihnen Interessen, die ihrerseits zumeist eine große Beharrungskraft entwickeln.

- Die Gesundheitspolitik eignet sich aus der Perspektive der Regierungen in den Mitgliedstaaten in besonderer Weise dafür, staatliche Sozialleistungen gegen Bürgerakzeptanz und Wählerstimmen zwischen Regierungen und Bevölkerungen politisch zu tauschen.

Verstärkt wird das Problem divergierender Ausgangsbedingungen in den Nationalstaaten durch Steuerungspathologien im europäischen Institutionensystem, die Scharpf (1985, 1999) in der These von der „Politikverflechtungsfalle" auf den Punkt gebracht hat. Denn im politischen System der EU sind Entscheidungen auf europäischer Ebene von der Zustimmung der Regierungen der Mitgliedstaaten abhängig; in vielen Fällen ist sogar Einstimmigkeit, zumindest aber ein hoher Grad an Zustimmung („qualifizierte Mehrheit") erforderlich. Die Folge dieser Konstruktion ist eine verminderte Problemlösungsfähigkeit der politischen Institutionen, also suboptimale Lösungen oder gar politische Stagnation, weil sie es einzelnen oder einer Minderheit von Mitgliedstaaten erleichtert, Lösungen zu blockieren.

Angesichts dieser ökonomischen, institutionellen und politischen Restriktionen wundert es nicht, dass in der EU keine wirklich relevanten Tendenzen einer Harmonisierung der institutionellen Arrangements auf dem Feld der Gesundheitspolitik zu beobachten sind. Wenn sie überhaupt sichtbar wurden, scheiterten sie in der Regel recht bald am starken Widerstand einer Mehrzahl von Mitgliedstaaten. So ist denn auch die 1992 verabschiedete Empfehlung des Europäischen Rates zur Konvergenz der sozialen Sicherungssysteme (Europäischer Rat 1992) in den Mitgliedstaaten ohne praktische Auswirkung geblieben.

Ungeachtet dessen finden in den nationalstaatlichen Gesundheitsreformen seit den 1980er Jahren oftmals ähnliche Steuerungsinstrumente Anwendung und lassen sich bei der Analyse der Gesundheitssystementwicklung dementsprechend auch gewisse Konvergenztendenzen erkennen. Jedoch sind diese nicht auf eine Etablierung transnationaler Regelungskompetenzen zurückzuführen (Freeman/Moran 2000), sondern in erster Linie eine Antwort auf gemeinsame wirtschafts- und finanzpolitische Rahmenbedingungen. So hat das Missverhältnis zwischen ökonomischer und (sozial-)politischer Integration (Scharpf 1999) weit reichende Folgen für die Grundausrichtung der Gesundheitspolitik in den Mitgliedstaaten. Ihre Antwort auf die verschärfte ökonomische Wettbewerbssituation besteht zumeist in Versuchen, die Angebotsbedingungen für das Kapital zu verbessern und auf diese Weise den heimischen Wirtschaftsstandort zu stärken. Ein zentrales Element in dieser Strategie ist die Senkung von Ausgaben für die soziale Sicherung – ein Weg, der beschritten werden kann, weil die Schaffung eines gemeinsamen Marktes nicht von einer synchronen Ausweitung gemeinsamer Sozialstandards auf europäischer Ebene begleitet wird. Auch in der Gesundheitspolitik werden diese Tendenzen sichtbar und bestimmen zunehmend deren Entwicklungsrichtung. Zwar behalten die Gesundheitssysteme zumeist ihre institutionelle Grundordnung bei, allerdings antworten sie auf den Wandel von Kontextbedingungen in vielen Fällen mit ähnlichen Instrumenten (Freeman 2000; Blank/Burau 2004; Rothgang et al. 2005; Gerlinger 2009). Dabei steht zumeist der Versuch zur Begrenzung öffentlich finanzierter Gesundheitsausgaben im Mittelpunkt. So ist die *Finanzierung* durch eine fortschreitende Privatisierung von Kosten gekennzeichnet, die sich vor allem durch Leistungsausgliederungen, die Ausweitung von Zuzahlungen und die Ausweitung privater Versicherung vollzieht. Mit Blick auf die *Versorgung* bemüht sich Gesundheitspolitik um eine Rationalisierung der Strukturen, die vor allem aus dem Bestreben erwächst, die mit der Verknappung von Finanzmitteln für die öffentlich finanzierte Krankenversorgung einhergehenden Legitimationsrisiken für die politischen Entscheidungsträger zu begrenzen. Zu den wichtigsten Maßnahmen einer Rationalisierung von Versorgungsstrukturen zählt die Integration der Versorgungsverläufe (zwischen ambulanter und stationärer Versorgung sowie zwischen Akutversorgung, Rehabilitation und Pflege). Des Weiteren bemühen sich insbesondere diejenigen Gesundheitssysteme, die bisher stark auf eine hohe fachärztliche Versorgungsdichte gesetzt haben, um eine Aufwertung des Hausarztes, der als Anlaufstelle und Koordinator von Versorgungsprozessen gestärkt werden soll. Mit Blick auf die *Regulierung* greifen einige Mitgliedstaaten auf Steuerungsinstrumente zurück, die den Wettbewerb zwischen den Finanzierungsträgern und den Leistungserbringern verstärken sollen.

Neben diesen gemeinsamen wirtschafts- und finanzpolitischen Rahmenbedingungen werden die Konvergenztendenzen auch durch spezifische gesundheitspolitische Problemkonstellationen befördert. Dazu zählen vergleichbare gesundheitliche Problemlagen (Alterung der Gesellschaft, die Dominanz chronisch-degenerativer Erkrankungen) und vielfach ähnlich gelagerte Defizite in den jeweiligen Versorgungssystemen (Qualitäts- und Effizienzmängel in den Versorgungsstrukturen sowie ein Ausgabenanstieg im Gesundheitswesen).

5 Die Offene Methode der Koordinierung in der Gesundheitspolitik: Merkmale eines neuen Regulierungsmechanismus

Ungeachtet dieser Rückwirkungen des europäischen Integrationsprozesses auf die Gesundheitspolitik und die Gesundheitssysteme der Mitgliedstaaten ist der Einfluss der supranationalen Institutionen auf diesem Politikfeld nach wie vor gering. Nicht zuletzt vor diesem Hintergrund wird seit dem Jahr 2000 mit der

Offenen Methode der Koordinierung (OMK) auf europäischer Ebene ein neuartiger Regulierungsmodus in der Gesundheitspolitik etabliert. Die OMK ist ein Instrument, das die freiwillige Kooperation und den Austausch bewährter Verfahren zwischen den EU-Mitgliedstaaten verbessern und ihnen auf diese Weise eine Hilfestellung bei der Weiterentwicklung ihrer nationalstaatlichen Politik geben soll. Diese Methode wurde bereits in den 90er Jahren in der Arbeitsmarktpolitik und in der Rentenpolitik angewandt. Die OMK wurde erstmals in den Schlussfolgerungen des Rates von Lissabon definiert und umfasst vier Kernelemente (Europäischer Rat 2000):

- die Festlegung von Leitlinien für die Entwicklung einzelner Politikbereiche einschließlich eines Zeitplans für die Verwirklichung der kurz-, mittel- und langfristigen Ziele;
- die Festlegung quantitativer und qualitativer Indikatoren und Benchmarks, mit deren Hilfe nationalstaatliche Praktiken vergleichbar gemacht und bewährte Verfahren identifiziert werden sollen;
- die Umsetzung der europäischen Leitlinien in die Politik der Mitgliedstaaten durch Entwicklung konkreter Ziele und Erlass entsprechender Maßnahmen;
- die regelmäßige Überwachung, Bewertung und gegenseitige Prüfung der getroffenen Maßnahmen und erzielten Fortschritte.

Die Formulierung dieses neuen Verfahrens in Lissabon steht in engem Zusammenhang mit der dort ebenfalls vorgenommenen Formulierung eines neuen wettbewerbspolitischen Leitbilds für die EU, nämlich dem Ziel, den Übergang zum wettbewerbsfähigsten, dynamischsten wissensbasierten Wirtschaftsraum der Welt zu schaffen. Für die angestrebte Dynamisierung des Wachstums spielt aus Sicht von Europäischer Kommission und Europäischem Rat die Gesundheitspolitik eine wichtige Rolle.

Die OMK zeichnet sich gegenüber den bisherigen Politikstrategien und Koordinationsversuchen durch einige Besonderheiten aus, die sie zu einem neuen Regulierungsmechanismus mit einem eigenen, supranationalen Verhandlungsregime – definierten Akteuren, spezifischen Verfahrensregeln und politischen Zielen – machen:

- Die politischen Interventionen, die über die OMK koordiniert werden sollen, sind jenseits der traditionellen, im EG-Vertrag festgeschriebenen Instrumente der Rechtsetzung angesiedelt. Nicht durch rechtsverbindliche Vorgaben und formelle Sanktionsregeln, sondern durch einen gemeinschaftlichen Koordinierungs- und Lernprozess („weiche Steuerung"), der eher auf „kommunikative und interaktive" Steuerungsformen (Tidow 1999) setzt, sollen künftig politische Gemeinsamkeiten zwischen den Mitgliedstaaten gefördert werden (z.B. Radaelli 2003).

- Der Europäische Rat, die Europäische Kommission und die EU-Ministerräte sind die Schlüsselakteure der europaweiten Koordination. Die Kommission ist die maßgebliche Instanz auf der Ebene der Steuerung und Moderation des Verfahrens. Sie unterbreitet die Vorschläge für Indikatoren und Leitlinien und erstellt die erforderlichen Syntheseberichte, aus denen der Grad der Zielerreichung abgelesen wird. Die EU-Ministerräte für Arbeit und Sozialfragen sowie für Wirtschaft und Finanzen beschließen über die Leitlinien und Indikatoren. Doch die entscheidende Rolle spielt der Europäische Rat, dem explizit eine stärkere Leitungs- und Koordinierungsfunktion und entsprechende Kompetenzen zugewiesen werden (Europäischer Rat 2000). Er hat die Umsetzung der Strategien und Prozesse zu überwachen und gegebenenfalls korrigierend einzugreifen.

- Damit schlägt die OMK einen Mittelweg zwischen klassischen Harmonisierungsbestrebungen und bloßen Empfehlungen oder intergouvernementalen Vereinbarungen ein (z.b. Hodson/Maher 2001; de la Porte und Pochet 2002; Radaelli 2003). Die Bindungskraft der Vereinbarungen ist geringer als die traditioneller Rechtsetzung, aber größer als die bloßer Absichtserklärungen (de la Porte und Pochet 2002: 11). Dieses Verfahren lässt sich insofern als eine Regulierungsform charakterisieren, die den Übergang von einer Strategie der „Harmonisierung der Institutionen" zu einer „Harmonisierung der Politikziele" einzuleiten versucht (Gerlinger/Urban 2006). Konvergente Entwicklungsprozesse sollen über den Weg einer EU-weiten Koordinierung der Politikzielformulierung erreicht werden, ohne die Souveränität der Nationalstaaten formell in Frage zu stellen. Indem die OMK die Koordinierungs- und Leitungsfunktion der EU-Gremien stärkt und gleichzeitig die einzelstaatliche Letztentscheidungskompetenz aufrecht erhält, zielt sie darauf, Entscheidungsblockaden und Politikverflechtungsfallen bei der Verfolgung gemeinsamer europäischer Ziele zu vermeiden. Die wechselseitige Rücksichtnahme auf die jeweiligen Interessenlagen, Problemlösungskapazitäten und Kompetenzen soll mit einem Konzept einer möglichst effektiven Entscheidungsfindung verknüpft werden. In diesem Sinne scheint die OMK einem Integrationsmodus zu entsprechen, der sowohl „autonomieschonend" als auch „gemeinschaftsverträglich" ist (Scharpf 1999). Nationalstaatliche und supranationale Kompetenzen dürften sich auf diese Weise zu einer neuen Form der Arbeitsteilung in einem europäischen Mehrebenensystem verschränken. Auch wenn die rechtliche Zuständigkeit der Mitgliedstaaten unberührt bleibt, kann – so die Erwartung – durch die Selbstverpflichtung und die Praxis der Überprüfung von Fortschritten ein Druck auf die Mitgliedstaaten entstehen, als ineffizient oder suboptimal ermittelte Strukturen bei der Gestaltung von Politikfeldern im Mitgliedstaat zu verbessern.

Die supranationalen Institutionen in der EU sind mit der Anwendung der OMK auf die Gesundheitspolitik bemüht, ihren Einfluss auch auf die Gestaltung der nationalstaatlichen Krankenversicherungs- und Krankenversorgungssysteme deutlich zu verstärken (Gerlinger/Urban 2006). Seit der Ratssitzung von Lissabon haben die Kommission und der Europäische Rat die Ziele und das Verfahren der OMK in der Gesundheitspolitik weiter konkretisiert. Als gemeinsame Probleme, auf die die Gesundheitspolitiken in Europa zu reagieren haben, nennt die Europäische Kommission die Überalterung der Bevölkerung, die Folgen der Entwicklung neuer Technologien und Therapien in der Medizin sowie die wachsende Nachfrage der Bevölkerung nach medizinischen Leistungen und entsprechenden Angeboten im Zuge der Steigerung des Lebensstandards und des Bildungsniveaus. Die Kommission stellt fest, dass diese Entwicklungen die Frage nach den Finanzierungsmodalitäten aufwerfen und den Druck zur Kostendämpfung erhöhen. Daher sei es notwendig, „klare, transparente und wirksame Evaluierungsverfahren" zu erarbeiten (Europäische Kommission 2001: 7). Bemerkenswert an der Positionsbestimmung der Europäischen Kommission ist erstens die Eindeutigkeit, mit der die Problematik der langfristigen Finanzierbarkeit der Gesundheitspolitik in die ordnungspolitischen Prämissen der Wirtschafts- und Fiskalpolitik integriert wird, und zweitens die Vehemenz, mit der die Europäische Kommission unmissverständlich auf dem Beitrag der Gemeinschaftspolitiken für die europäische Gesundheitspolitik insistiert.

Für die Gesundheitspolitik in der EU formuliert der Kommissionsbericht drei Hauptziele, die es gleichzeitig zu verwirklichen gelte (ebd.):

- die Sicherung des allgemeinen Zugangs zu einer hochwertigen Gesundheitsversorgung;
- die Erhöhung von Transparenz und Qualität der Gesundheitssysteme durch die Evaluation medizinischer Verfahren und die Evaluation von Versorgungsstrukturen;
- die Fortsetzung der auf eine Kostendämpfung zielenden Reformen.

Aus dieser Problemanalyse und Zielbestimmung ziehen Europäischer Rat und Europäische Kommission die Konsequenz, dass die Gesundheitssysteme an die Erfordernisse einer dynamischen, wachstumsorientierten Ökonomie anzupassen seien. Um dieses Ziel zu erreichen, müssten die öffentlichen Finanzen nachhaltig konsolidiert und der soziale Schutz in der EU modernisiert werden. Damit erfährt die Sozialpolitik und mit ihr die Gesundheitspolitik insofern eine strategische Aufwertung, als sie nun systematisch in eine europäische Wirtschafts- und Wachstumspolitik integriert werden und den strategischen Umbau der europäischen Wirtschaft unterstützen sollen. In diesem Zusammenhang weist der Europäische Rat darauf hin, dass eine Reform der nationalstaatlichen Gesundheitssysteme notwendig ist, um auch in Zukunft eine hochwertige medizinische Versorgung gewährleisten zu können. Die OMK will also eine Effizienzsteigerung der Gesundheitssysteme durch eine stärkere Zusammenarbeit der Mitgliedstaaten und eine Stärkung der Koordinierungs- und Leitungsfunktion der EU erreichen.

Wodurch lassen sich die forcierten Bestrebungen, die Gesundheitspolitik in den Prozess der europäischen Integration einzubinden, erklären? Einen allgemeinen Zugriff bietet die These von der funktionalen Verknüpfung einzelner Handlungsbereiche. Auch wenn die Integration zunächst auf wirtschaftliche Aspekte beschränkt sei, erzeuge die Schaffung eines Binnenmarktes „spill-overs" in andere Handlungsfelder (Leibfried 2000). So wirft das Ziel der Marktintegration über kurz oder lang auch die Frage auf, wie mit Waren und Dienstleistungen des Gesundheitssektors auf dem Binnenmarkt zu verfahren sei, denn zum einen ist das Gesundheitswesen Teil der sozialen Absicherung der ökonomischen Integration, zum anderen werden die betreffenden Waren und Dienstleistungen durch wirtschaftliche Aktivitäten bereitgestellt. Der spill-over-Ansatz lässt sich also auch auf die Integrationsprozesse in der Gesundheitspolitik anwenden.

Allerdings erklärt er nicht die von Kommission und Europäischem Rat angestrebte spezifische Form der Einbindung dieses Handlungsfeldes in die Lissabonner Wettbewerbsstrategie. Einen Zugang für die Erklärung der Anwendung der OMK auf die Gesundheitspolitik gerade in diesen spezifischen Zusammenhang bieten regulationstheoretisch orientierte Ansätze (z.B. Aglietta 2000; Boyer/Saillard 2002). Sie betonen, dass die Veränderungen in einzelnen wohlfahrtsstaatlichen Politikfeldern in den Zusammenhang der sozialökonomischen, institutionellen und normativ-kulturellen Kontextbedingungen zu stellen sind. Eine Kernannahme des regulationstheoretischen Zugangs besteht darin, dass stabile kapitalistische Formationen sich durch eine Kohärenz von sozialökonomischen Basisstrukturen („Akkumulationsregime") und politisch-institutionellen Regulierungssystemen („Regulationsweise") auszeichnen (Hirsch/Roth 1986). Übergänge zu einer neuen Formation kommen in der Regel infolge umfassender Produktivitäts- und Legitimationskrisen der alten Konfigurationen in Gang. Die gegenwärtige Periode wird als krisenhafter Übergang vom fordistischen (Sozialstaats-)Kapitalismus zu einem postfordistischen, angebotsorientierten Kapitalismus charakterisiert (z.B. Hirsch/Roth 1986; Boyer 2000). Dieser Übergang tritt auf europäischer Ebene als „wettbewerbspolitische Restrukturierung" (Urban 2005) oder als „regulative Wettbewerbsmodernisierung" (Bieling/Deppe 2003) in Erscheinung. Die Strategien der Schlüsselakteure zielen auf eine Transformation von Akkumulationsregime und Regulationsweise, die eine neue Kohärenz zwischen beiden Sphären herstellt sowie neue Produktivitäts- und Legitimationspotenziale zu aktivieren in der Lage ist. Der so vorangetriebene Prozess der Erneuerung erfasst also nicht nur den Bereich der Ökonomie, sondern bringt zugleich neue Instrumente und Mechanismen der institutionellen Regulation von Ökonomie und Gesellschaft hervor.

Diese übergreifende Reorganisationsdynamik erfasst sowohl die sozialökonomischen Basisstrukturen („Akkumulationsregime") als auch die politisch-institutionellen Regelsysteme („Regulationsweise") – und damit die politisch-institutionellen Arrangements sowohl in den Nationalstaaten als auch auf EU-Ebene. Aus regulationstheoretischer Perspektive wären auch die Veränderungen in der Gesundheitspolitik im Zusammenhang mit dieser Transformation zu analysieren. In einen solchen Zusammenhang eingebettet, ließen sich die neue Integrationsdynamik sowie die zu konstatierende Ökonomisierung der Gesundheitspolitik als politikfeldspezifische Teilprozesse übergreifender wettbewerbspolitischer Restrukturierungsbemühungen in Europa begreifen, der die Europäische Union auf einen neuen, produktiveren und nach außen wettbewerbsfähigeren Integrationspfad bringen sollen. Die Gesundheitssysteme und die Gesundheitspolitik, so ließe sich argumentieren, werden in diesem Handlungskontext aus einem doppelten Grunde wettbewerbspolitisch interessant und damit strategisch aufgewertet. Zum einen ist das Gesundheitswesen als weitgehend öffentlich – sei es über arbeitseinkommensbezogene Beiträge, sei es über Steuern – finanzierter Sektor ein Teil des Systems sozialer Sicherung, dessen Ausgaben in der Perspektive angebotsorientierter Wirtschaftspolitik einen negativen Effekt auf die Wettbewerbsfähigkeit des Standorts und der dort ansässigen Unternehmen haben und daher im Kern unerwünscht sind. Zudem drohe in den kommenden Jahrzehnten, hervorgerufen und beschleunigt durch den demographischen Wandel und den medizinisch-technischen Fortschritt ein erheblicher Ausgabenanstieg.[3] Zum anderen biete das Gesundheitswesen erhebliche Beschäftigungspotentiale und könne damit einen wichtigen Beitrag zur Überwindung der chronischen Beschäftigungskrise leisten.

---

3   Zur empirischen Tragfähigkeit dieser Sicht, die durchaus skeptisch zu bewerten ist, kann hier nicht argumentiert werden. Entscheidend ist in diesem Zusammenhang lediglich, dass die politischen Entscheidungsträger sich in ihrer überwältigenden Mehrheit diese Sicht zu eigen machen.

6 Der Stand der OMK-Umsetzung in der Gesundheitspolitik

Angesichts deren Tragweite wundert es nicht, dass die OMK in der Gesundheitspolitik bisher nur zähe Fortschritte machte. Die bisherigen Erfahrungen zeigen, dass die Implementierung dieses neuen Regulierungsmechanismus mit einer Vielzahl von Problemen verknüpft ist. Bereits der Europäische Rat auf dem Gipfel in Barcelona (2002) erklärte es für erforderlich, zunächst Daten und Informationen über die nationalstaatlichen Gesundheitssysteme und -politiken zusammenzutragen, bevor Indikatoren und Leitlinien erarbeitet werden können (Europäischer Rat 2002). In der Mitteilung über die Straffung der OMK (Kommission 2003) beklagte die Kommission, „dass Fragen im Zusammenhang mit Gesundheitsversorgung und Langzeitpflege im Rahmen der Zusammenarbeit im Bereich Sozialschutz noch nicht eingehend untersucht wurden" und „bei der politischen Zusammenarbeit in diesem Bereich ganz spezifische Umstände und Schwierigkeiten zu berücksichtigen" seien (ebd.: 9). Zudem stellte sie mit Blick auf die OMK fest, „dass mit jedem neu hinzukommenden Element die Gefahr größer wird, dass die Komplexität zunimmt (…), und dass die allgemeinen Botschaften nicht mehr klar transportiert werden" (Kommission 2003: 6).

Angesichts der nur schleppenden Fortschritte bei der Umsetzung der Lissabon-Strategie beschloss der Europäische Rat auf seiner Frühjahrstagung 2005 in Brüssel Maßnahmen zur Neubelebung des Lissabon-Prozesses, der auch Veränderungen beim OMK-Verfahren beinhaltet (Europäischer Rat 2005). Diese Maßnahmen zur Neubelebung folgten im Wesentlichen den vorangegangenen Vorschlägen der Europäischen Kommission zur Straffung („streamlining") des OMK-Verfahrens, mit der die einschlägigen Arbeiten auf EU-Ebene vereinfacht und optimiert werden sollten. Das neue Konzept sah einen nunmehr dreijährigen Politikzyklus vor, der mit dem Jahr 2005 begann. Die Ziele und Reformstrategien auf den einzelnen Regelungsfeldern (einschließlich der Gesundheitsversorgung) sollten für den Zeitraum von drei Jahren, also zunächst bis 2008, unverändert bleiben. Im Kern läuft dieses novellierte Verfahren darauf hinaus, die Prozesse auf dem Gebiet des Sozialschutzes mit den Grundzügen der Wirtschaftspolitik und der Europäischen Beschäftigungsstrategie zu synchronisieren, und dies unter nochmaliger Aufwertung der wirtschafts- und beschäftigungspolitischen Ziele (Kommission 2003, 2004, 2005a, 2005b; Europäischer Rat 2005). Im Jahr 2005 wurden die bisher getrennten Koordinierungsprozesse auf den Feldern soziale Eingliederung, Alterssicherung sowie Gesundheit und Langzeitpflege zu einer einzigen „OMK Soziales" zusammengefasst. Die skizzierten Tendenzen einer Indienstnahme der Gesundheitsversorgung für die wirtschaftspolitischen Primärziele der EU werden durch diese Integration der Teilbereiche des Sozialschutzes in einen einzigen Bericht weiter verstärkt.

Die Anwendung der OMK in der Gesundheitspolitik hat in der Praxis bisher nur geringe Fortschritte gemacht. Angesichts der Schwierigkeiten bei der Festlegung von Indikatoren konnte das Sozialschutzkomitee erst 2006 einen ersten vorläufigen Indikatorensatz erarbeiten, mit dem die Entwicklung der Gesundheitssysteme in den erwähnten Zieldimensionen abgebildet werden soll (European Commission 2006). Er umfasst sowohl übergreifende Indikatoren für die OMK Soziales als auch spezifische für den Bereich Gesundheit und Langzeitpflege und unterscheidet zwischen Primär-, Sekundär- und Kontextindikatoren. Das Problem der Vergleichbarkeit der Daten bleibt allerdings bestehen. Die meisten Indikatoren betreffen die Nachhaltigkeit der Finanzierung des Gesundheitswesens. Zu ihnen zählen die Pro-Kopf-Gesundheitsausgaben, der Anteil der Gesundheitsausgaben am Bruttoinlandsprodukt sowie der Anteil der öffentlichen und privaten Gesundheitsausgaben an allen Gesundheitsausgaben (Schneider et.al. 2007).

Der erste Berichtszyklus dauerte von 2006 bis 2008. 2007 wurde der erste gemeinsame OMK-Bericht zu den Feldern soziale Inklusion, Alterssicherung sowie Gesundheitsversorgung und Langzeitpflege veröffentlicht, der auf den nationalen Strategieberichten aller Mitgliedstaaten beruht (European Commission 2007). Er verweist auf die Gemeinsamkeit der Herausforderungen, die sich bei der Verfolgung der Hauptziele in den Mitgliedstaaten stellen, macht aber auch darauf aufmerksam, wie groß die Unterschiede zwischen den Mitgliedstaaten im Hinblick auf die ökonomische Leistungsfähigkeit, die soziale Sicherung sowie die Struktur und Entwicklung der Gesundheitssysteme sind. Die seitherigen Berichte beziehen sich wegen fehlender Benchmarks und der geringen Zahl der bisher entwickelten Indikatoren lediglich auf die allgemeinen Ziele der OMK im Gesundheitswesen. 2008 wurde dieser Indikatorensatz um weitere Indikatoren ergänzt, die nunmehr dem neuen Berichtszyklus zugrunde liegen

Allerdings bleiben grundlegende Probleme bestehen. Für zahlreiche Aspekte stehen keine geeigneten Indikatoren zur Verfügung, oftmals nicht einmal geeignete Daten. Wie schwierig allein schon die Verständigung auf geeignete Indikatoren für den Bereich Gesundheit ist, zeigen die einschlägigen Diskussionen im Sozialschutzkomitee (SPC). Hier steht die Frage im Mittelpunkt, ob neben objektiven auch subjektive Indikatoren, wie z.B. der nicht gedeckte Versorgungsbedarf, berücksichtigt werden sollen. Gerade von deutscher Seite wurden dagegen methodische Vorbehalte vorgetragen – vor allem der Hinweis, dass damit soziokulturelle Unterschiede im Antwortverhalten Eingang in die Bewertung finden, welche die Validität der Ergebnisse einschränken (Botzenhardt 2009). Dieser Einwand wird dadurch erhärtet, dass Deutschland etwa beim Indikator "nicht gedeckter Versorgungsbedarf" einen Spitzenplatz belegt, obwohl Arzt-, Krankenhaus- und Bettendichte hier besonders hoch sind.

7 Gründe für den schleppenden Fortgang der OMK

Der schleppende Fortgang der OMK im Gesundheitswesen ist auf eine Reihe von Gründen zurückzuführen, die unterschiedlicher Provenienz sind. *Erstens* zeigen bisherige Erfahrungen, dass mit Benchmarking- und Best-Practice-Verfahren grundsätzlich erhebliche Probleme verbunden sind, denn im Allgemeinen wachsen die Schwierigkeiten von Systemvergleichen und von Politiktransfers mit der Komplexität der jeweiligen Handlungssysteme bzw. Politikfelder (z.b. Hill 2002; Straßheim 2003). Häufig kann die Wirkung einzelner Steuerungselemente nicht präzise erfasst werden, weil diese nur aufgrund besonderer Kontextbedingungen funktionieren. Zugleich löst die Übernahme systemfremder Elemente in der Regel nicht beabsichtigte und nicht vorhergesehene Nebenwirkungen und damit vielfältige Folgeprobleme aus. Aus demselben Grund lassen sich einzelne Elemente eines Systems nicht beliebig in einen anderen Zusammenhang übertragen.

Zweitens zeichnet sich das „Gut" Gesundheit durch eine besonders ausgeprägte soziale Komplexität aus. Gesundheit und Krankheit sind als Ergebnisvariablen von einer Vielzahl von Einflussfaktoren abhängig, die in je unterschiedlichen Kombinationen auftreten und deren Wechselwirkungen kaum zu überblicken sind. Sowohl Lebens- und Arbeitsbedingungen und individuelle Lebensweisen als auch medizinische Versorgung und Krankheitsprävention spielen dabei eine wichtige Rolle. Diese Einflussfaktoren treten in je unterschiedlichen Kombinationen auf. Der Nutzen einzelner gesundheitspolitischer (bezogen auf die Gesundheit gesamter Bevölkerungen oder einzelner Bevölkerungsgruppen) oder medizinischer Interventionen (bezogen auf die Gesundheit von Individuen) kann daher in vielen Fällen nicht – und wenn überhaupt, dann häufig erst nach langen Zeiträumen – zuverlässig beurteilt werden.

Drittens erweisen sich nicht nur Gesundheit und Krankheit als Ergebnisvariablen, sondern auch das Gesundheitswesen als Teil der sozialen Sicherungssysteme als außerordentlich komplex. Anders als etwa in der Alterssicherung oder der Arbeitslosenversicherung werden dort nicht nur finanzielle Transfers vollzogen, sondern auch personenbezogene Dienstleistungen erbracht, wobei eine Vielzahl von Versorgungseinrichtungen, Berufsgruppen und Finanzierungsträgern zusammenwirken. Einzelne Regulierungselemente (z.B. Vergütungsformen, institutionelle Arbeitsteilung) entfalten ihre Wirkung erst im spezifischen Systemkontext bzw. im Zusammenwirken mit anderen Systemelementen und führen nicht „an sich" zu bestimmten Ergebnissen. Angesichts der Heterogenität der Gesundheitssysteme und der sozialen Komplexität des Phänomens Gesundheit erweist es sich hier als besonders schwierig, in einem Benchmarking-Verfahren zuverlässig bewährte Praxisbeispiele zu identifizieren, die sich als allgemein gültige Maßstäbe einer effektiveren und effizienteren Leistungserbringung bewähren könnten. Dies verschärft das erwähnte Transplantationsproblem.

Viertens ergeben sich aus dieser spezifischen Beschaffenheit von Gesundheitssystemen besonders hohe Anforderungen an die Qualität der zugrunde gelegten Daten und Indikatoren. Es geht bei der Identifikation bewährter Praktiken darum, Strukturunterschiede und Veränderungen im Hinblick auf ihre gesundheitlichen und ökonomischen Ergebnisse zu vergleichen und zu bewerten. Doch gegenwärtig sind selbst grobe Vergleiche der Ressourcen und der Inanspruchnahme von Versorgungsleistungen in den EU-Mitgliedstaaten aufgrund unterschiedlicher nationalstaatlicher Erhebungsmethoden und begrifflicher Abgrenzungen (Schneider 2002: 15ff.) nur mit starken Einschränkungen möglich. Noch stärker gilt dieses Problem für die Messung gesundheitlicher Ergebnisse („outcome"). Aber auch dort, wo solche Vergleichsdaten vorliegen, ist es nur schwer möglich, die gemessenen Ergebnisse den in den Gesundheitssystemen getroffenen Maßnahmen oder bestimmten Systemmerkmalen kausal zuzuordnen (Arbeitsgemeinschaft der Spitzenverbände 2002).

Fünftens bringen die ausgeprägte Heterogenität der Finanzierungs-, Versorgungs- und Regulierungsstrukturen in den Gesundheitssystemen der Mitgliedstaaten sowie deren unterschiedlichen ökonomischen Voraussetzungen und sozialpolitischen Traditionen unterschiedliche Interessen der Mitgliedstaaten hervor. Dies erschwert bereits eine Einigung auf Indikatoren und Benchmarks für dass Koordinierungsverfahren, denn über deren Definition wird die Auseinandersetzung über die Durchsetzung dieser Interessen geführt (Tidow 1999). Die Auswahl von Indikatoren beinhaltet damit auch eine politische Entscheidung, welche die spätere Bewertung der Gesundheitssysteme beeinflusst.

8 Zur Ambivalenz der OMK

Implementierungsprobleme drohen aus Zielkonflikten, die mit den Vorgaben des Europäische Rats und der Europäischen Kommission verbunden sein können. Das Ziel, in der Krankenversorgung ein hohes Niveau des Sozialschutzes und einen ungehinderten Zugang zu Gesundheitsleistungen zu gewährleisten, impliziert ein hohes Niveau öffentlicher Ausgaben, das aus der Perspektive der Maastrichter Stabilitätskriterien allerdings der Notwendigkeit der Kostendämpfung zuwiderliefe und in dieser Logik die Wettbewerbsfähigkeit der EU schwächen würde. Umgekehrt kann die Orientierung am Ziel der Kostendämpfung eine Privatisierung von Krankenbehandlungskosten befördern, die ihrerseits ein hohes Niveau des Sozialschutzes und einen ungehinderten Zugang zu Versorgungsleistungen gefährden würde.

Wenn Zielkonflikte absehbar sind, werden die politischen Entscheidungsträger beim gesundheitspolitischen Agenda-Setting früher oder später um eine Prioritätensetzung bei der Definition gesundheitspolitischer Ziele nicht herumkommen. Da sowohl die Ausgaben der staatlich organisierten Gesundheitssysteme als auch der parafiskalischen öffentlich-rechtlichen Sozialversicherungen in die Berechnung der jährlichen Defizitquoten der öffentlichen Haushalte einbezogen werden, kann es kaum verwundern, dass die finanzielle Entwicklung der Gesundheitssysteme insbesondere mit Blick auf eine potenzielle Gefährdung des fiskalpolitischen Stabilitätsziels betrachtet wird. Daher dürfte die Einbindung der gesundheitspolitischen Koordinierung in die Stabilitätsvorgaben des Euro-Finanzregimes dazu beitragen, dass die konsolidierungspolitischen Ziele Vorrang vor den versorgungspolitischen erhalten.

Bereits die Mitteilung der Europäischen Kommission zur Zukunft des Gesundheitswesens und der Altenpflege weist denn auch konsequent in Richtung einer solchen Prioritätensetzung (Kommission 2001). Betont wird, dass gerade der Gesundheitspolitik eine „entscheidende Bedeutung bei der Durchführung von Strategien zu(kommt), die nach Maßgabe der in den Grundzügen der Wirtschaftspolitik im Jahr 2001 aufgestellten Grundsätze ('Umschichtung der Staatausgaben zugunsten des Aufbaus von Sach- und Humankapital' sowie 'effizienterer Einsatz der öffentlichen Mittel durch institutionelle und strukturelle Reformen') auf Qualität und Nachhaltigkeit setzen" (Kommission 2001: 10). Die wirtschaftspolitischen Prämissen einer auf die Konsolidierung der öffentlichen Finanzen und auf Preisstabilität zielenden Reformstrategie werden somit auch als Leitlinien der Gesundheitspolitik etabliert. Vor diesem Hintergrund erschiene es durchaus als konsequent, wenn bei der Festlegung von Indikatoren und Benchmarks die Kostendämpfung Vorrang vor dem Ziel einer umfassenden und qualitativ hochwertigen Versorgung erhielte (z.B. Arbeitsgemeinschaft der Spitzenverbände 2002). Mit einer solchen Prioritätensetzung würde die europäische Gesundheitspolitik an gesundheitspolitische Trends anknüpfen, die in den Nationalstaaten seit geraumer Zeit zu beobachten sind (siehe oben, Abschnitt 3).

Mit der Aufwertung konsolidierungspolitischer Ziele in der gesundheitspolitischen Agenda drohen sich jedoch soziale Barrieren für die Inanspruchnahme von Leistungen zu verfestigen und verschlechtern sich etwa die Bedingungen für die Finanzierung innovativer Versorgungsformen. Ein denkbarer Weg, der zu einer Entspannung des Konflikts zwischen konsolidierungs- und versorgungspolitischen Zielen führen könnte, bestünde in der Erschließung von Effizienzpotenzialen in den nationalen Gesundheitssystemen. Dies wäre durchaus mit den gesundheitspolitischen Koordinierungszielen auf europäischer Ebene kompatibel. Die Anwendung der OMK könnte so die Chancen zur Überwindung existierender Strukturdefizite und Innovationsblockaden erhöhen (z.B. Rosenbrock/Gerlinger 2006). Die systematische Sammlung und vergleichende Auswertung von Informationen über die einzelnen Gesundheitssysteme im Zuge der Erstellung der Benchmarking-Berichte könnte helfen, das Erkennen systemspezifischer Defizite zu beschleunigen, und damit die Voraussetzungen für übergreifende Lerneffekte („policy-learning") verbessern. Insbesondere über diese Informationsvermittlungsfunktion könnte die OMK mithin als „Reformbeschleuniger" wirken.

Das deutsche Gesundheitssystem böte eine Vielzahl von Ansatzpunkten für solchermaßen beschleunigte Modernisierungsbemühungen. In der Gesundheitspolitik und -wissenschaft herrscht ein breiter Konsens, dass das System der gesetzlichen Krankenversicherung in Deutschland an erheblichen Effizienz- und Qualitätsmängeln leidet (z.B. Sachverständigenrat 2002). Dafür werden vor allem Strukturdefizite des Versorgungssystems verantwortlich gemacht. Zu den wichtigsten Defiziten zählen die Vernachlässigung der Krankheitsprävention, eine ausgeprägte Abschottung der Versorgungssektoren sowie eine Vernachlässigung der hausärztlichen Koordinierungsfunktion. Allen Reformbemühungen zum Trotz zeichnen sich diese Strukturdefizite des deutschen Gesundheitssystems durch eine große Beharrungskraft aus (Rosenbrock/Gerlinger 2006). Der international vergleichende Blick könnte den Druck zur Anpassung solcher als suboptimal erkannter Systemstrukturen an überlegene Vorbilder erhöhen. Freilich stehen dem die skizzierten Implementationsprobleme im Wege.

9 Perspektiven der OMK

Zum gegenwärtigen Zeitpunkt lässt sich noch nicht zuverlässig abschätzen, welche Bedeutung die OMK in der Gesundheitspolitik im Portfolio der europäischen Governance-Strukturen einnehmen wird. Sichtbar aber ist, dass sie im Spannungsfeld unterschiedlicher Handlungslogiken und Entwicklungstrends steht. Angesichts ihrer Einbettung in die fiskalpolitischen Vorgaben der europäischen Wirtschafts- und Währungsunion sowie ihrer wettbewerbspolitischen Konsequenzen ist allerdings nicht damit zu rechnen, dass aus der OMK erweiterte soziale Rechtsansprüche für Versicherte und Patienten erwachsen werden (z.B. Scharpf 2006; Schäfer 2006; Daly 2008; Leibfried/Obinger 2008). Die Europäische Kommission und der Europäische Rat stellen die OMK in der Gesundheitspolitik explizit in den Zusammenhang einer liberal geprägten Wirtschafts- und Finanzpolitik. Es erscheint daher durchaus als wahrscheinlich, dass bei der Festlegung von Indikatoren und Benchmarks das Ziel der Kostendämpfung Vorrang vor dem Ziel einer umfassenden und hochwertigen Versorgung erhält. Eine Folge dieser Prioritätensetzung könnte darin bestehen, dass die Verknappung von Finanzmitteln für das Gesundheitswesen anhält, sich damit auch die Bedingungen für die Finanzierung innovativer Versorgungsformen verschlechtern und zudem soziale Barrieren für die Inanspruchnahme von Leistungen errichtet werden. Damit würde die europäische Gesundheitspolitik an gesundheitspolitische Trends anknüpfen, die in den Nationalstaaten bereits seit geraumer Zeit zu beobachten sind. Die OMK könnte sich so als Katalysator einer Entwicklung von Gesundheitspolitik in Europa erweisen, die unter dem Gesichtspunkt eines sozial undiskriminierten Zugangs zu Gesundheitsleistungen und auch der Schaffung eines effizienten Gesundheitssystems nicht wünschenswert ist. Sofern sich Lernprozesse vollziehen, werden die in ihrer Folge zu ergreifenden Maßnahmen stets unter dem Vorbehalt ihrer Kompatibilität mit den makroökonomischen Rahmenbedingungen des Binnenmarktes und der europäischen Wirtschafts- und Währungsunion stehen (so auch für die OMK insgesamt z.B. Scharpf 2002; Zeitlin/Trubek 2003; Schäfer 2006). Eine Erweiterung sozialer Rechtsansprüche durch die OMK erscheint auch deshalb als unwahrscheinlich, weil sich die gesundheitspolitischen Interessen der Mitgliedstaaten in dieser Hinsicht erheblich voneinander unterscheiden und daher auf der Grundlage der Freiwilligkeit die Hürden für substanzielle Vereinbarungen außerordentlich hoch sind.

Allerdings ist auch darauf hinzuweisen, dass die OMK Chancen zur Erhöhung von Effektivität und Effizienz der Gesundheitssysteme beinhaltet und ihr Potential – zumindest theoretisch – insofern größer zu sein scheint als auf anderen Feldern der sozialen Sicherung. Denn es zählt zu den Eigenschaften des Gesundheitswesens einschließlich der Langzeitpflege, dass hier nicht nur – wie auf anderen Feldern der sozialen Sicherung auch – eine monetäre Umverteilung zwischen einzelnen Bevölkerungsgruppen erfolgt, sondern auch, dass dessen Leistungen überwiegend als persönliche (soziale) Dienstleistungen erbracht werden. Deren Organisation weist in den Gesundheitssystemen aller Mitgliedstaaten Rationalisierungsreserven auf, die zum Teil erheblich sein können. Dies gilt nicht zuletzt für das deutsche Gesundheitssystem und hier wiederum insbesondere für die Probleme bei der Modernisierung der Versorgungsstrukturen. Würde das europaweite Benchmarking-Verfahren Merkmale wie etwa die Abschottung zwischen ambulantem und stationärem Sektor oder die starke Präsenz von Fachärzten in der ambulanten Versorgung als ineffizient identifizieren, könnte hier der Druck zum Umbau bzw. zur Anpassung der gewachsenen Systemstrukturen wachsen. Denkbar ist, dass Mitgliedstaaten die europäische Ebene nutzen, um Innovationsblockaden auf nationalstaatlicher Ebene zu umgehen. Allerdings ließ sich allein schon mangels entsprechender Fortschritte auf europäischer Ebene ein solcher Mechanismus auf mitgliedstaatlicher Ebene bisher nicht beobachten.

Die Erschließung solcher Rationalisierungsreserven ist grundsätzlich mit unterschiedlichen sozialpolitischen Integrationsstrategien kompatibel. Jene, die unter den Vorzeichen einer angebotsorientierten Wirtschaftspolitik primär auf eine Senkung von Sozialausgaben setzen, können darin einen Hebel zur Ausgabenbegrenzung im Gesundheitswesen sehen. Jene, die auf einen Ausbau von Sozialleistungen orientieren, können die Rationalisierung von Versorgungsstrukturen als ein Instrument begrüßen, um den Spielraum für Leistungsverbesserungen im Gesundheitswesen zu erweitern. Welche dieser beiden Varianten sich als Folge einer Erschließung von Rationalisierungspotentialen durchsetzt, steht freilich auf einem anderen Blatt.

Allerdings zeigen die Erfahrungen mit der Anwendung der OMK auf die Gesundheitspolitik auch, dass bisher nur geringe Fortschritte erzielt worden sind. Substanzielle Auswirkungen auf die Gestaltung der Gesundheitssysteme in den Mitgliedstaaten sind bisher ausgeblieben. Offenkundig verlaufen weder die Herausbildung eines gesundheitspolitischen Mehrebensystems noch die Indienstnahme der Gesundheitspolitik für wirtschafts- und wettbewerbspolitische Ziele als ein geradliniger Prozess. Bereits die Verständigung auf Indikatoren – und erst recht die auf Benchmarks – erweist sich als sehr konfliktträchtig. Die inhaltlichen und institutionellen Besonderheiten des Feldes der Gesundheitspolitik können sich weiterhin als Quellen für auftretende Blockaden und Zielkonflikte erweisen. Auch bei der Anwendung eines „weichen" Regulierungsmodus werden Steuerungspathologien des europäischen Institutionensystems sichtbar. Offenbar gibt es bei den Mitgliedstaaten eine weit verbreitete Abneigung, sich bei transnationalen Lernprozessen auf dem Feld der Gesundheitspolitik unter Druck setzen zu lassen, und sei dieser Druck auch nur informell.

Die Kommission hat 2008 eine Mitteilung über die Vertiefung der OMK vorgelegt (Europäische Kommission 2008), die im Kern das Ziel verfolgt, dem Koordinierungsverfahren mehr Verbindlichkeit zu verleihen. So will sie darauf hinwirken, dass Mitgliedstaaten und Kommission „gemeinsam Anleitungen für die Umsetzung der Ziele" erarbeiten, um der OMK mehr Effektivität zu verleihen und das Fortschrittsmonitoring zu verbessern. Gleichzeitig schlägt sie die Einführung quantifizierter Ziele vor. Diese sind leichter messbar und damit auch leichter überprüfbar und können daher, so die Erwartung, die Verbindlichkeit der OMK erhöhen. Die Kommission könnte über ihre jährlichen Empfehlungen im Rahmen der Lissabon-Strategie ihren Einfluss auf die Gesundheitspolitik der Mitgliedstaaten erhöhen, auch wenn diese weiterhin nicht rechtsverbindlich wären.

Darüber hinaus legt die Europäische Kommission eine starke Beflissenheit an den Tag, die ihr im europäischen Vertragsrecht zugewiesenen Zuständigkeit extensiv auszulegen. Dies wird insbesondere im Weißbuch der Kommission für die Europäische Gesundheitspolitik 2008 bis 2013 deutlich (Europäische Kommission 2007). Hier betont die Kommission, dass die Mitgliedstaaten bei der Lösung mancher Probleme in der Gesundheitspolitik allein nicht wirksam handeln können und daher eine Koordinierung auf der EU-Ebene erforderlich ist. Um diese Koordinierung zu ermöglichen, schlägt sie eine strukturierte Zusammenarbeit als neuen Regulierungsmechanismus vor. Man kann darin und in der Festlegung quantifizierter Ziele, wie der Deutsche Bundestag in einer Entschließung (Deutscher Bundestag 2008), eine Verwischung von nationalen und europäischen Zuständigkeiten in der Gesundheitspolitik und einen schleichenden Weg zur Harmonisierung der europäischen Gesundheitssysteme sehen.

Schließlich hat die Europäische Kommission in den zurückliegenden Jahren verstärkt darauf gesetzt, die Institutionen der Mitgliedstaaten durch eine direkte Liberalisierung unter Druck zu setzen, die sich auch auf solche Bereiche erstreckt, die bisher – wie die Erbringung von Gesundheitsdienstleistungen – von einer Liberalisierung ganz oder teilweise ausgenommen waren (Höpner/Schäfer 2007). Den in der Gesundheitspolitik prominentesten Versuch bei der Verfolgung dieser Strategie stellte der Kommissionsvorschlag für eine Dienstleistungsrichtlinie dar. Unterstützt werden derartige Vorhaben durch die Rechtsprechung des EuGH, der zunehmend zu einer extensiven Interpretation der „vier Freiheiten" des Binnenmarkts neigt, die bereits Unterschiede in den Regulierungsbestimmungen der Mitgliedstaaten als ein Hindernis für den Binnenmarkt ansieht (Scharpf 2008). Welcher Stellenwert der Offenen Methode der Koordinierung für eine wettbewerbspolitische Indienstnahme der Gesundheitspolitik im europäischen Binnenmarkt künftig zukommen wird, dürfte nicht zuletzt vom Erfolg dieser Liberalisierungsstrategie abhängen.

Literatur

Aglietta, M (2000): Ein neues Akkumulationsregime. Die Regulationstheorie auf dem Prüfstand, Hamburg.

Arbeitsgemeinschaft der Spitzenverbände der Krankenkassen (2002): Die offene Methode der Koordinierung im Bereich des Gesundheitswesens. Positionspapier der Arbeitsgemeinschaft der Spitzenverbände der Krankenkassen, Bonn (vervielfältigtes Typoskript).

Bieback, KJ (2002): Der rechtliche Rahmen einer gesetzlichen Reform der GKV. In: Paetow, H/Fiedler, M/Leonhardt, M (Hrsg.): Therapien für ein krankes Gesundheitswesen. Orientierungspunkte für Versicherte, PatientInnen und Beschäftigte. Hamburg, 118-134.

Bieling, HJ/Deppe, F (2003): Die neue europäische Ökonomie und die Transformation von Staatlichkeit. In: Jachtenfuchs/Kohler-Koch (Hrsg.), 513-539.

Blank, RH/Burau, V (2004): Comparative Health Policy. Basingstoke/New York.

Botzenhardt, F (2009), Offene Methode der Koordinierung für Gesundheit und Langzeitpflege – sind quantifizierte Ziele der richtige Weg? In: Devetzi, S/Platzer, HW (Hrsg.): Offene Methode der Koordinierung und europäisches Sozialmodell. Interdisziplinäre Perspektiven. Stuttgart, 251-263.

Boyer, R (2000): Is a Finance-led growth Regime a Viable Alternative to Fordism? A Preliminary Analysis. In: Economy and Society, Vol. 1, 111-145.

Boyer, R/Saillard, Y (Hrsg.) (2002): Regulation Theory. The State of the Art. London and New York.

Busse, R/Wismar, M/Berman, PC (eds.)(2002): The European Union and Health Services. The Impact of the Single European Market on Member States. Amsterdam.

Daly, M (2008): Whither EU Social Policy? An Account and Assessment of Developments in the Lisbon Social Inclusion Process. In: Journal of Social Policy, vol. 37, no. 1, 1-19

de la Porte, C/Pochet, P (Eds.) (2002): Building Social Europe Through the Open Method of Co-ordination. Brussels.

Deutscher Bundestag (2008): Beschlussempfehlung und Bericht des Ausschusses für Gesundheit (14. Ausschuss) zu der Unterrichtung durch die Bundesregierung – Drucksache 16/7575 Nr. 1.5.

Devetzi, S/Platzer, HW (Hrsg.)(2009): Offene Methode der Koordinierung und europäisches Sozialmodell. Interdisziplinäre Perspektiven. Stuttgart.

Ebsen, I (2000): Öffentlich-rechtliches Handeln von Krankenkassen als Gegenstand des Wettbewerbsrechts? Probleme materialrechtlicher und kompetenzrechtlicher Koordinierung. In: Zeitschrift für Sozialreform, 46. Jg., H. 4, 298-314.

EuGH – Europäischer Gerichtshof (2004): Urteil des Gerichtshofes vom 16. März 2004 „Wettbewerb – Unternehmen – Krankenkassen – Kartelle – Auslegung der Artikel 81 EG, 82 EG und 86 EG – Entscheidungen von

Zusammenschlüssen von Krankenkassen, mit denen Höchstbeträge für die Kostenübernahme für Arzneimittel festgesetzt werden" in den verbundenen Rechtssachen C-264/01, C-306/01, C-354/01 und C-355/01, Brüssel. http://curia.eu.int.

Europäische Kommission (2007): Weißbuch – Gemeinsam für die Gesundheit: Ein strategischer Ansatz der EU von 2008 bis 2013. KOM(2007) 630 endg.

Europäische Kommission (2008): Ein erneuertes Engagement für ein soziales Europa. Verstärkung der offenen Koordinierungsmethode für Sozialschutz und soziale Eingliederung. KOM(2008)418 endg.

Europäischer Rat (1992): Empfehlung 92/442/EWG des Rates vom 27. Juli 1992 über die Annäherung der Ziele und der Politiken im Bereich des sozialen Schutzes, in: ABl.EG Nr. L 245 vom 26.08.1992, 49-52.

Europäischer Rat (2000): Schlussfolgerungen des Vorsitzes. Europäischer Rat vom 23. und 24. März 2000, Lissabon.

Europäischer Rat (2002): Schlussfolgerungen des Vorsitzes. Europäischer Rat vom 15. und 16. März, Barcelona. Internet: http://ue.eu.int/ueDocs/cms_Data/docs/pressData/de/ec/71067.pdf (Abruf am 14.05.2009)

Europäischer Rat (2005): Schlussfolgerungen des Vorsitzes. Europäischer Rat vom 22. und 23. März. Brüssel. Internet: http://ue.eu.int/ueDocs/cms_Data/docs/pressData/de/ec/.pdf (Abruf am 14.05.2009)

European Commission (2006): Portfolio of overarching Indicators and streamlined Social Inclusion, Pensions, and Health Portfolios. D(2006), Brussels, 7 June 2006. http://ec.europa.eu/employment_social/social_inclusion/docs/2006/indicators_en.pdf (Abruf am 14.05.2009)

European Commission (2007): Joint Report on Social Protection and Social Inclusion. Social Inclusion, Pensions, Healthcare and Long Term care. Luxemburg.

Freeman, R (2000): The Politics of Health in Europe. Manchester.

Gerlinger, T (2009): Competitive transformation and the state regulation of health insurance systems. Germany, Switzerland and the Netherlands compared. In: Dingeldey, I/Rothgang, H (Eds.): Governance of Welfare State Reform: A Cross National and Cross Sectional Comparison of Policy and Politics, London, (*im Erscheinen*).

Gerlinger, T/Urban, HJ (2006): Gesundheitspolitik in Europa. Über die Europäisierung und Ökonomisierung eines wohlfahrtsstaatlichen Politikfeldes. In: Wendt, C/Wolf, C (Hrsg.): Soziologie der Gesundheit. Kölner Zeitschrift für Soziologie und Sozialpsychologie, Sonderheft 46/2006, Wiesbaden, 342-363.

Hervey, TK (2008): The European Union's Governance of Health Care and the Welfare Modernization Agenda. In: Regulation & Governance, no. 2, 103-120.

Hill, H (2002): Zur „Methode der offenen Koordinierung" in der Europäischen Union. In: Sommermann, KP/Ziekow, J (Hrsg.): Perspektiven der Verwaltungsforschung: Beiträge zur wissenschaftlichen Arbeitstagung aus Anlass des 25-jährigen Bestehens des Forschungsinstituts für öffentliche Verwaltung vom 8. bis 10. Oktober in Speyer. Berlin, 139-162.

Hirsch, J/Roth, R (1986) Das neue Gesicht des Kapitalismus. Vom Fordismus zum Post-Fordismus. Hamburg.

Hodson, D/Maher, I (2001): The Open Method as a New Mode of Governance: The Case of Soft Economic Policy Co-ordination. In: Journal of Common Market Studies, 39. Jg., H. 4, 719-746.

Höpner, M/Schäfer, A (2007): A New Phase of European Integration. Organized Capitalisms in Post-Ricardian Europe. Max-Planck-Institut für Gesellschaftsforschung, MPIfG Discussion Paper 07/04, Köln.

Höpner, M/Schäfer, A (2008): Grundzüge einer politökonomischen Perspektive auf die europäische Integration. In: Höpner, M/Schäfer, A (Hrsg.), 11-45.

Höpner, M/Schäfer, A (Hrsg.)(2008): Die Politische Ökonomie der europäischen Integration. Frankfurt a.M./New York.

Idema, T/Kelemen, D (2006): New Modes of Governance, the Open Method of Co-ordination and Other Fashionable Red Herring. In: Perspectives on European Politics and Society, vol. 7, no. 1, 108-123.

Jachtenfuchs, M/Kohler-Koch, B (Hrsg.)(2003): Europäische Integration. 2. Aufl. Opladen.

Jacobs, K/Wasem, J (2003): Weiterentwicklung einer leistungsfähigen und solidarischen Krankenversicherung unter den Rahmenbedingungen der europäischen Integration. Düsseldorf.

Kerber, W/Eckhardt, M (2007): Policy Learning in Europe: The Open Method of Co-ordination and Laboratory Federalism. In: Journal of European Public Policy, vol. 14, no. 2, 227-247.

Knispel, U (2001): Zur Bedeutung des europäischen Wettbewerbsrechts für die gesetzliche Krankenversicherung. In: Gesundheit & Gesellschaft – Wissenschaft, 1. Jg., H. 2, 7-13.

Kommission der Europäischen Gemeinschaften (2001): Die Zukunft des Gesundheitswesens und der Altenpflege: Zugänglichkeit, Qualität und langfristige Finanzierbarkeit sichern. KOM(2001)723 endgültig, Brüssel.

Kommission der Europäischen Gemeinschaften (2003): Stärkung der sozialen Dimension der Lissabonner Strategie: Straffung der offenen Koordinierung im Bereich Sozialschutz. KOM(2003)261 endgültig/2, Brüssel.

Kommission der Europäischen Gemeinschaften (2004): Modernisierung des Sozialschutzes für die Entwicklung einer hochwertigen, zugänglichen und zukunftsfähigen Gesundheitsversorgung und Langzeitpflege: Unterstützung der einzelstaatlichen Strategien durch die „offene Koordinierungsmethode". KOM(2004)304 endgültig, Brüssel.

Kommission der Europäischen Gemeinschaften (2005a): Integrierte Leitlinien für Wachstum und Beschäftigung (2005-2008). KOM(2005)141 endgültig, Brüssel.

Kommission der Europäischen Gemeinschaften (2005b): Zusammenarbeit für Wachstum und Arbeitsplätze. Ein Neubeginn für die Strategie von Lissabon. KOM(2005)24 endgültig, Brüssel.

Leibfried, S (2000): Nationaler Wohlfahrtsstaat, Europäische Union und „Globalisierung". Erste Annäherungen. In: Allmendinger, J/Ludwig-Mayerhofer, W (Hrsg.): Soziologie des Sozialstaats. Gesellschaftliche Grundlagen, historische Zusammenhänge und aktuelle Entwicklungstendenzen. Weinheim/München, 79-108.

Leibfried, S/Obinger, H (2008): Nationale Sozialstaaten in der Europäischen Union: Zukünfte eines „sozialen Europas". In: Höpner, M/Schäfer, A (Hrsg.), 335-365

McKee, M/Mossialos, E/Baeten, R (eds.)(2002): The Impact of EU Law on Health Care Systems. Brussels.

OECD – Organisation for Economic Co-Operation and Development (2009a): OECD Broadband Statistics: OECD broadband penetration and GDP per capita. www.oecd.org/dataoecd/21/57/39574824.xls (Abruf am 04.09.2009).

OECD – Organisation for Economic Co-Operation and Development (2009b): OECD Health Data 2009 – Frequently Requested Data. www.oecd.org/document/16/0,3343,en_2649_34631_2085200_1_1_1_1,00.html (Abruf am 04.09.2009).

Pierson, P/Leibfried, S (1998): Mehrebenen-Politik und die Entwicklung des „Sozialen Europa". In: Leibfried, S/Pierson, P (Hrsg.): Standort Europa. Sozialpolitik zwischen Nationalstaat und Europäischer Integration. Frankfurt/Main, 11-57.

Radaelli, CM (2003): The Open Method of Coordination: A New Governance Architecture for the European Union. Preliminary Report. Stockholm.

Radaelli, CM (2007): Whither better Regulation for the Lisbon Agenda? In: Journal of European Public Policy, vol. 14, no. 2, 190-207.

Rosenbrock, R/Gerlinger, T (2006): Gesundheitspolitik. Eine systematische Einführung, 2., vollst. überarb. u. erw. Aufl. Bern.

Rothgang, H/Cacace, M/Grimmeisen, S/Wendt, C (2005): The Changing Role of the State in Healthcare Systems. In: European Review 13, Supp. 1: 187-212.

Sachverständigenrat für die Konzertierte Aktion im Gesundheitswesen (2002): Gutachten 2000/2001: Bedarfsgerechtigkeit und Wirtschaftlichkeit, 3 Bde., Bd. I: Zielbildung, Prävention, Nutzerorientierung und Partizipation; Bd. II: Qualitätsentwicklung in Medizin und Pflege; Bd. III: Über-, Unter- und Fehlversorgung. Baden-Baden.

Schäfer, A (2004): Beyond the Community Method: Why the Open Method of Coordination was introduced to EU Policy-Making. In: European Union online Papers. <http://eiop.or.at/eiop/texte/2004-013a.htm>

Scharpf, FW (1985): Die Politikverflechtungsfalle: Europäische Integration und deutscher Föderalismus im Vergleich. In: Politische Vierteljahresschrift, 26. Jg., H. 4, 323-356.

Scharpf, FW (1999): Regieren in Europa. Effektiv und demokratisch?, Frankfurt a.M./New York.

Scharpf, FW (2006): The Joint-Decision trap revisited. In Journal of Common Market Studies 44, 845-964.

Scharpf, FW (2008): „Der einzige Weg ist, dem EuGH nicht zu folgen". In: Die Mitbestimmung, H. 7+8, 18-23.

Schmucker, R (2003a): Erweiterung und Vertiefung europäischer Gesundheitspolitik? Überlegungen zur gesundheitspolitischen Bedeutung der EU im „Europa der 25", unveröff. Ms., Frankfurt a.M.

Schmucker, R (2003b): Europäischer Binnenmarkt und nationale Gesundheitspolitik. Zu den Auswirkungen der „vier Freiheiten" auf die Gesundheitssysteme der EU-Mitgliedsländer. In: Jahrbuch für Kritische Medizin, Bd. 38: Gesundheitsreformen – internationale Erfahrungen, Hamburg, 107-120.

Schneider, M (2002): Gesundheitssystemforschung und Gesundheitsstatistik in der Europäischen Union. Stand und Perspektiven im Hinblick auf die offene Methode der Koordinierung. In: Gesundheit & Gesellschaft – Wissenschaft, 2. Jg., H. 2, 5-21.

Schneider, M/Hofmann, U/Köse, A/Biene, P/Krauss, T (2007): Indikatoren der OMK im Gesundheitswesen und in der Langzeitpflege. Gutachten für das Bundeministerium für Gesundheit. Augsburg.

Straßheim, H (2003): Der Ruf der Sirenen – Zur Dynamik politischen Benchmarkings. Eine Analyse anhand der US-Sozialreformen. In: Maier, ML/Hurrelmann, A/Nullmeier, F/Pritzlaff, T/Wiesner, A (Hrsg.): Politik als Lernprozess? Wissenszentrierte Ansätze in der Politikanalyse. Opladen, 227-244.

Tidow, S (1999): Benchmarking als Leitidee. Zum Verlust des Politischen in der europäischen Perspektive. In: Blätter für deutsche und internationale Politik, 44. Jg., H. 3, 301-309.

Urban, HJ (2003): Europäisierung der Gesundheitspolitik? Zur Evolution eines Politikfeldes im europäischen Mehrebenen-System. Wissenschaftszentrum Berlin für Sozialforschung, Discussion Paper SP I 2003-303. Berlin.

Urban, HJ (2005): Wettbewerbskorporatismus und soziale Politik. Zur Transformation wohlfahrtsstaatlicher Politikfelder am Beispiel der Gesundheitspolitik. Studie Nr. 21 der Forschungsgruppe Europäische Integration an der Philipps-Universität Marburg. Marburg.

Wallace, W/Wallace, H (Eds.)(2005): Policy-Making in the European Union, Oxford.

Weißbuch Gemeinsam für die Gesundheit: Ein strategischer Ansatz der EU für 2008–2013 (inkl. 14689/07 ADD 1 bis 14689/07 ADD 3) KOM(2007) 630 endg.; Ratsdok. 14689/07.

Wendt, C (2008): Krankenversicherung oder Gesundheitsversorgung? Gesundheitssysteme im Vergleich, 2., überarb. Aufl. Wiesbaden.

Wille, E (2003): Die gesetzliche Krankenversicherung vor dem Hintergrund von Globalisierung und europäischer Integration. In: Knödler, H/Stierle, MH (Hrsg.): Globale und monetäre Ökonomie. Heidelberg, 367-380.

Zeitlin, J/Trubek, D (2003): Governing Work and Welfare in a New Economy: European and American Experiments. Oxford.

Autoren

Gerlinger, Thomas, Prof. Dr.phil. Dr.rer.med., geb. 1959, Direktor des Instituts für Medizinische Soziologie sowie des Instituts für europäisches Sozialrecht und europäische Gesundheitspolitik an der Goethe-Universität Frankfurt a.M., Arbeitsschwerpunkte: Gesundheitspolitik, Gesundheitssystemanalyse, internationaler Vergleich.

Hajen, Leonhard, Prof. Dr., geb. 1948, Professor für Volkswirtschaftslehre an der Universität Hamburg, Fakultät für Wirtschafts- und Sozialwissenschaften, Fachbereich Sozialökonomie. Arbeitsschwerpunkte: Finanzwissenschaft, Sozialpolitik und Gesundheitsökonomie.

Krajewski, Markus, Prof. Dr.jur., geb. 1969, Juniorprofessor an der Universität Potsdam (beurlaubt), derzeit Gastwissenschaftler Sonderforschungsbereich 597 "Staatlichkeit im Wandel" der Universität Bremen, Teilprojekt "Handelsliberalisierung und Sozialregulierung". Arbeitsschwerpunkte: Recht der öffentlichen Dienstleistungen, Europäisches und internationales Wirtschaftsrecht.

Mosebach, Kai, Dipl. Pol., geb. 1970, Politik- und Gesundheitswissenschaftler, wissenschaftlicher Mitarbeiter am Institut für Medizinische Soziologie der Goethe-Universität Frankfurt a.M., Arbeitsschwerpunkte: Vergleichende Gesundheitssystemforschung, Sozialepidemiologie und Politische Ökonomie der Gesundheitsversorgung.

Paquet, Robert, Dr.rer.pol., geb. 1953, Soziologe und Volkswirt, Mitglied der Redaktion des gesundheitspolitischen Informationsdienstes "gid" und freiberuflicher Berater im Gesundheitswesen, von 1999 bis Mitte 2008 Leiter des Berliner Büros des BKK Bundesverbandes.

Schmucker, Rolf, Dr. phil., geb. 1969, Politik- und Gesundheitswissenschaftler, wissenschaftlicher Mitarbeiter am Institut für Medizinische Soziologie der Goethe-Universität Frankfurt a.M., Arbeitsschwerpunkte: Gesundheitspolitikforschung, Gesundheitssystemanalyse, Europäische Integration.

Welti, Felix, Prof. Dr. jur. habil., geb. 1967, Professor für Sozialrecht und Verwaltungsrecht an der Hochschule Neubrandenburg, Fachbereich Gesundheit, Pflege, Management, Arbeitsschwerpunkte: Öffentliches Recht einschließlich Europarecht, Sozialrecht, Gesundheitsrecht.

Wismar, Matthias, Dr.phil., geb. 1965, Politikwissenschaftler, Senior Health Policy Analyst am European Observatory on Health Systems and Policies (Brüssel). Arbeitsschwerpunkte: Durchführung und Dissemination wissenschaftlicher Studien zu „Governance", „Health in All Policies" und Themen der Europäischen Integration.

**Frankfurter Schriften zur Gesundheitspolitik
und zum Gesundheitsrecht**

Schriftenreihe des Instituts für Europäische Gesundheitspolitik und Sozialrecht
an der Johann Wolfgang Goethe-Universität Frankfurt

Herausgegeben von Ingwer Ebsen und Thomas Gerlinger

Band 1 Dominik Roters: Die gebotene Kontrolldichte bei der gerichtlichen Prüfung der Richtlinien des Bundesausschusses der Ärzte und Krankenkassen. 2003.

Band 2 Carsten Wendtland: Die Forschung mit menschlichen embryonalen Stammzellen als Gegenstand der Rechtsetzung. 2005.

Band 3 Johannes Pantel / Gisela Bockenheimer-Lucius / Ingwer Ebsen / Ruth Müller / Peter Hustedt / Alexander Diehm: Psychopharmakaversorgung im Altenpflegeheim. Eine interdisziplinäre Studie unter Berücksichtigung medizinischer, ethischer und juristischer Aspekte. 2006.

Band 4 Christel Köhler-Hohmann: Die Teilnahme der Ärzte- bzw. der Heilkunde-GmbH an der vertragsärztlichen Versorgung. 2007.

Band 5 Laura Sormani-Bastian: Vergaberecht und Sozialrecht. Unter besonderer Berücksichtigung des Leistungserbringungsrechts im SGB V (Gesetzliche Krankenversicherung). 2007.

Band 6 Marcus Assion: Versicherungsrechtliche Fragen der Lebendspende von Organen. 2007.

Band 7 Yasemin Ilgin: Health Care Expenditures, Innovation, and Demographic Change. 2008.

Band 8 Karin Pöppel: Wertwandel beim sozialen Dienstleister Krankenhaus. Eine Analyse zum Patientenbild. 2008.

Band 9 Annett Wunder: Grenzüberschreitende Krankenbehandlung im Spannungsfeld von Grundfreiheiten und vertraglicher Kompetenzverteilung. 2008.

Band 10 Ingwer Ebsen (Hrsg.): Vergaberecht und Vertragswettbewerb in der Gesetzlichen Krankenversicherung. 2009.

Band 11 Thomas Gerlinger / Kai Mosebach / Rolf Schmucker (Hrsg.): Gesundheitsdienstleistungen im europäischen Binnenmarkt. 2010.

www.peterlang.de

Annett Wunder

Grenzüberschreitende Krankenbehandlung im Spannungsfeld von Grundfreiheiten und vertraglicher Kompetenzverteilung

Frankfurt am Main, Berlin, Bern, Bruxelles, New York, Oxford, Wien, 2008.
227 S.
Frankfurter Schriften zur Gesundheitspolitik und zum Gesundheitsrecht.
Herausgegeben von Ingwer Ebsen und Thomas Gerlinger. Bd. 9
ISBN 978-3-631-57967-1 · br. € 42.50*

Diese Studie untersucht, inwieweit die vertragliche Kompetenzverteilung zwischen der Gemeinschaft und den Mitgliedstaaten bei der Interpretation der Grundfreiheiten einzubeziehen ist. Dieser Fragestellung wird am Beispiel der grenzüberschreitenden Krankenbehandlung nachgegangen. Gemäß Art. 152 Abs. 5 S. 1 EGV sind die Mitgliedstaaten für die Organisation ihrer Gesundheitssysteme sowie die Versorgung ihrer Bevölkerung allein zuständig. Die Rechtsprechung des EuGH zur Anwendung der Grundfreiheiten steht in einem Spannungsverhältnis mit den vertraglichen Vorgaben der Kompetenzverteilung. In der Arbeit wird dargestellt, wie mit der Methode der praktischen Konkordanz das Spannungsverhältnis zwischen Anwendung der Grundfreiheiten und der Wahrung der vertraglichen Kompetenzverteilung aufgelöst werden kann.

Aus dem Inhalt: Die gesundheitspolitischen Kompetenzen der EU · Die Begriffsbestimmung positive – negative Integration · Skizze des inhaltlichen Dilemmas · Verfassungshistorische Entwicklung · Das institutionelle Dilemma · Legitimation des EuGH · Optionen des Umgangs mit dem Dilemma · Problemlösung: Praktische Konkordanz · Analyse der Rechtsprechung

Frankfurt am Main · Berlin · Bern · Bruxelles · New York · Oxford · Wien
Auslieferung: Verlag Peter Lang AG
Moosstr. 1, CH-2542 Pieterlen
Telefax 00 41 (0) 32 / 376 17 27

*inklusive der in Deutschland gültigen Mehrwertsteuer
Preisänderungen vorbehalten
Homepage http://www.peterlang.de